二语习得研究方法探析

张艳璐◎著

吉林出版集团股份有限公司

图书在版编目（CIP）数据

二语习得研究方法探析 / 张艳璐著 . 一 长春 : 吉
林出版集团股份有限公司 , 2020.4
ISBN 978-7-5581-8298-3

Ⅰ . ①二… Ⅱ . ①张… Ⅲ . ①英语－教学研究 Ⅳ .
① H319.3

中国版本图书馆 CIP 数据核字 (2020) 第 047555 号

二语习得研究方法探析

著　　者　张艳璐

责任编辑　王　平　姚利福

封面设计　李宁宁

开　　本　787mm×1092mm　1/16

字　　数　270 千

印　　张　14.75

版　　次　2020 年 5 月第 1 版

印　　次　2020 年 5 月第 1 次印刷

出　　版　吉林出版集团股份有限公司

电　　话　010–63109269

印　　刷　炫彩（天津）印刷有限责任公司

ISBN 978-7-5581-8298-3　　　　　　定价：58.00 元

前　言

　　二语习得作为一门独立学科大概形成于 20 世纪 60 年代末 70 年代初。二语习得研究属于多学科交叉研究，研究者从语言学、心理学、教育学、社会学等角度研究学习者在掌握母语之后如何学习另一套新语言体系。随着二语习得研究的深入发展，其研究方法也呈现出跨学科、多样化特点，而不同研究方法产生了不同研究结果，致使各研究之间的可验证性、可对照性削弱。由此，回顾综述二语习得研究方法对于推进二语习得研究更加科学、有效地发展具有十分重要的意义。鉴于其跨学科的特点，二语习得的理论基础、研究方法等汲取了众多学科的养分和精华。对二语习得研究影响深远的学科包括语言学、社会学、社会语言学、心理学、心理语言学、教育学等。一方面，跨学科的特点有利于为二语习得这个极其复杂的现象提供多方位的视角和全面的描述；另一方面，多学科的视角也产生了众多的认识论、范式、构建体系，给二语习得研究者之间的交流和研究结果的评价造成了一定的困难。因此，对二语习得研究方法进行系统和宏观的了解，不仅是查阅、领会二语习得领域研究结果的要求，而且是从事二语习得研究的基础。研究二语习得数据收集和分析方法的过程就是真实地了解二语习得作为一个研究领域的过程。

　　由于本书研究内容具有较强的综合性和应用性，加之编者水平有限，时间仓促，书中缺点错误和不妥之处在所难免，敬请读者批评指正，以便今后进一步修改，使之日臻完善。

目　录

第一章 概　述

第一节 什么是二语习得

一、"第二语言习得"的定义

"第二语言习得"，简称"二语习得"。"第二语言习得"指人们逐步提高其第二语言能力的过程，而对这一过程的研究，就称为"第二语言习得研究"。

在英语中，首字母未大写的"second language acquisition"有时也可作为"第二语言习得研究"的学科名称，因此就有了分别表示"研究学科"和"研究对象"的两个义项。

在汉语中，不加"研究"二字的"第二语言习得"（"二语习得"）有时也用来兼指这一"研究"，因此也可以分别表示"研究学科"和"研究对象"两个义项。

我们知道，与"第二语言习得"这个名称相近似的，还有"第二语言学习""第二语言获得""外语习得""外语学习""母语习得"等。为了避免混淆，我们需要顾名思义，先讨论几组相关概念的联系和区别。

首先是关于"第二语言"（简称"二语"），由此引发的问题是："二语"与"第一语言"（简称"一语"）是什么关系，"一语"和"母语"是什么关系，"二语"和"外国语"（简称"外语"）是什么关系，以及"二语"和"目的语"是什么关系。其次是关于"习得"，由此引发的问题是："学习"和"习得"是什么关系。

（一）"一语"和"二语"

根据两种以上语言学习/习得的顺序，我们把第一次学会并用于思维和交际的语言，叫作"一语"（L1），而任何在一语之后所学习/习得的语言，通称"二语"（L2）。

一个人可能只有一个"二语"，也可能有更多的"二语"。例如，某个中国人的一语是汉语，又学了英语、日语、法语，那么他后学的那些语言就是他的"二语"。如果要研究他的几个"二语"之间的关系和影响，则需要具体区分为"二语""三语""四语"……（L2，L3，L4……）。因此，"二语"这一术语，可以是通称，也可以是特指。

（二）"一语"和"母语"

二语习得研究中的"一语"概念，主要用来与二语相对，以突出其在学习者所接触的两种以上语言中"先入为主"的强势地位，以及这种强势性对二语习得过程可能产生的影响，即"一语迁移"或"一语干扰"。通常情况下，人们总是先掌握母语，然后开始学习其他语言（即"二语"）。那么"一语"就是"母语"。

但是在现实社会中，有时"一语"不等于"母语"。"母语"并不是可以顾名思义的"母亲的语言"那么简单，而是一个复杂的概念。

从社会语言学的角度来看，母语首先是民族领域的概念，母语就是本民族语，它反映的是个人作为某个民族的成员对本民族语言和民族文化的认同，它不取决于获得的顺序，甚至不取决于是否获得。例如，有人从小在父母或其他家庭成员身边学习母语，但并没有用于社会交际，导致其本民族母语发展的停滞或萎缩，其主要交际用语是当地的社会通用语或官方语，那么根据语言的社会性和交际性本质，后者才是他们的"一语"。这种现象在那些从小跟父母移居国外或者出生、成长于国外的孩子身上较为多见。同样，多民族国家中，往往有一些人口较少的少数民族，其民族语言受到当地强势语言的持续冲击，致使年轻一代身上也大量产生这样的现象。

换言之，一个人肯定会说"一语"，但未必会说"母语"。而且他长大以后又可能回过头来学习母语，那么对他来说，母语反而是"二语"。最近一些年来，有不少海外华裔正在学习汉语，就是这种情况。

另一种情况是，多语家庭的孩子最早接触的语言可能不止一种，那么这些语言都是母语，但以后只有一种进入社会交际，成为他们的"一语"。例如目前有不少跨国婚姻家庭，父母双方（甚至加上祖父母辈、女佣等）各向用其母语与孩子交流。但孩子一旦开始接受正规教育，就面临着"一语"的选择。斯库纳波 - 康嘎斯和菲利普森（Skutnabb-Kangas & Phillipson，1989）曾总结认为，凡符合下列 6 种情况之一的就可以认定为一个人的"母语"：向母亲学会的那种语言；学会的第一种语言（一语），不管"向谁"；在人生的任何时间中较为强势的那种语言；本地区或本国的母语（例如，白俄罗斯的白俄罗斯语）；一个人用得最多的那种语言；一个人对之有着较为积极的态度和情感的那种语言。

二语习得研究中的"一语"，一般就指其中的学会的第一种语言（一语），不管"向谁"的"母语"，两者也是在这样的语境中可以互换通用。而一旦研究对象中出现了其他情况，就需要小心使用"一语""二语"和"母语"等概念了。

另外，汉语中的"母语"一词，又可能对应于英语的三个概念：mother language/mother tongue、motherese/mother talk、native language。

Mother language/mother tongue：指从小在父母身边学会的本民族语言，大致等于"一语"。

Motherese/mother talk：指母亲对儿童说的经过调整的活语，又译"母亲话语""母式语"，这个概念常用于母语习得。

Native language：指二语学习者正在学习的那种语言，又译"本地语""本族语"。凡是以该语言为母语的人，就是"（说）母语者"（NS，又译"（说）本地语者""（说）本族语者"）；相对而言，凡是正在学习该语言的人，则是"非母语者"（NNS，又译"非本地语者""非本族语者"）。而第二语言学习的最终目标，就是要达到"类母语"（又译"类本族语"）的水平。

（三）"二语"和"外语"

正常情况下，人们不可能一生下来就学"外语"（FL）而不学母语，必然是先学母语然后再学外语，因而外语一定是"二语"。但是，"二语"却不一定是"外语"。换言之，"二语"可以涵盖"外语"，但不等同于"外语"。

从社会语言学的角度来看，外语一般指非本国语言。那么"外语学习"就是学习者在本国学习其他国家的语言。例如，中国学生学习英语，美国学生学汉语。而二语的范围还包括：多民族国家或地区的人们所学习的非本族语，例如中国汉族和少数民族互相学习的对方语言，美国的少数族裔学习的英语，马来西亚华人学习的马来语等；还有，原殖民地国家非本族语的官方语，例如印度人、新加坡人学习的英语等。这样的语言就不能称为"外语"。

对二语习得研究来说，区分"二语"和"外语"的意义，主要在于强调学习环境的不同，以便考察不同的环境对二语习得的影响。二语学习的环境主要有两种：一是"第二语言环境"（简称"二语环境"，SLE）；一是"外国语言环境"（简称"外语环境"，FLE）。"二语环境"是指在该语言所属的社团中学习，例如外国人在中国学汉语，中国人在美国学英语。"外语环境"是指在学习者本人所属的社会中学习，例如中国人在中国学英语，外国人在其本国学汉语。换言之，同样是中国人学英语，在国内学的是"外语"（EFL），去英美等同留学时学的就是"二语"（ESL）了。同样是外国人学汉语，在其本国学的是"外语"（CFL），来中国留学时学的就是"二语"（CSL）。

两种学习环境主要在语言习得过程的社会文化环境和学习者的语言背景这两方面具有不同的特点，从而对二语习得过程产生不同的影响。一方面，在"二语环境"中，语言学习者能够充分接触到所学的二语（不仅接触到它的语言系统，而且接触到它的整体架构），因为该语言是当地社会的优势语言或唯一语言。而在"外语环境"中，学习者的外语体验和活动几乎总是局限于花在课堂上的时间，也就是孟子所说的"一傅众咻"。另一方面，"二语环境"中的学习者往往来自不同的国家、具有不同的母语背景。而"外语环境"中的学习者几乎总是共有一种母语。所以，"外语环境"一般又叫"母语环境"。

在"外语环境"中学习二语，一般不具有实际使用的自然环境。因而，在克拉申（Krashen）等一些二语习得研究者的理论中，"二语"不包括外语，因为外语是在课堂上学得的，不是在自然环境中习得的。

但在大多数人的研究中，"二语"也涵盖外语，只是在需要强调的时候才加以区分。当然，也有不少研究者表述为"第二/外国语言习得"，以示全面。

（四）"二语"和"目的语"

二语习得研究中，常常也会使用"目的语"这个概念。从语言学习的角度，凡是以某种二语为目标而有意无意地向它接近的，这种语言就可以叫作"目的语"。因此，"目的语"和"二语"指的是同一个东西，只是角度不同。换言之，"目的语"是就二语学习的对象而言，"二语"则是就与一语相对的。因而，"对外汉语教学"的英文译名应该是"TCSL，Teaching Chinese as a Second Language"。

当然，如果是在第三国学习母语以外的另一种语言，如韩国人在美国学汉语，那么情况又要复杂一些，这时的"外语环境"就又不是"母语环境"了。

学习先后而言。那么，"二语环境"又可以叫"目的语环境"。

汉语的"目标"和"目的"是一对同义同，而且都可以与"达到"搭配，但二者意义侧重有所不同。"目标"比较具体，重在指通过努力想要达到的某个指标、获得的某个东西、攻击的某个对象等，至于出于什么"目的"而要达到这个"目标"，就显得语焉不详了。而"目的"则比较抽象，重在指某种努力的出发点或者原因、动机，至于要达到的"目的"是以什么为"目标"，也不一定交代得很清晰。英语的"target"本义为"靶子"，引申为"攻击的目标""想要达到的目标"等，而"target language"正是二语学习者所孜孜以求想要达到的"目标"，那么"目标语"的译法似乎更合理些。

不过，从另一角度来看，任何一个人学习二语，都是从零起步，然后开始了一次朝向"目的地"的"长途行军"。在这个艰难的"行军"中，学习者需要攻克一座座"堡垒"，最后才有望到达"目的地"，也就是那种语言的母语者标准。那么，将作为"目的地"的语言称之为"目的语"，也有它的合理性。何况，"的"字在古汉语中也确曾有"靶子"的意思，如"众矢之的""有的放矢"等。那么"目的语"的译法兼顾了"目的"和"目标"，终究还是更胜一筹。

（五）"习得""获得"和"学习"

"习得"（acquisition）和"学习"（learning）的含义存在着交叉和重叠。

从字面上看，"acquisition"的本义是"获得"，重在强调结果而非方式。因为在方式上，既可以是"劳"有所"得"，也可以是不"劳"而"获"。"acquisition"与"语言"联系起来，最早是用来研究"母语习得"的，称为"语言习得"。在乔姆斯基的"语言习得机制"（LAD）假说中，"acquisition"就暗示儿童几乎不需要怎么"learn"就可以轻松地"acquire"自己的母语。

20世纪70年代以前，二语学习研究领域一般多用"学习"，较少使用"习得"。1966年，兰伯特（Lambert，1966；Corder，1981）曾建议区分"学习"和"习得"，以"学习"专指有指导的二语学习，"习得"专指儿童的母语习得。

70年代以来，开始引入"习得"这一个概念，"二语习得"成为"语言习得"的下位概念，与"母语习得"并列。但是"学习"一词仍然可以与"习得"通用。

而80年代以来，克拉申（Krashen）最早明确地将二语的"学习"和"习得"对立起来讨论。他认为："学习"是一种"有意识的"行为，而"习得"则是"下意识的"，是"捡到"的；"学习"是了解有关语言规则的知识，这些知识仅能帮助学习者检查自己话语的对错，"习得"是在交际条件下自然地使用二语；"习得"是儿童获得一语的方式，很可能也是他们获得二语的方式，而成人也能够通过"习得"掌握二语。因而，这样的区分实际上是强调了在掌握二语过程中"acquisition"的不"劳"而"获"的一面。

不过，克拉申（Krashen）的观点仍然是有争议的。现在一般的共识是：学习必有所"得"，所得必经所"习"。因此，笼统而言，"学习"和"习得"可以互用，都可以指二语习得的有意识的过程或下意识的过程。比较而言，"学习"主要指主动获取知识的行为及过程，"习得"主要指知识内化的过程及其结果。

归结起来，在掌握一种二语时，成人较多采用"学习"的方式，而儿童较多采用"习得"的方式；"学习"多产生于课堂里，而"习得"多产生于课堂外。

鉴于二语习得研究更关注学习者二语发展的内在机制，因此作为学科名称，现在一般多用"习得"。艾利斯（Ellis，1985）曾指出："二语习得作为一个一般的术语，既包含没有指导的（或曰'自然状态的'）习得，也包含有指导的（或曰'课堂的'）习得"。

汉语原本没有"习得"一词，"acquisition"的对等词就是"获得"，因而刚开始引进这一概念时也的确曾使用过"语言获得""母语获得""第二语言获得"等译名。但后来为了恰如其分地表达"acquisition"在二语习得研究中的特定含义，就新造了"习得"，意为"习而得之"，也隐含"习焉不察"之义，较为贴切，现已被广泛接受。

另外，有了"习得"之后，曾有人相应地将"learning"也改译为"学得"，以期与"习得"相对称，不过并未得到学术界的响应。

二、第二语言习得研究的对象和目标

二语习得研究是应用语言学的一个研究领域，对于探索语言习得的本质和提高第二语言／外语教学效果具有重要的理论意义和应用价值。其研究对象是二语习得过程中涉及的众多互相关联的因素，包括语言的、认知的、心理的、环境的，等等，即学习者以何种方式学习母语以外的另一门语言。

二语习得研究的目标，就是描述二语习得是怎样进行的，并解释这一过程，以及为什么有的学习者在这方面似乎比别人做得更好。

二语习得研究可以从不同角度加以分类。从一般与个别的角度，可以分为普通二语习得研究和具体二语习得研究。普通二语习得研究总结归纳二语习得的一般规律，而具体二语习得研究则是针对某个具体目的语的习得规律研究，包括英语二语习得研究、汉语二语习得研究、法语二语习得研究等分支或领域。从二语习得的不同层面，又可以分为二语语法习得研究、二语词汇习得研究、二语语音习得研究、二语语用习得研究等领域。从影响二语习得的不同因素，还可以分为语言迁移研究、学习动机研究、学习态度研究、学习策略研究、认知风格研究、学习环境研究等领域。

这些研究分支或领域以二语习得研究的一般理论为基础，反过来又为完善和充实二语习得研究的一般理论做贡献。

第二节 二语习得研究的内容

一、二语习得研究的核心概念

正如我们在上述所提到的，人们一旦开始学习一门二语，就是在向目的语的规范靠拢。这样就形成了一个二语水平的连续统，一端是初学者水平，另一端则是类母语水平。学习者水平提高的过程，就是向母语规范靠拢的过程。每个学习者当前的水平，就位于这个连续统的某个节点。靠近初学者一端的，就是人们一般所说的"破""蹩脚""二五眼"等，靠近母语者一端的，就是"好""熟练""精通"等。

在这个过程中，只要学习者尚未达到类母语水平，那么他用目的语所产出的话语，无论是口头的还是书面的，无论是有意义的还是无意义的，就是"学习者语言"。以母语规范来衡量，学习者语言就有着或多或少的"错误 / 偏误"。人们凭直觉发现这些"错误 / 偏误"带有学习者处母语的痕迹，很可能是由母语的"干扰"导致的。这是因为，二语技能的习得不同于其他技能的习得。其他技能的习得，往往是从"一张白纸"开始的，而二语技能的习得，似乎并非开始于"一张白纸"，因为学习者头脑中事先已经有了母语，必然对其二语产生影响。这种影响，就称为"语言迁移""母语迁移"或"一语迁移"。

不过，通过对学习者语的深入研究，人们又发现，"语言迁移"并不能解释学习者的所有"错误 / 偏误"，因为有时预计学习者会发生迁移的时候，他却没有迁移，而且许多"错误 / 偏误"跟学习者的母语没有关系。这样一些发现，使语言迁移理论一下子"失宠"，有人甚至断言，根本不存在迁移问题，即使是那些与母语相关的"错以 / 偏误"，也不是由于迁移，而是由于学习者采用了某些学习策略和交际策略。

另一方面，人们也发现，学习者的"错误 / 偏误"并非杂乱无章的，而是系统性的。也就是说，二语学习者自己建构了一个语言系统，这个系统部分地吸收了学习者的一语但又与其不同，同时又不同于目的语。这样一种独特的语言系统，就称为"中介语"。而且，中介语并非静态的，而是动态发展的。那么，学习者的中介语的发展过程，就是其二语发展过程。

因此，下面几组概念就是二语习得研究的核心概念。

（一）"语言迁移""干扰"和"跨语言影响"

1."语言迁移"和"干扰"

"语言迁移"是对比分析假说的核心概念，一般指学习者的一语对正在学习的目的语所施加的影响，所以常与"一语迁移""母语迁移"换用。

"语言迁移"分为"正迁移"（又译"积极迁移"）和"负迁移"（又译"消极迁移"）两种情况。

当一语和二语的某些规则相一致时，这种迁移是积极的，有利于二语的掌握，所以叫作"正迁移"；当一语和二语的某些规则不一致时，这种迁移是消极的，有碍于二语的掌握，所以叫作"负迁移"，或者叫作"干扰"。例如，有这样一个英语偏误句（Ellis，1997）：The man I spoke to him is a millionaire. （我跟他说话的那个人是一个百万富翁。）

在语言迁移研究中，也有学者意识到，从字面上来看，无论是"迁移"还是"影响"，这两个术语本身并不暗示着从一语向二语的单向性，并对"语言迁移"等于"一语迁移"的传统理解提出了挑战。也就是说，"迁移"或"影响"可能是双向的，既可以是一语向二语的，也可以是二语向一语的。

其实，最早提出语言"干扰"这一概念的美国社会语言学家怀恩来希（Weinreich）就已经把它定义为"作为双语者熟悉多于一种语言的结果而发生在其言语中的背离其中任何一种语言规范的那些情况"（Weinreich，1953）。既然是"任何一种"，那么就不是仅限于其二语，也可能是其一语。

事实上，人们也已经发现了二语对一语的影响。为了与传统语境中的"迁移"相区别，就只能称为"反向迁移"，或者"逆向迁移"。

不过，长期以来，由于"语言迁移"研究者的兴趣点始终是在一语向二语的迁移方面，因此在绝大多数研究中，"语言迁移"只是在一语向二语的单向迁移的语境中使用，几乎等同于"母语迁移"或"一语迁移"。同样，关于"跨语言影响"的研究，大多也仅限于针对一语对二语的单向影响。

据研究，法国的学习者犯这种错误要比阿拉伯国家的学习者少得多，这是因为法语不允许像"him"这样的复指代词出现在关系从句里，而阿拉伯语则是可以的。那么，法国学者不易犯这样的错误，就可能是得益于其母语法语的正迁移；而阿拉伯学习者易于犯这样的错误，则可能是由于受到了其母语阿拉伯语的干扰，即负迁移。因而，负迁移是学习者语言中偏误的根源之一。

也有一些现象，如"回避"和"滥用"等，虽然不是明显的偏误，也可能是负迁移引起的。

例如，研究发现，由于汉语和日语中没有相当于英语关系从句的结构，因而中国和日本的英语学习者常常回避使用关系从句，结果他们在关系从句上所犯的错误比阿拉伯国家的英语学习者少，后者是因为阿拉伯语中也有关系从句，但与英语有所不同。那么，在关系从句方面，无论是中国学生错误犯得少，还是阿拉伯学生错误犯得多，其根源都在其母语。

又如，一些中国学习者在用英语道歉时，喜欢按照其母语汉语的规范滥用遗憾的表达式。姜占好曾开展了一项中国和澳大利亚大学生英语道歉策略的对比研究，结果发现，中国学生在以英语进行道歉时，道歉策略的使用频率高于澳大利亚大学生。过高的道歉策略使用频率表现出中国学生较强的遗憾情结和过度的礼貌，他们有时总想解释理中，甚至显得低声下气。

2."跨语言影响"

"迁移"是用来解释二语习得的一个隐喻，指的是学习者将母语中的某些特征"迁"到二语中去的现象。不过，在某种程度上，这是一个不恰当的隐喻。例如，当我们迁移户口时，必须把它从原居住地迁出来，再迁到一个新的居住地去，于是新居地得到一个户口而原居地失去一个户口。然而，当语言迁移发生时，一语知识通常是不会丢失的。

另一方面，随着语言迁移研究的不断深入，这一术语不断被赋予了新的含义。许多归入"语言迁移"的现象，如回避、简化等，虽然与母语有关，但实际上并没有"迁移"什么。

因此，80 年代后期以来，奥德林（Odlin，1989）主张用一个新的术语"跨语言影响"来取代传统的"语言迁移"概念，可以涵盖"迁移""迁移缺乏""回避""产出不足""学习的总体简易化""交际策略"等在内的一系列现象。他认为，迁移实际上是一种影响，这种影响源于目的语和已习得（或未完全习得）语言之间的相似或相异。

（二）"学习者语言"和"中介语"

1."学习者语言"和"中介语"概念的提出

"学习者语言"是指二语学习者在用二语说话或写作时所产出的语言，也叫"语言学习者语言"。学习者语言可以反映学习者在某一阶段、某一水平的二语状态。

"中介语"（又译"语际语"）是中介语理论的核心概念，即二语学习者所使用（掌握）的既不同于一语，也不同于二语的一种独立的语言系统。

1969 年，塞林克（Sclinker）发表论文，首次提出"中介语"概念。1971年，耐姆寒（Nemser）和科德（Corder）相继发表论文，根据学习者语言的本质，分别将它命名为"近似语言系统"和"过渡性语言能力"，表示这是一种介于学习者的母语和目的语之间的，以母语为起点、目的语为终点的过渡性语言系统。

1972 年，塞林克发表以"中介语"为题的论文，详细探讨了学习者的语言系统及其相关的一些问题，产生了较大的影响，因而"中介语"这个术语受到学术界广泛接受。

2. 中介语概念的内涵

中介语的概念暗示着人类的心智像一台计算机那样发挥功能。首先，学习者接触到输入，并分两个阶段加以处理，输入的部分内容被注意到，并被带入短期记忆，成为吸收物；这个吸收物的某些内容被作为二语知识储存在长期记忆中。负责创造吸收物和二语知识的过程就在那个学习者心灵的"黑匣子"中发生，而学习者的中介语就是在那里建构的。最后，二语知识被学习者用来产出口头和书面的输出，亦即学习者语言。

随着中介语研究的深入，人们对"中介语"这个概念的理解却越来越有所不同。比亚里斯托克和史密斯（Bialystok & Smith，1985）曾指出："七十年代初，中介语一词被广泛使用，此后被用于不同的语境，表示不同的意思。因此，目前这个词的定义到底是什么，对语言习得理论有何意义，看法很不统一。"

艾利斯（Ellis，1997）总结认为，中介语的概念包含着关于二语习得的下列假设：

学习者建构了一个抽象语言规则的系统，并以此为这一系统构成了对某种二语理解和产生的基础。这一规则系统被看作是一种"心智语法"，并且被称为"中介语"。中介语的形成与二语学习的 5 个核心过程有关：语言迁移、"训练迁移"、学习策略、交际策略、泛化类推，而中介语就是这些学习过程的产物。

学习者的语法是可渗入的。那就是说，这种语法对于来自外部（亦即通过输入）的影响是开放性的。它也受到来自内部的影响。例如，遗漏、泛化类推和迁移错误就是内在进程的证据。

学习者的语法是过渡性的。通过增加规则、删除规则以及重构整个语言系统，学习者时不时地改变其语法规则。这就促成了"中介语连续统"。也就是说，学习者在逐渐增加他们的二语知识的复杂性的同时，建构了一系列"心智语法"或者"中介语"。比如，起初学习者可能开始于一种很简单的语法，在这种语法中某个动词只有一种形式表现出来（如"paint"），但是随着时间的推移，他们增加了其他的形式（如"painting"和"painted"），并逐渐地整理出这些动词可以用来发挥的功能。中介语的这种过渡性本质也反映在习得顺序中。

有些研究者宣称，学习者建构的系统包括一些多变的规则。那就是说，他们认为学习者很可能在任何一个发展阶段都有一些互相竞争的规则。但是，另一些研究者则认为，中介语系统是相似的，并认为多变性反映了学习者在试图用他们的知识进行交际时所犯的错误。这些研究者把多变性看作是言语行为而不是语言能力方面的问题。因此，由于中介语系统本身具有多变性的假设，还是有争议的。

学习者使用了种种学习策略来发展他们的中介语。学习者所产出的不同种类的错误反映了不同的学习策略。比如，遗漏错误表明，学习者正在通过罔顾他们尚未准备好处理的语法手段而在一定程度上简化学习任务。泛化类推错误和迁移错误也可以看作是学习策略的证据。

学习者的语法很可能"石化"（又译"化石化""催化"）。塞林克认为，只有大约百分之五的学习者继续发展和操母语者相同的心智语法。大多数人由于种种原因而突然停止学习。退步现象（亦即产出体现着某个早期发展阶段的那些错误）的普遍发生对石化了的学习者来说很典型。石化现象并不出现于一语习得中，因而对二语语法来说是独特的。

总之，目前唯一得到公认的是：中介语是二语学习者的一个特有的、动态的语言系统，与一语和二语都不同。

（三）"错误"和"偏误"

"错误"和"偏误"本来是同义词。20世纪70年代以前，传统语言教学观和行为主义语言学习理论要求对学习者"有错必纠"，因此并不需要区分"错误"和"偏误"，两者可以通用。

1967年，科德（Corder，1967；Corder，1981）发表《学习者偏误的意义》一文，认为两者有所不同：

"错误"指使用语言时的口误或笔误，是没有正确使用已知的语言系统所致。由于心不在焉、饥饿或者情绪激动等原因，任何人都会发生"错误"。即使是在使用母语时，也会发生"错误"。因而，出"错误"的人能感到自己错在哪里，也能自我纠正。

"偏误"是指学习者偏离的语规范，产生的原因较为复杂，包括"迁移""泛化类推"等。一般来说，出"偏误"的人往往不能意识到自己错了。即使别人指出了，也不一定能改正。

因此，"错误"只是一种表象，"偏误"反映的是二语学习者的能力。而只有"偏误"才对二语习得研究有意义，因而需要加以分析。

这样，"偏误"就成为"偏误分析"理论的核心概念，指二语学习者在使用二语时所犯的具有系统性、规律性的错误。

国内在引进"Error Analysis"理论时，也曾翻译为"错误分析"。但为了更确切地反映 error 的实际含义，现多称"偏误分析"。

二、二语习得研究关注的基本问题

二语习得研究主要是围绕三个方面来进行的，即学习者的语言系统、学习者的习得过程以及学习者本身，并由此展开对下列几个基本问题的重点关注和研究。

（一）语和二语的关系

二语学习者必然是在习得一语之后才开始学习二语，那么在他们的大脑中，两种语言必定产生一定的关系。对二者的关系，各家由于理论基础的不同，就先后产生了不同的看法。

1. 对抗关系

根据行为主义心理学理论，一语和二语是对抗关系。这种看法认为，二语学习的主要困难来自一语的"干扰"，这种"干扰"是通过"负迁移"来进行的，因此需要通过"对比分析"的方法找出这种干扰的根源，以便从源头上采取措施来抵抗这种干扰。

2. 平行关系

根据普遍语法理论，一语和二语是平行关系。这种看法认为，二者互相并不形成干扰。二语习得过程只是一个参数再调整的过程，一语和二语可以平行发展，二者的区别只有发展先后之分。而学习者语言"偏误"的产生，是由于二语水平不足而求助于一语，这不是干扰，而是一种策略。

3. 既有负面影响又有积极作用的关系

根据认知理论，一语和二语是既有负面影响又有积极作用的关系。这种看法承认"负迁移"的存在，但同时也认为，一语可以帮助学习者增进二语输入，尤其是成人可以利用一语知识以及社会经验和文化背景加快学习、增强理解。

（二）学习者语言的特征及其发展变化

对学习者语言的研究，标志着二语习得研究真正把学习者"如何学"放在首位。因为只有发现了学习者语言的特征及其发展变化规律，才能为教学上的有的放矢提供有用的启示。20 世纪 70 年代至 80 年代初，对学习者语言特征的研究成为二语习得研究的重点。

1. 学习者语言的特征

学习者语言的特征是通过一系列的偏误体现出来的。因而偏误分析就是研究学习者语言的最重要方法之一。因为"偏误"可以作为二语习得研究者观察或窥探二语学习者心灵的"窗口"，通过它可以了解他们的二语习得过程。

（1）偏误的系统性和可变性

偏误的系统性是指偏误在很大程度上是有规律可循而且可以预测的。换句话说，学习者在某个特定的二语发展阶段，总是犯同样的偏误。例如初学英语的学习者在尚未掌握动词过去时态时，要么在所有需要使用过去时态的场合使用动词的原形，要么在动词后而一律加上 -ed。这就意味着，这些学习者在其英语中介语系统中，创建了自己的规则，尽管这不是规范英语的规则。

偏误的可变性是指偏误的发生有时显得杂乱无章、没有规律。换句话说，在学习者某个特定的二语发展阶段，同一种偏误有时发生，有时却没有发生，甚至在同一次交际中，交替出现正确的和错误的形式。例如，在英语学习者的同一个语篇中，在需要为动词标记过去时态时，可能有的加了标记，有的却没有，或者使用另一种不正确的形式，甚至同一个动词也会交替出现正确的和不正确的形式。

然而，进一步的研究却发现，偏误的发生受到了语境的制约。也就是说，同一种偏误在某些语境中会发生，而在另一些语境中却不会发生。

制约偏误发生的语境主要有：语言语境、情景语境、心理语言学语境等。

情景语境是指人们说话时的环境，包括交际的场合、对象等，大致相当于修辞学的"语境"和社会语言学的"风格的连续统"。人们在使用母语时，都会根据不同的语境，从"风格的连续统"中选用"正式"或"不正式"的言语形式，以取得最理想的表达效果。"正式"的言语形式是规范的，而"不正式"的形式则相对不够规范。

而在这一点上，二语学习者同样如此。也就是说，同样的偏误，可能在其"正式"的话语中没有出现，而在其"不正式"的话语中却经常出现。

心理语言学语境是指人们在进行言语表达时的心理状态。研究发现，二语学习者在表达之前是否打过腹稿，也会影响到他们表达中的偏误表现。当他们有时间打腹稿时，似乎更倾向于采用正确的形式。

由此看来，尽管可能受到语境的制约，偏误仍然具有系统性，而可变性则是相对的。

（2）偏误的普遍性和独特性

偏误的普遍性是指很多同样的偏误可以普遍地在不同的学习者身上找到，而且跟他们的一语背景和学习环境（自然状态的或者课堂的）无关。例如，几乎所有的学习者都会犯遗漏、泛化类推以及迁移偏误。

2. 二语习得发展的普遍规律

（1）学习者二语的发展模式

通过对学习者二语发展模式的考察，可以发现二语习得发展的共性特征。

当学习者在自然状态下习得一种二语时，他会像儿童那样，首先经历一个沉默期。在这一时期，他并不试图表达什么，而是尽量通过多听多读来获取有关二语的信息，并为随之而来的开口说话做好准备。

接下来就是开口说话了。这时他所说的话具有两个特征：

一是使用格式化的语块，如"你好！""谢谢！""再见！""怎么样？""对不起！""我不知道""我要……""我叫……"，等等。这些语块在最初的语言交际中发挥了良好的作州，而且往往"一鸣惊人"，使人对学习者的二语能力产生错觉，以为他"说得很好"。而实际上他只能囫囵地使用，而不能分析地使用。

例如，在一次汉语进修班分班面试中，一位考官曾与一位韩国学生有过如下一段对话：

考官：你好！
学生：你好！
考官：我说汉语你听得懂吗？
学生：我听不懂。
考官：明明听懂了，真谦虚啊！那么，你叫什么名字？
学生：我听不懂。
考官：嗯？……你是哪国人？
学生：我听不懂。
考官：哦，我懂了！
原来他是真的"听不懂"，不是谦虚！

二是命题的简约化，即只说一些关键词，产生"电报式言语"，而不是完整的句子，汉语俗称"蹦单词儿"。这样的语句，与儿童习得母语时的特征非常相似。

（2）二语习得所遵循的"天然路线"

同时，学习者也确实开始了语言规则的习得。我们知道，做任何事情都有一个循序渐进的过程。那么对一系列的语言规则，即所谓"语言点"，他们是如何一样一样学会的呢？既然儿童母语习得遵循着一条"天然路线"，那么二语习得是否也存在这样一条"天然路线"呢？于是，20世纪70年代到80年代初，针对"天然路线"的研究就成了二语习得研究的最重要课题之一。

所谓"天然路线"，就是天然的"习得次序"，即学习者习得不同语言点的先后次序，简言之，就是先掌握什么，后掌握什么。

科德（Corder，1981）曾强调，二语习得研究的主要目的是找到二语发展的"天然次序"，即学习者的"内置大纲"或"内部大纲"，然后就可以精心设计一个量身定做式的"外部大纲"，即课堂教学大纲，使教材内容的呈现次序与学习者语言发展的天然次序相一致，从而有望大大提高学习速度和效果。

"习得次序"的研究，主要是围绕着语素的"习得次序"而展开的，涉及的主要是语法语素，即"语法点"。例如，根据对英语语素习得次序的研究，进行时-ing、系动词be以及复数形式-s等较早习得，随后是冠词和不规则过去式，而最难掌握的结构是规则过去式和第三人称单数加-s。通过与儿童母语习得的比较，发现两者存在着惊人的相似。这些发现表明，必然存在着一个所有学习者都遵循的"天然次序"，而且与他们的母语、年龄、学习环境等因素无关。

因而，"习得次序"的研究对于语言教学的价值在于既然存在着这样一个必须遵循的"天然次序"，那么在过早学习尚未"轮到"的语素时，必然是一种无用功，诚所谓"拔苗助长"，结果就是"欲速则不达"。而这也可能是某些偏误一时难以纠正的原因之一。80年代以来，"习得次序"研究虽然不再热门，但仍然不断受到研究者的关注。

不过，"习得次序"研究也存在方法论上的缺陷。因为这一研究是以学习者运用每种语素的准确度为依据的。研究者相信，某些语素运用的准确度高，就意味着已经习得。凡是准确度低的，则是尚未习得，因此就可以排列成一个准确度次序。这种准确度次序必定相同于习得次序，因为学习者越是能够准确地使用一种语素，就越有可能已经习得了这种语素。

对此，也有人提出了反对意见。因为二语习得并不是像砌墙那么简单，只要把砖头一块一块叠上去就行了。某个语素用得准确，并不一定意味着已经习得。每一个语素的习得，本身也会经历一个逐步发展的过程。有研究发现，有的语素在学习者的早期一直没被用错，到后来才开始用错了。

（三）二语学习者的个体差异

为了深入了解学习者学习二语时，为什么有人做得较好，而有人做得不够好，就需要展开对学习者所具有的个体差异的研究。这些个体差异主要体现在内部因素和外部因素两方面。研究的目的就是在这些影响因素和二语习得成效之间建立某种相关性。

1. 影响二语习得的内部因素

影响二语习得的内部因素主要包括语言、情感、认知、年龄、性别、策略等方面。20 世纪 80 年代以前，对内部因素的研究主要集中于语言因素，此后则逐渐扩大到其他因素。

（1）语言因素

语言因素是指影响学习者二语习得的一语背景。学习者的一语背景会影响到他们语言迁移的规律，即语言迁移在何时发生，又在何时不发生；或者为什么该迁移时未迁移，而不该迁移时却迁移了等。涉及的问题主要是语言类型学方面的，包括"标记性"和"距离"两大问题。

标记性，指世界语言中的某些结构比其他结构更自然、更基本、更常见。那些比较普通的结构，叫作"无标记"结构，反之则是"有标记"结构。结构的标记性也是一个程度问题，"有标记"和"无标记"只是相对而言。因此，语言结构的标记性可以按照强弱排列为一个"可及性等级体系"。标记性越强，则可及性越低。

可及性等级体系具有蕴含性，即在某种具体语言中，排列次序较低的关系代词功能的存在，暗示着在它之上的所有代词功能的存在，但不暗示在它之下的代词功能的存在。

就语言习得而言，某种结构标记性越弱，甚至无标记，那就越容易习得。那么在二语习得中，一般的推论应该是，在习得次序方面，无标记结构先于有标记结构的习得；在语言迁移方面，学习者从其一语迁移无标记结构比迁移有标记结构的可能性大得多。

一些研究发现（Ellis，1997），这个等级体系的确预示了关系小句的习得次序，也就是说，它预示了学习者在关系小句中犯偏误的频度。在带有主语代词的关系小句中所犯错误最少，在带有比较宾语功能的关系小句中所犯偏误最多。

马超根据标记理论，分析总结了前人关于外国留学生汉语复合趋向补语习得次序的研究，认为，在语义层面上，复合趋向补语的本义功能为无标记的，而引申义功能为有标记的；根据标记强度，可分为下列等级：趋向意义＞结果意义＞状态意义＞其他意义。

该研究还指出经实证得知，就复合趋向补语而言，尤标记形式或标记程度低的形式的习得要先于有标记形式或标记程度高的形式的习得。

不过，标记性和习得次序的关系可能比人们想象的更复杂，因为习得次序与输入频度也有关系。也就是说，较早习得的形式也可能是由于它们的使用频率较高，而未必是由于标记程度低。

艾利斯（Ellis，1997）指出我们需要确定，正是标记性而不是某个其他因素决定了习得的次序。例如，学习者首先习得了英语关系代词的主语功能，可能不是因为它是最无标记的，而是因为它是输入中最高频的。为了检验究竟是标记性还是输入频度决定了习得次序，我们必须判定输入中分别是较低和较高频度的无标记的和有标记的结构。这可以分为四种情况：常用而有标记的结构；不常用时有标记的结构；常无标记的结构；不常用而无标记的结构。而最新完成的研究工作提示，学习者更可能先习得一种常用而有记的结构，后习得不常用而无标记的结构，而不是相反。

在语言迁移方面，一些研究已经证明，标记性与一语迁移有关（Ellis，1997）。例如，英语 /t/ 和 /d/ 的发音在词首、词中，以及词尾是相互对照的。但是德语的这两个音仅仅在词首和词中是相互对照的。按类型学来说，词首的对照是无标记的，词尾的对照是有标记的。那么就可以预见，英国的德语学习者在学会"德语中不存在词尾对照"这一点时没有任何困难，而德国的英语学习者在学会用英语作词尾对照时却会经历相当大的困难。

距离，指语言的"类型学距离"，也就是不同语言之间的相似度和差异度。语言类型学从不同的角度，把世界语言分为各种类型。在语音方面，例如，从声调角度，可以分为有声调型（如汉语）、无声调型（如英语）；从音节结构特点，可以分为元音和谐型（如蒙古语）、辅音主导型（如英语）。在语法方面，例如，从形态角度，可以分为曲折型（如英语）、黏着型（如口语）、孤立型（如汉语）和多式综合型（如印第安语）等 4 类；从句法手段角度，可以分为综合型（如俄语）和分析型（如汉语）；从主语和话题的关系角度，可以分为主语为重型（如英语）、主题为重型（如汉语）、主语和话题并重型（如口语）；从语序角度，可以分为 SVO 型（如汉语）、SOV 型（如日语）、VSO 型（如古典阿拉伯语）、VOS 型（如斐济语）、OSV 型（沙万提语）、OVS 型（希卡里亚纳语），等等。那么，属于同一类型的语言，距离就较近，反之则较远。

以上这些都是比较大的分类。此外还可以有一些更细致的分类。例如，从关系小句结构角度，可以分为有关系小句结构的（如英语、阿拉伯语）、无关系小句结构的（如汉语、日语）。

就二语习得而言，一般情况下，学习者的一语和目的语属于同一类型的，较易发生主迁移，反之则容易发生负迁移。这种语言差异影响到学习者能否轻松地学习有关的结构。例如，一语中含有关系小句的学习者（如阿拉伯人）发现，自己比一语中不含关系小句的学习者（如中国人、日本人）容易学习，因而他们较不可能回避学习关系小句。

此外，还有一个"文字距离"问题，适用于世界上那些有文字的语言。世界文字也可以从不同角度分为各种类型，如表音文字、音节文字、语素文字等。那么，采用同一类型文字的语言之间，其文字距离就较近，反之则较远。汉字是目前世界上最为独特的文字类型，与其他类型的文字之间距离最远。另一方面，不同的语言即使采用了同类文字，也会在"正字法"方面表现出一定的差异。例如日语也部分采用汉字，但日语汉字与汉语汉字并不完全相同。甚至同一种语言的同一种文字内部，也会出现差异，例如汉字的繁体和简体问题。

由于二语学习往往需要借助文字，而且二语习得也包括书面语的习得，因而文字因素也会影响到二语习得。这对文字距离较远的学习者而言，甚至可能成为二语学习的最大障碍。例如外国人的汉字习得问题，对日本人、韩国人来说几乎可以忽略不计，但对欧美人来说，则可能是头等重要之事了。

（2）情感因素

情感因素是指影响学习者二语习得的情感、心理特征。涉及的问题主要有：动机、态度、个性、焦虑、自信心、竞争性、抑制等。

（3）认知因素

认知因素是指影响学习者二语习得的认知特点。涉及的问题主要有：语言学能、认知风格等。

（4）年龄因素

年龄因素是指影响学习者二语习得的起始年龄特点。涉及的问题主要有：年龄效应，语言习得的"关键期"等。

（5）性别因素

性别因素是指影响学习者二语习得的性别特点。涉及的问题主要有：男女两性与二语学习有关的生理特点；男女两性不同的认知、情感等心理特点，有研究显示，男性可能理解力较强，女性可能模仿力较强。

（6）策略因素

策略因素是指影响学习者二语习得的学习策略特点。涉及的问题主要有：善学者的学习策略、学习策略的类型以及不同的学习者采用各种学习策略的特点。

2.影响二语习得的外部因素

影响二语习得的外部因素，主要包括社会身份，学习环境，社会教育模式，文化差异，语言输入、输出与交流等方面。20世纪80年代以来，人们从社会语言学、跨文化交际学等角度来观察二语习得，逐渐兴起了对外部因素的研究。

（1）社会身份因素

社会身份因素是指影响学习者二语习得的社会身份特点。涉及的问题主要有：

性别身份，指男性学习者和女性学习者所具有的与性别有关的社会身份特点。人们在现实生活中，一般凭直觉就能感知到性别差异在语言习得和使用方面的不同。这种直觉也经常能够得到相关研究的肯定。

在母语习得中有一个共识，即女性享有速度方面的优势，至少在初始阶段是如此。换言之，女孩子会比男孩子早"开口"。在听辨能力方面，女性也有不可小觑的优势。爱森斯坦（Eisenstain，1982）的实验发现，在一项方言辨别任务中，女性的表现明显优于男性，甚至达到能够辨认出哪些方言具有较高或较低声望的程度。简单说来，女性的耳朵比男性"灵"得多。

在语言使用中，女性和男性的语言风格也有所不同。例如，汉语的"娘娘腔"一词，如果指语言方面，就是形容一些男性在说话时出现的女性"腔调"，包括女性常用的词语、语法语调、音位变体等。这也是社会语言学的重要研究对象之一。莱考夫（Lakoff, 1973）认为，确实存在一种"女人的语言"，其特点就是常用诸如反义疑问句这样的避险手段。在言语行为方面，津墨尔曼和维斯特（Zimmerman & West，1975）在其关于会话中的性别角色的研究中显示，男性比女性更倾向于打断对方讲话。

美国社会语言学家拉波夫（Labov，1991）则提出了两项假设：在稳定的社会语言层级中，男子使用非标准形式的频率高于女子；在大多数语言变化中，女子使用新出现形式的频率高于男子。换句话说，女性在日常语言使用中更为"中规中矩"，但在语言的变化过程中却又常常"开风气之先"。

二语学习者的性别差异也同样引起了研究者的注意，并且已经有了一些零星的研究，不过尚不够系统，也未得出一致的结论。

首先是学习成效方面。法尔哈迪（Farhady，1982）分析了美国800名大学生在西班牙语分班考试中的听力理解成绩，结果发现，女性被试显著胜过男性。博伊尔（Boyle，1987）针对香港大学生英语学习的研究则发现，尽管女性的整体语言能力优于男性，不过男性在听力词汇测试中的表现要优于女性。但他并未进一步探究产生这一结果的原因。

然而，贝肯（Bacon，1992）针对美国大学生西班牙语学习的研究中，却没有发现两性之间在外语听力方面有显著性差异。

其次是学习策略方面。盖斯和维罗尼斯（Gass & Vamnis，1986）针对大学生英语二语学习者之间的会话行为的研究发现，男性在会话中占据主导地位。他们的解释是，男性在这样的互动中得到了更多的说话练习机会，而女性则可能在得到更多的可懂性输入中受益。换句话说，男子利用互动的机会产出较多的输出，而女子利用这样的机会得到较多的输入。

另外，贝肯（Bacon，1992）的研究发现，男生比女生更多使用翻译策略，而女生则更重视理解。贝肯和芬纳曼（Bacon Finnemann，1992）的研究还发现，女性比男性更多地使用"私人 / 非口头模式"来学习二语，即发言之前先在脑子里排练一下等。

为了解释女性胜过男性的现象，艾利斯（Ellis，1994）曾根据拉波夫的社会语言学假设，推导出这样一项假设："女子在二语学习方面可能好于男子，因为她们很可能对二语输入中的新的语言形式较为开放，而且她们也更可能使自身摆脱偏离目的语形式的中介语形式。"

不过他同时也强调，女性胜过男性，这一点也不尽然。例如，在英国的亚洲男子得到的二语英语水平一般都高于亚洲女子，道理很简单，他们的职业使得他们与说英语的多数群体保持接触，而女子则常常"与世隔绝"在家里。因而，"性别很可能是在与其他变量的互动中决定二语水平的"。

社会身份，指学习者自身或其家庭所处社会阶层背景以及对所属阶层的认同感。例如，博尔斯托尔（Burstall，1975）在研究分别来自中产阶级家庭和工人阶级家庭的英国中小学法语学习者时发现，在学习成绩方面，中产家庭的孩子比工人家庭的孩子学得更好；在学习态度方面，中产家庭的孩子在中学第二年之后继续学习法语，而工人家庭的孩子则倾向于放弃。希思（Heath，1983）则认为："学习者表现的差异不是他们所属的社会阶层本身所造成的，而是学习者在其所属阶层的经历造成的。"这种经历，包括家庭环境、父母的期待以及对二语学习的态度等。另一方面，霍洛布鲁等人（Holobrow et al，1991）在法语沉浸法教学的实验中发现，在听力理解和口语表达方面，来自不同阶层家庭的孩子之间没有差异。

民族身份，指多民族、多种族社会中学习所属种族群体背景以及对自身所属群体的认同感。这种认同感就是"种族认同"（又译"种族同一性"），指同一民族或种族的人们在文化、行为准则等方面所具有的共同的特征。学术界普遍认为，种族认同会对二语习得产生较深的影响。

（2）学习环境

学习环境是指影响学习者二语习得的环境特点。涉及的问题主要有：

指导情况，即学习者是否有人指导。有人指导的就是课堂环境，反之则是自然环境。

学习氛围，即学习者所处的师生关系、同学关系等。例如，教师是否受到学生的欢迎，师生之间是否有"异性相吸"效应；同学之间是否相处和睦、互帮互助、你追我赶，等等。

学习内容，即学习者所接触的目的语材料，包括课程内容、课程安排、教材编写、教学手段等。

接触机会，即学习者是否有大量接触（又译"暴露于"）目的语的机会。一般而言，在目的语环境中学习二语，接触机会较多；在母语环境中学习二语，接触机会较少。这种环境也可分大环境和微环境。如果在目的语的大环境中，营造一个类似美国纽约"唐人街"、中国上海"韩国城"之类较为封闭的生活区域，就会产生一个母语的微环境。反之，在母语的大环境中，营造一个封闭式训练营，也会产生一个目的语的微环境。

（3）社会教育模式

社会教育模式是指影响学习者二语习得的社会、文化环境。涉及的问题主要有：

语言政策，指学习者所在国家或地区管理当局所制定的有关二语地位和二语教育的政策、法规、措施等。例如，中国政府规定中小学英语为必修课，新加坡宪法规定英语为其官方语言，新西兰政府规定法语、日语、德语、西班牙语、汉语等五种关键语言为高中毕业会考承认的科目，美国政府在"国家安全语言计划"中明确提出鼓励美国公民学习国家需要的八种"关键语言"（阿拉伯语、汉语、朝鲜语、俄语、印地语、日语、波斯语、土耳其语）的政策，等等。这些政策，都可能对学习者的二语学习起到鼓励和促进的作用。

对二语文化的信念，指学习者所在家庭或社团对二语文化的评价倾向。这种信念与国际关系、民族关系、意识形态差异等因素息息相关，并可能因某个重大事件的发生而产生急剧的变化。例如，20世纪50年代，由于中苏关系处于蜜月期，中国人对苏联文化产生了浓厚的兴趣，于是掀起了学习俄语的热潮。到了20世纪60年代，由于中苏关系破裂，对"苏修"语言的热情自然一落千丈。21世纪以来，由于"韩流"来袭，也掀起了一股小小的"韩语热"。1998年，中国驻前南斯拉夫大使馆遭到以美国为首的北约军队导弹袭击，全网上下群情激愤，以致当年已报名参加 TOEFL 考试的考生大量弃考。在国外，1995年，法国赶在全面禁核条约生效之前进行了最后一批地下核试验，招致世界舆论的谴责，以致当年新西兰中小学选修法语的人数骤然下降。

（4）文化差异

文化差异是指影响学习者二语习得成效的其自身母语文化和目的语文化之间的差异。涉及的问题主要有：

文化距离，指学习者的母语文化和目的语文化之间差异度的大小。例如，"汉字文化圈"国家的母语文化之间距离较小，相较而言，它们与"欧美文化圈"国家的文化则距离较大。

斯文斯（Svanes，1988）在针对挪威语学习者的研究中，把被试分为"近距离组"（欧美学生）、"中距离组"（接触过西方文化的中东和非洲学生）、"远距离组"（亚洲的印度、越南等国学生），结果发现：文化距离的远近与学习成绩明确相关，文化距离越远，二语越难学。

不过，艾利斯（Ellis，1994）评论认为，人们无法知道这种学习成绩上的差异究竟是文化距离的反映还是语言差异的反映。

文化休克，指学习者因不能适应目的语文化环境而引起的挫折感，这种挫折感会导致动机削弱等后果。

（5）语言输入的质和量

语言输入的质和量是指影响学习者二语习得成效的目的语材料。"输入"和"输出"本来是计算机用语。二语习得研究者将学习者的大脑隐喻为一台计算机，所以用"输入"指向二语学习者提供语言材料的过程以及所提供的材料，用"输出"指学习者用二语进行表达的过程及其内容。因此，前者与学习者的听和读两项技能有关，而后者则与说和写两项技能有关。

总之，二语学习者就像一台电脑那样，将外界的信息通过听和看的途径"输入"到大脑中，加以处理、储存，然后通过说和写的方式"输出"。

1967年，科德（Corder，1967）提出了"摄入"（又译"吸入"）的概念，以区别于"输入"。因为"输入"只是提供材料供大脑摄取，大脑实际上只能"摄入"其中的一部分。所以，他建议用"摄入"指学习者摄取二语材料并将其内化的过程。这一概念得到了广泛接受。

后来，法尔奇和卡斯珀（Faerch & Kasper，1986）还进一步把"摄入"分为两个方面：一是意义方面，一是形式方面，而只有形式方面的摄入才能促进学习者二语的发展。

语言输入的质和量涉及的问题主要有：

语言输入的质，指学习者所接收到的目的语材料的规范性。除了规范的话语形式，学习者还会接收到一些适应学习者水平但与母语者话语规范不同的话语变体，包括经过刻意调整的"外国人话语""教师话语"和"监护人话语"等，以及学习者之间的中介语话语。由此带来的问题是，这样的一些话语变体究竟对学习者的习得是有益还是有害。

以"外国人话语"（又译"针对外国人的谈话"）为例。正如母语习得中，大人会采用经过修饰的"母亲语"来跟孩子说话一样，母语者在与二语学习者交际时也会修饰其言语形式，而不使用母语者之间采用的"基准话语"。这种经过修饰的话语就是"外国人话语"，意即母语者模仿外国人而说的话语。而且人们似乎凭直觉就能知道如何修饰向学习者谈话的方式，以便让他们更理解。

合乎语法的外国人话语则是规范的，但是将基准话语做了各种不同类型的修饰：说话较慢；采用简化的形式，例如使用较短的句子，避免从句，省略诸如附加疑问句这样复杂的语法形式；有时有一定的规律，即使用有规律的或者基本的形式，例如使用完整的形式而不是缩略形式；有时由精心组织的语言用法构成，包括增加短语和句子的长度，以使意思更加明确。

那么，对二语学习者而言，这样的输入到底质量如何？从好的方面来说，这样的话语容易听懂，便于交际的继续进行，而且也符合克拉申（Krashen，1982）"输入假说"中关于"可懂性输入"（又译"可理解性输入"）的观点，即略高于学习者当前水平的输入才有利于二语习得。克拉申（Krashen）认为，当对话在交际中成功地让对方理解时，学习者就可自动地获得相应水平的输入，交际的成功是通过运用情景语境使信息清晰以及通过外国人话语中所见的各种各样的输入修饰而取得的。

从坏的方面来说，这样的话语偏离了学习者应该掌握的基准话语，可能使学习者产生误解而进行模仿。有人甚至怀疑学习者的话语就是从这样的话语学来的，当然这是不可能的。同时，尽管外国人话语是母语者为了便于与学习者的交际活动继续进行的往往是不由自主地采用的一种方式，但不合语法的外国人话语有时会带有社会性标记，意味着母语者一方"居高临下"地在跟对方说话，因此可能引起学习者的反感，结果反而妨碍交际的进行。

语言输入的量，指学习者所接收到的目的语材料的频率。由此带来的问题是，输入频率是否越高越好。根据克拉申（Krashen）的"输入假说"，输入频率并非越高越好，而只有"可懂性输入"才是有效的。

3. 不同因素之间的相互影响

影响二语习得的相关因素是可以分别加以研究的，但这些因素之间却又是相互影响，共同作用的。

首先是内部因素之间的相互影响。例如，在动机和策略之间，就可能存在某种相关性。一些研究发现，不同的动机会影响到策略的选择。

其次是外部因素之间的相互影响。例如，学习环境与语言输入的质和量这两个因素就是紧密关联的。文化差异引起的文化休克也会因年龄的不同而在程度上有所不同。

再者，外部因素同样会对内部因素产生影响。例如，在动机研究方面，把动机区分为融入性动机和工具性动机，就是从社会文化的角度来观察学习者的动机特征。

还有一些因素是内外部交织在一起的。例如，年龄因素和性别因素，既涉及内部的生理、心理方面，也涉及外部的社会身份方面。

第三节　二语习得研究的发展及主要理论流派

一、二语习得研究的发展阶段

关于二语习得研究的开端，目前有两种观点：一是认为始于 20 世纪 50 年代末期的对比分析理论，至今 50 多年；二是认为始于 60 年代末至 70 年代初的中介语理论，至今 40 多年。这样，二语习得研究就有了广义和狭义的两种理解：以代表性理论为标志，广义的二语习得研究始于对比分析理论，而狭义的二语习得研究则始于中介语理论。

事实上，要回顾二语习得研究的历史，即使采纳狭义的理解，也无论如何不能忽略之前的 10 年间对比分析理论的贡献。

总的来看，二语习得研究经历了三个发展阶段。

初创期（20 世纪 50 年代末 60 年代末）：这一时期的二语学习研究以对比分析理论为主导，但尚未成为独立研究领域。

发展期（20 世纪 60 年代末至 80 年代中期）：这一时期的二语习得研究已成为独立研究领域，并以中介语理论和偏误分析理论为主导，轰轰烈烈地开展起来。

成熟期（20 世纪 80 年代中期至今）：这一时期的二语习得研究逐渐走向成熟，研究视角和路径也更加多样化，包括语言学的、心理语言学的、认知科学的、社会语言学的、跨文化交际学的，等等，构成了跨学科的特点。

二、二语习得研究的理论流派

半个多世纪以来，二语习得研究理论层出不穷。归结起来，根据理论基础的不同，主要形成了三个流派。

（一）行为主义流派

这一流派的理论主要是对比分析理论和语言迁移假说。

1957 年，美国应用语言学家拉多（Lado，1957）出版专著《跨文化语言学》，最早提出二语学习研究的对比分析假说，并做了较为系统的阐述。

对比分析理论的发展经历了三个阶段：

风靡期：这一时期以拉多（Lado）的观点为代表。他认为，一语对二语的"干扰"（即"负迁移"）往往出现在两种语言结构的不同之处，那么语言教学的研究就是要对比学习者的母语和目的语，找到二者之间存在的不同点，对可能出现的偏误加以预测；这些不同点，既是学习的难点，也是教学的重点。这一理论成为 20 世纪 60 年代最有影响的二语学习理论，其理论基础是结构主义语言学和行为主义心理学。

因而，在行为主义思想的全盛期，人们相信，学习者的错误在很大程度上是"干扰"的结果。那就是说，一语的习惯被认为阻碍了学生学习二语的习惯。因此，通过判别不同于学习者一语的目的语的那些领域，可以预见干扰以及由此产生的学习困难。于是，人们用对比分析方法开展该两种语言的比较，再把得出的差异清单用来决定教学的内容（Ellis，1997）。

沉沦期：70 年代以来，随着结构主义语言学和行为主义心理学遭到批判，对比分析和语言迁移理论也由于过于绝对的主张而受到质疑和排斥。因为人们发现，一语和二语完全不一致的地方，未必产生"负迁移"；可相似的地方，却容易产生"负迁移"。还有一些偏误，则根本不能用"迁移"来解释。有人甚至彻底否定"迁移"现象的存在。

由于基于行为主义的对比分析理论不能充分地说明二语习得的原因，因而在 70 年代早期失去了风头。由此分化为两个发展方向，一是轻视主义，一是修正主义。

轻视主义者基于二语习得的心智主义解释，试图贬低一语的作用。他们认为，只有极少的错误是由一语迁移引起的。例如，两位研究者分析了一名西班牙的英语学习者产出的偏误，宣称只有不足 5% 的偏误属于迁移的结果。然而，关于一语迁移的这种极端轻视主义观点，还没有经受时间的检验（Ellis，1997）。

修正主义者则在一种认知的框架下对语言迁移理论进行修正，以重新构建"迁移"的概念。塞林克（Selinker）的中介语理论就是在语言迁移研究的基础上提出的。他承认语言迁移的重要性，并把它判定为造成石化现象的心理过程之一（Ellis，1997）。

重估期：80 年代以来，人们开始重新评价对比分析理论，承认该理论对二语习得研究的重要贡献，承认语言迁移在一定程度上确实存在。研究发现，学习者在建立中介语的过程中会利用其一语。学习者并不是在一个真空中建构规则，确切地说，他们会用到任何可以自由支配的信息，包括他们的一语知识。这个一语可以看作是一种"来自内部的输入"。那么，按照这种观点，迁移就不是"干扰"，而是一个认知过程。

人们甚至发现，除了来自一语的"语间迁移"，还存在已经获得的二语知识向新知识的"语内迁移"等。

（二）认知主义流派

二语习得研究成为独立研究领域，就是从关注学习者的心理认知过程与机制开始的。普遍语法理论、认知科学和神经科学的新进展使人们能够更加深入地了解语言和语言习得过程。人们认识到，二语习得过程是一个内化的过程，其研究的焦点就是描述并解释这个过程。

1. 偏误分析和中介语理论

（1）偏误分析和中介语理论的提出

1967 年，科德（Corder，1967）发表《学习者偏误的意义》一文，首创了"学习者语言"的研究（即"偏误分析"）。1972 年，塞林克（Selinker，1972）发表《中介语》一文，系统阐述了"中介语"理论。在他们看来，中介语是学习者试用目的语进行表达的形式，是一个高度结构化的系统，而不是一堆杂乱无章的偏误。

由此，他们几乎同时创建了相似的理论，为二语习得研究明确了研究对象，指明了二语习得研究的方向，为后来的二语习得研究奠定了坚实的理论基础。他们的这篇论文被称为"萌芽之作"，具有里程碑意义，此后的二语习得研究基本上就是围绕着中介语而展开的。王初明和黄冰指出："二语习得这一学科，说到底，就是研究中介语，研究它的发展变化规律，研究促成它变化的内部和外部条件，从而帮助我们认识大脑的认知结构和认知过程。"因而，从这个意义上说，二语习得研究就是中介语研究。

偏误分析和中介语理论的提出，反映了当时二语教学领域的教学观念从以教学为中心向以学习为中心的转变，即教学研究不仅要关注"教什么、怎么教"，更要关注"学什么、怎么学"。在研究方法论上，也实现了从仅仅对比分析学习者的母语和二语之间的差异，向分析学习者语言（即"偏误"）的转变。

艾利斯（Ellis，1997）认为，中介语理论的提出为二语习得如何产生提供了一般的解释，其最大的意义在于提出了一系列可能比它本身所提供的答案更有用的问题。例如：输入何时对习得起作用而何时不起作用？为什么学习者有时使用一语迁移策略而有时又使用泛化类推策略？什么东西使得学习者语言如此多变？什么东西促使学习者重建其中介语？为什么这种重建促成了清晰可辨的习得顺序？为什么大多数学习者石化了？长期以来，围绕中介语的研究，就是试图解答这些问题。

（2）中介语理论的发展阶段

中介语理论的发展可以归纳为两个阶段。

经典理论时期：这一时期以塞林克（Selinker，1972）的观点为代表。他认为，中介语是学习者在试图用目的语进行表达时所使用的形式，是一个高度结构化的、非自然的或混合化的系统，是母语和目的语两种语言系统在学习者的心理活动中互相影响的产物，其心理基础是大脑中的潜在心理机构。其理论基础是普遍语法理论、认知心理学及对比分析理论中的负迁移说。

研究深化时期：70年代中期以来，一些学者继续展开对中介语的深入研究，并从不同角度对经典中介语理论的不足进行质疑和重新解释。例如，艾杰敏（Adjemain，1976）认为，中介语是一种自然的语言系统，也是一种过渡性语言，会受到学习者一语的影响。其理论基础是普遍语法理论及对比分析理论中的负迁移说。70年代末以来，泰容（Tarone，1983）认为中介语是一种自然的语言系统，是一种过渡语言，但不受学习者一语的影响。其理论基础是普遍语法理论及功能语言学。

（3）对中介语理论的批评和取代

90年代以来，一些学者相继提出新的理论，以取代中介语理论。

库克（Cook）自1991年起连续发表5篇论文，讨论了二语习得中的最终成效问题，提出了"多元语言能力"假说。根据他的定义，所谓"多元语言能力"，是指"一个心灵中拥有两套语法的复合状态"，或者"在一个心灵中的两种或多种语言的知识"。该假说的理论基础是乔姆斯基（Chomsky）提出的"原则与参数框架"。

"多元语言能力"与"中介语"虽然都指既不同于母语、又不同于目的语的第三个语言系统，但两者有着本质的不同，因为"中介语"仅指以目的语规范为衡量标准的第二语言知识，以"偏误"为特征；而"多元语言能力"则从积极的视角来看待学习者的总体语言运用能力。

1997年，克雷恩和普渡（Klein & Perdue，1997）从语言功能的角度，采用话语分析方法，提出了"基本变体"（BV）理论。他们注意到，课堂环境以外的成人二语学习者普遍发展出了一种目的语的"基本变体"，即一种有结构的、有效的和简单的语言形式。他们认为，中介语和目的语之间不存在质的区别，学习者语言也是语言的一种变体，其本身并无错误可言；而作为目的语的那些"完全成熟的"语言，如英语、德语、法语等，本身也是语言习得过程最后的稳定状态，也是一种变体，只是结构更为复杂。

汉密尔顿（Hamilton）对经典中介语理论进行了较为集中的批评，主要归结为 3 个方面：

语言观：经典理论只把语言看成是一套符号系统，这是不正确的。语言在本质上是一种交际工具。

偏误观：经典理论将学习者的偏误从语境中分离出来，模糊了正确和不正确的区别。而事实上，包括偏误在内的话语是特定语境中的人际现象，必须从学习者的交际能力和听话者的理解能力出发来解释偏误。

僵化观：经典理论提出"僵化"概念，僵化意味着"稳定"，这与中介语的过渡性质自相矛盾。

因此，他认为，经典理论只是用心理学术语对显而易见的现象作了重新描述，并没有发现新的事实，也没有提出真正的解释。

2. 监控器模型理论

1977—1985 年间，克拉申（Krashen）陆续提出"监控器模型"（又译"监控模型""监察模型"）理论，包括五个相互关联、彼此呼应的假说："习得—学习假说""天然次序假说"（又译"自然顺序假说"）、"监控器假说""输入假说""情感过滤器假说"（"情感过滤假说"）等。这五个假设形成一个庞大的综合性理论体系。

"习得—学习假说"，指"学习"与"习得"的区分及其相互关系，这是"监控器模型"理论的核心。该假说认为，成人的二语学习有两条截然不同的道路：一是习得，二是学习。习得是一个下意识的隐性（"内隐"）过程，是在自然交际中用目的语进行有意义的交流和互动时才会发生的。在自然交际中，说话人的注意力在于意义的表达和理解，而对形式（即语法规则）往往没有明确的意识，然而他们确实会下意识地习得有关形式。而他们对形式的习得，又遵循着固定的"天然次序"，因而任何纠错等显性（又译"外显"）教学都可能无济于事。事实上，儿童就是这样的方式习得母语或二语的。而学习则恰好相反，它是一个有意识的过程，是在课堂中进行"无意义"的交流和互动时才会发生的。在课堂的显性学习中，学习者的注意力在于形式，而不在意义。他们学到的形式，并不能成为内化的知识，即"习得"，因而，"学习"不能转化为"习得"。

天然次序假说，是指语法结构的习得遵循着一条天然的发展路线，即"天然次序"。该假说认为，习得的"天然次序"是显性教学所无法更改的。这也是对此前关于"天然次序"研究的总结。

监控器假说，是指学习者在用目的语进行交流时，他们的显性知识可能在一定的条件下发挥作用。该假说认为，学习者用目的语输出话语时，会启动大脑中的"监控器"，以监控自己话语形式的准确性；一旦发现有误，就会及时修改。然而，"监控器"的启动须满足三个条件：说话人有足够的时间；说话人的注意力集中在形式的准确性；说话人知道有关规则。在自然交际中，这五个条件是很难同时满足的。而最可能满足的场合，往往只有语法考试。

输入假说，是指学习者的习得依赖于略高于当前水平的输入。该假说的核心概念称为"可懂性输入"，以公式表示，就是"i+1"，其中"i"代表当前水平，"1"代表略高于当前水平的输入。该假说认为，如果输入只是"i"，那么输入无法促进习得；如果输入高于"1"，那么就不可理解，也对习得无益，而只有"i+1"的输入才会促进习得。因为在自然交际中，人们能够依靠语境和语言外的信息来理解略高于自身水平的语言。如果交际成功，而且同一种输入的数量足够，学习者就能自动获得"i+1"，而只有"i+1"才能转化为"摄入"，习得就发生了。

情感过滤器假说，是指学习者的情感因素可能在接收输入的过程中发挥一定的作用。该假说认为，学习者在寻求语言输入时，会启动大脑中的"情感过滤器"，以便控制输入的量。这个"过滤器"与学习者的动机、态度、自信心等情感因素密切相关，两者的强度呈反比关系，即动机、态度、自信心等情感越强，"过滤器"就调节得越低，就越能吸纳尽可能多的输入，也就越有利于二语习得，反之则反是。

监控器模型理论为二语习得提供了较为完整的解释，被认为是对二语习得理论的集大成者，也是从二语习得角度向语言教学提供的最具有普遍意义的理论。

然而，20世纪80年代以来，由于其理论上某些部分的缺陷，也招致了其他一些学者的激烈批评。例如，格莱格（Gregg，1984）认为，这个理论"绝对是胡说""糟糕的理论"，克拉申（Krashen）"不懂语言和语言习得"，等等。米歇尔和麦利斯（Mitchell & Myles，1998）评论道："总体上看，克拉申的主要失误在于他把还需要证明的假说当成了具有实证效度的综合模型，并且过早地以自己的假说为基础提出对教学的启示。"而克拉申（Krashem）本人则坚持认为他的输入假说是"当代语言习得理论的核心"，"这一假说和若干个不同领域的研究结果一致，而且将会一直得到验证，潜在的反例很容易处理"。

当然，监控器模型理论也确实有其积极的一面。它对于"学习"和"习得"的区分，促使人们思考两者的不同，并且在"显性"和"隐性"相对立的框架内展开进一步的探讨。例如，对于"显性知识"和"隐性知识"之间是否存在相互转化的"接口"，各家提出了不同的看法。克拉申（Krashen）当然主张"无接口"立场，而麦克劳夫林（Mc Laughlin，1987）的"信息加工模型"则主张"强接口"立场，认为"学习"能够通过练习而转化为"习得"。而施密德（Schmidt，1990）提出的"注意假说"和范派顿（Vanpattern）提出的"输入处理"理论，则代表了"弱接口"立场，认为学习者的元语言知识可以使输入显现出来，从而促使从输入到摄入的转化。

3. 认知理论的诸模型

认知理论的基本观点是把包括语言学习在内的一切学习都看作是一种心理的认知过程，不承认人脑中存在一个抽象的、特定的"语言习得机制"。其理论基础主要是认知心理学，并包含语言共性理论的合理成分。根据这一理论，自 70 年代中期起，一些学者相继提出了各自的理论模型。在此，我们介绍其中的三个模型。

（1）信息加工模型

麦克劳夫林等人（Mc Laughlin，1983）运用认知心理学的"信息加工理论"来解释二语习得过程，提出"信息加工模型"。信息加工理论将人脑看作类似于计算机的信息加工系统，由接收器、效应器、处理器组成，而该模型则把人的心理看作是一个容量有限的处理器，不可能同时接收和加工所有的语言输入信息，因而需要对信息进行选择，并提高自身的加工能力。这种对信息的选择性，就是"关注"。因此，该模型也叫"关注—加工"模型。

该模型认为，二语学习者能够加工多少信息，既受限于任务的本质，也受限于他们拥有的信息加工能力。他们没有能力注意输入中可供的所有信息，其中的一部分会成为集中关注或者选择性关注的对象，而其他部分只是被边缘地关注到。学习者为了使自己的信息加工能力最大化，于是就将语言技能程式化。起初，某种技能可能只是通过"控制性加工"才获得。当他们有机会练习控制性处理时，就会采用"自动性加工"，使之程式化。这样，程式化就帮助他们减轻了信息加工容量方面的负担，可以促进中介语的转变。

另外，信息加工容量也以另一种方法得到扩展，即"重构"。这一点会引起中介语的质变。这些变化既与二语知识在学习者心灵中的表征方法有关，又与他们采用的策略有关。表征上的变化包括从基于例句的表征转换到基于规则的表征。例如，二语语素习得中的"U 型发展过程"、学习者语言从格式化言语到规则分析的变化等现象，就反映了这样的转换。另一方面，学习策略的灵活使用也促进了重构。麦克劳夫林等人（Mc Laughlin）发现，善于灵活使用学习策略的"专家型"语言学习者在重构规则方面显示出更大的灵活性，因而能够避免某些类型的偏误。

因而，该模型特别强调关注、策略和练习等在二语习得中的重要性。麦克劳夫林（Mc Laughlin，1990）指出，练习有两个作用：一是使技能自动化，从而改进学习；二是重组内在表征框架，促进信息重构，减少语言学习负担。

（2）竞争模型

麦克温尼和贝茨（Mac Whinney Bates，1978）运用连接主义（又译"连通主义"）的"并行分布加工"（PDP）模型来解释语言习得过程，提出了"竞争模型"。

这个模型认为，语言学习是一种输入、学习者和互动语境之间的三向互动，这种三向互动为理解自然语境和课堂语境的一语和二语习得提供了一个框架。它把一语和二语学习都看作建构性的数据驱动过程，这个过程不是依赖语言结构的普遍性，而是依赖认知结构的普遍性。它把语言能力的发展归因于学习和迁移，而不是归因于普遍语法的原则和参数。由于神经元的介入性作用，二语学习会受到一语结构（如音系结构、句法结构）的促进或阻碍。

这个模型的核心概念是"竞争"。它认为，语言学习机制所使用的认知结构包括了多方面的连接网络，这个网络可以用来理解语言输入和生成言语。在这个网络中，所有已知的句法形式、词和语音形式在表达某一意义和交际功能时能够同时竞争。在语言发展过程中，那些和各种范畴最成功地匹配的模式最有可能反复出现而得到巩固，而那些错误的、原始的模式则会最终消失。

例如，在英语不规则名词复数形式的习得中，"mouse"的复数形式"mice"和泛化类推的复数形式"mouses"都是可能激活的形式，使用哪一个取决于每一个形式当前的激活水平。当学习者的反应和目的语的范畴相匹配时，就会出现最关键的匹配功能。那么，当"mice"反复出现而得到巩固时，错误的"mouses"形式就消失了。因而，学习者是根据母语者提供的样本来学习语言的，而不是依赖于其大脑中"语言习得机制"的制约。

4. 多维模型

梅瑟尔等人（Meisel et al，1981）以认知加工理论为基础，提出了"多维模型"（"多元发展模式"）。这个模型是在德国的"意大利语和西班牙语工人的第二语言习得"研究项目的基础上形成的。他们调查了具有拉丁语言（意大利语、西班牙语）背景的移民工人对若干德语词序规则的习得顺序，试图既解释为什么学生以一种明确的顺序来习得一种语言的语法，又解释为什么某些学习者只发展了非常简单的中介语语法。

该研究发现：学习者在若干语法结构的习得中显示出发展的顺序，包括词序和某些语法、语素；学者也展现出个体差异，这些差异既与他们应用发展性规则的程度有关，也与他们习得和使用那些在发展上不受约束的语言结构的程度存关；发展顺序折射出学习者克服加工约束机制的系统性方法，这些约束机制具有一般的认知本质，并且掌控言语的产出；个体学习者差异折射出对学习任务的总体取向，这种取向又是社会心理因素的产物；针对发展性的语法手段的形式教学只有当学习者已经掌握了与先前的习得阶段相联系的作为先决条件的加工操作时才是成功的，然而，针对那些从属于个体差异的语法手段的形式教学不会面临这样的限制。

简言之，有些知识点（即发展性的手段）是按照明确的发展顺序"按部就班"地习得的，前一个阶段的知识点就是后一个阶段的知识点的先决条件，这是受到约束的。也就是说，如果学习者尚未在前一个阶段掌握必备的那些知识点，那么在课堂上教授后一个阶段的知识点是不会成功的。而其他的知识点（即变异性的手段），则不受约束。因此，该模型区分了一条"发展轴线"和一条"变异轴线"，分别沿着这两条轴线的进步是互相独立的。

同时，学习者的个体差异无论在"发展轴线"还是在"变异轴线"上都有反映，具体表现为习得和使用知识点的程度不同。这种不同是学习者不同的取向造成的，即构成一个连续统的分离性取向和融入性取向，而不同的取向又是受社会心理因素影响的。

该研究将习得分为"典型的语序""副词前置""动词分离""倒装""动词结尾"等五个发展阶段。这五个阶段是渐进式时非跳跃式发展的，而且存在蕴含关系，即前一阶段蕴含在后一阶段中。

为了从前一个阶段发展到后一阶段，学习者会采用一套系统性的克服加工约束机制的方法，即三种策略，包括"典型的语序策略""开头化/末尾化策略""从句策略"等。这些策略抓住了学习者在其不同发展阶段所能做的事情，而且抓住了他们为进一步发展所必须克服的"绊脚石"。他们把这些"绊脚石"一个又一个地搬走，就构成了进步。

艾利斯（Ellis, 1997）评论道，多维模型是关于二语习得的一个强有力的理论，因为它提出了机理问题，以解释为什么学习者遵从一条明确的习得路线。然而，该模型也一直容易受到大量的批评。有人已经指出，它是在颇为有限的一组语法手段的研究工作基础上建立的。变异性的手段如何才能辨认出来还不清楚，而且事实上它只提供了几个例子，最常提到的就是系词"be"。更为严重的是，该模型没有解释那些发展上的"绊脚石"如何以及为什么被搬走。这个"绊脚石"的隐喻蛮有意思，不过还是有点不够充分。

5. 注意假说

施密特（Schmidt, 1990）研究了"意识"在二语学习中的作用，并提出了"注意假说"。所谓"注意"，是指在二语习得中有意识地参与到输入中的语言手段的过程。

施密特（Schmidt）首先指出，"意识"这个术语在二语习得研究中常常用得很随意，所以有必要加以规范化。因而，他把"意识"分为两种，一种是"故意"，一种是"关注"。

"故意"是指学生是否做出了有意识的、深思熟虑的决定来学习某种二语知识，与"偶然的学习"相对。施密特（Schmidt）认为，无论学习是"故意的"还是"偶然的"，它都包含针对输入中的语言手段的"有意识的关注"。

施密特（Schmidt）还提出了语言学习中的"意识"的第三种感觉，即"明白"，指学生是否"意识"到正在习得新的二语元素，亦即"意识"到吸收物转换成二语知识时。

他认为，只有在"注意"的情况下，学习才能够产生。他提供了对自己在巴西时习得葡萄牙语的一项研究中的证据来证明"注意"的重要性。他坚持写日记，记录下了他在自己所听到过的输入中所注意到的各种二语手段。随后对他的输出的分析表明：几乎在每种情况下，他所产出的形式都是他以前所"注意"到的人们对他说话时所使用的。

艾利斯（Ellis，1997）评论道，"故意"和"关注"区分很重要，也很有帮助。它帮助我们明白，当克拉申（Krashen）谈到"习得"是"偶然的"和"潜意识的"，他没能认识到"偶然的"习得事实上仍然可能包含对输入的某种程度的"有意识的关注"，换句话说，"偶然"的学习和没有"有意识的关注"的学习并不一样。不过，这种按照"注意"的方法隐性地产生学习的可能性引起了更激烈的争论。按照某些心现学家的观点，学生通过隐性的学习，能够获得对复杂材料的长期积累。那就是说，他们能在"无意识"的情况下、在没有"有意识"地检验假设的情况下学习。但是，其他心理学家则认为，已经产生的学习只是看起来是隐性的，但事实上，学习者明白他们在学什么。

（三）社会和文化流派

社会与文化流派兴起于 20 世纪 80 年代中期，主要关注二语习得的外部（即社会和文化）因素。

1. 社会语言学视角

社会语言学视角采用社会语言学的研究方法和术语来研究二语习得，并整合了认知理论和对比分析理论的迁移说。

2. 皮钦化假说和文化适应模型

1976 年，舒曼（Schumann，1976）提出了二语习得的"皮钦化假说"，认为学习者的语言是一种皮钦化（又译"语言混合化""洋泾浜化"）的语言。

这个理论源自一个案例研究。舒曼（Schumami）研究了一个正在美国习得英语的名叫阿尔伯托（Alberto）的 33 岁的哥斯达黎加人。他在整个的 10 个月的阶段中几乎没有在阿尔伯托（Alberto）身上发现任何语言发展。阿尔伯托（Alberto）自始至终使用了一种"缩减而简化的英语形式"。

例如，他在否定句发展的第一阶段（亦即"no+ 动词"结构的使用）以后没有进步，在疑问句中继续使用陈述句的语序而不是倒装语序（如"Where you get what?"），他并没有真正习得助动词，而且他没能为过去时态标记规则动词以及为所有格标记名同。他似乎已经习得的语法手段（如复数"-s"和系动词"is"）可以解释为是从他的母语——西班牙语的正迁移而来。简而言之，阿尔伯托（Alherto）显示，在一个很平的发展阶段就已经石化，舒曼（Schumann）称之为"皮钦化了"。

为了解释这个现象，舒曼（Schumann）列出了几条可能的原因，例如智力和年龄，然后又全部排除了。于是他试图用形成皮钦语的原因来解释二语习得。

舒曼（Schumann）认为，当学习者未能同化于目的语群体，也就是说，当他们不能够或者不愿意适应一种新的文化时，就会导致二语习得中的皮钦化现象。他认为，学习者未能文化适应的主要原因是社会距离。这关系到学习者个体加入目的语群体从而与之交往的程度。学习者的社会距离是由一些因素决定的。那么，一个"好的"学习环境应该是这样的：由于目的语群体和二语群体互相以社会平等的眼光看待对方，几乎没有社会距离；两个群体都希望二语群体同化于目的语群体并分享相同的社会便利；二语群体缺乏凝聚力（亦即与目的语群体有着较多的交往）；二语群体较小；两个群体相互之间表现出积极的态度；以及二语群体相对持久。

舒曼（Schumarm）提出，社会因素决定了与学习者个体所体验的那种二语接触的总量以及他们在学习中的成功度。

在此基础上，舒曼（Schumann，1978）以"距离"为中心提出了"文化适应模型"（又译"文化融合模塑"）。这个模型认为，二语习得只是文化适应的一部分，二语学习者始终处于从不适应过渡到适应的连续统中，学习者对目的语群体的文化适应程度将决定其习得目的语的水平。

舒曼（Schumann）也认识到，社会距离有时是不确定的。在这种情况下，他认为心理距离变得重要了，他还判别了一系列更深层的心理因素，诸如"语言休克"和动机，以此来解释这个问题。

布朗（Brown，1980）进一步提出，二语习得与文化适应的阶段有关（也就是说，学习者轻易地与外国语言文化发生关系并做出反应的能力）。他区分了文化适应的四个阶段：最初的兴奋和愉悦；文化休克，导致对目的文化情感上的疏远和敌对；文化压力，包括渐进而摇摆的康复；被新文化同化或适应新的文化。

他认为，阶段三是决定性的时期。如果学习者具有一定的社会—文化适应力就能走过文化适应的各个阶段，并习得一门二语。

3. 种族语言认同理论和言语调适理论

1981 年，贾尔斯和约翰逊（Giles Johnson，1981）从社会结构的角度，将社会语言学的语言认同理论应用于二语习得，提出了"种族语言认同理论"，以解释二语学习者的语言态度。

语言认同理论认为，在一个社会中，人们会通过语言纽带连结成各种不同层次的社交群体。在人际交流中，他们会采取不同的交际策略，即要么努力与对方的言语形式保持一致，以强调双方的社会内聚性，这是一个趋同的过程。要么故意保持不同，以强调双方的社会区分性，这是一个趋异的过程。那么，在多种族、多语言的社会中，不同的种族群体也同样会产生"种族语言认同"，来自不同种族的人们在相互交流中，也可能采取或不采取积极的语言区分策略。

贾尔斯和瑞安（Giles & Ryan，1982）进一步指出，在族际交流中，说话者会评估一种情景，然后决定采取"地位"策略还是"团结"策略，以及"以个人为中心的"策略还是"以群体为中心的"策略。当人们处于强调与其自身群体内部团结一致的情景中，就可能出现与外部群体的"语言趋异"，而他们处于更关心地位并且以个人为中心的情景中，就可能出现"语言趋同"。

1984 年，比博和贾尔斯（Beebe & Giles，1984）进一步提出"言语调适理论"（又译"言语顺应理论"），试图解释学习者本身所处的社会群体如何影响二语习得的过程。他们认为，二语学习者在与母语者交际中，存在"社会调适性"问题。"社会调适性"强，就是趋同；"社会调适性"弱，就是趋异。

他们认为，二语习得的成功包含着"长期趋同"。也就是说，当社会条件使得学习者被激发趋同于操母语者的规范（亦即像操母语者那样讲话），结果会有高水平的进步，但当社会条件鼓励学习者保持自己的社会小群体，他们就学得更少。当学习者致力于频繁的长期的趋同时，二语学习就成功了。

4. 能力连续统理论

1983 年，泰容（Tarone，1983）系统研究了学习者语言的多变性，提出了中介语的"能力连续统"理论来加以解释。她认为，学习者发展了使用一门二语的能力，这种能力包含了学习者根据各种不同的因素来使用的一些不同的"风格",这些"风格"构成了一个"风格连续统"。在这个连续统一端的是"审慎风格",当学习者觉得需要把话说"对"而自觉地注意他们对语言形式的选择时,这种风格表现得很明显。在另一端的是"通俗风格",当学习者在自由交谈中对语言形式做出本能的选择时,这种风格也表现得很明显。

例如,日本学习者发现他们很难学会发"zoo"和"churches"中的 /z/ 音。研究者在日本学习者中收集了他们在一段时间内自始至终的和在不同的语言使用条件(自由谈话,朗读一段对话以及朗读一组组单独的词语)下的英语口语样本,结果发现:日本学习者在朗读单独的词语时,发 /z/ 音最准确,而在自由谈话时,发音最不准确。当他们朗读对话时,其发音水平介于两者之间。研究还表明:随着时间的推移,学习者在审慎风格(亦即朗读一组组词语)中比在通俗风格(亦即自由谈话)中以大得多的程度改善了他们准确地发 /z/ 音的能力。

按照泰容(Tarone)的观点,中介语的语法虽然不同于操母语者的语法,但仍然是按照相同的原则建构的,因为操母语者确实拥有一系列相似的风格。

然而,艾利斯(Ellis, 1985)评论认为,这个模型也有一些问题。

首先,该理论提出之后的一些研究表明,学习者并不总是在通俗风格中最不准确。有时讲二语的人在通俗风格中会表现出最大的准确度。例如,当会话中一种特别的语法手段对传达一个特定的意思具有特别的重要性的时候就是如此。

其次,社会因素的作用还不清楚。操母语者是根据说话对象进行风格转换的,对于不熟悉的受话人,尤其当他们的社会地位低于受话人时,使用审慎风格,而对于社会地位相同的熟悉的受话人,则使用通俗风格。换句话说,操母语者之间的风格转换反映了他们所属的社会群体。不过,这对二语学习者来说却并不一定符合事实。例如,"社会群体"的概念是否适用于课堂上的外语学习者是值得怀疑的。这样的学者的风格转换,正如以上所提到的对日本学习者的研究所展示的那样,并非出于社会因素。这说明,在学习者的语言使用中表现得很明显的多变性是由心理语言学因素(亦即反映了准备输出的机会)而不是由社会因素来激发的。简言之,泰容(Tarone)的理论似乎更多地关系到变异的心理语言学因素,而不是社会因素。

5. 投资理论

佩尔斯(Peirce, 1995)则提出关于社会认同的"投资"理论。她认为,二语学习者有着复杂的社会认同,这些认同只能放在塑造社会结构的权力关系中去理解。学习者的社会认同是"多重的和矛盾的"。他们有时"从属于"某种认同,有时则成为某种认同的"主体"。他列举了一个名叫伊娃(Eva)

的移居加拿大的成人英语学习者的日记中的一段摘要来解释这一点：

和我一起工作的那个女孩指着那个男人说："你看见他了吗？"

"看见了。怎么啦？"我说。

"你不认识他吗？"

"不，我不认识他。"

"你怎么会不认识他？你不看电视吗？那是巴特·辛普森呀。"

这使我觉得很窝囊，我一句话也没有回答。

在这次谈话中，伊娃感到很羞愧，因为她发现自己被当作一个"老土女人"，一个不知道巴特·辛普森（Bart Simpson）是谁的人。这就意味着，她"从属于"一段话语，而这段话语预设了一种她所没有的认同。

佩尔斯（Peirce）指出，如果伊娃想办法重塑这场互动赖以进行的谈话范围，例如，声称自己不看以巴特·辛普森作为明星的那种电视节目，那么她本来能够使自己成为这次谈话的"主体"。但是，在这个例子中，伊娃没有觉得可以为自己亮出这样一个认同。

因而，佩尔斯（Peirce）强调，为了成为话语的主体，二语学习者需要"斗争"和"投资"。所谓"投资"，就是学习者努力了解那些关于二语思维的知识和模式，提升自己的"文化资本"，使自己能够在一系列不同的社会语境中成功地发挥那些"资本"的作用。学习者不是处理输入数据的计算机，而是进行"战斗"以证明自己的"战士"和期待着以自己的努力而获得丰厚回报的"投资者"。如果学习者能够鼓起勇气或者建构一种认同，这种认同使他们能够确保自己被倾听的权利因而成为谈话的"主体"，那么学习就会成功。总之，成功的学习者是这样的一些人：他们审慎地思考如何与母语者打交道，他们准备着通过建构和亮明他们自己所选择的社会认同来挑战已有的社会秩序。

6. 社会文化理论

社会文化理论原本是由苏联心理学家维果茨基（Vygotsky）于20世纪二三十年代创立的，主要是为了研究儿童的心理发展。70年代末被介绍到西方以后，立即引起了西方心理学界的广泛关注。到80年代，兰道尔夫（Lantolf）最早将它引入二语习得研究领域。

这个理论的主要内容包括下列四个部分。

"调节"理论。该理论认为，语言是人类最重要的用来调节与他人关系的符号性工具，是连接社会和个体的桥梁。儿童是在社会环境中与他人交流，学会了知识和技能，而语言就是他们调节人际关系的工具。就二语学习者而言，他们也是通过参与外部的社会文化活动，用目的语与母语者交流，从而不断地将语言形式内化，最终习得目的语。

"邻近发展区"理论。"邻近发展区"是指在儿童的认知发展过程中，他们的实际发展水平和潜在发展水平之间的距离所形成的区域。该理论认为，这个区域的知识最容易被习得，可以通过社会互动的途径，利用"脚手架搭建"（又译"支架式"）学习法加以激活。就二语学习者而言，他们同样可以在与他人的互动之中掌握处于"邻近发展区"的二语知识。这一点，与克拉申（Krashen）的"可懂性输入"（即 i+1）有着相似之处。但不同的是，"可懂性输入"是学习者被动的输入，而"邻近发展区"强调的是学习者利用他人所搭建的"脚手架"主动地自我调节，从而获得高于当前水平的知识。

"私人和内部言语"（又译"个体和内在话语"）理论。"私人言语"是指儿童的自言自语，内部言语是指儿童所掌握的语言体系。该理论认为，儿童的言语发展，在开始阶段是社会性的，采用的是"社会言语"；接着经历了以自我为中心的阶段，采用"私人言语"，标志着语言已经从社会层面向个人层面过渡；最后发展到内部言语阶段，即语言体系的内化。就二语学习者而言，他们在开始阶段使用二语，只是为了与他人交流，这时候的言语是社会性的；接着是第二阶段，学习者慢慢感悟到二语的形式特征，但还没有完全掌握，这时候的言语就是私人性的；最后，学习者完全掌握目的语，其私人言语内化为内部言语。

"活动"理论。"活动"是指儿童在社会文化环境中所参与的集体互动、交流合作等社会实践。该理论认为，活动是把外部社会和个人发展联系起来的纽带，儿童的认知发展就是在活动中实现的。就二语学习者而言，他们可以利用社会性活动的机会，学习目的语的知识和技能，把外部的语言形式内化为自己的语言系统。

社会文化理论的主要观点可以概括为下列几个方面：一切复杂的心理活动都是在交流过程中形成的；心理机能最初存在于人际间，随后逐渐成为内部的心理机能；心理发展最重要的因素是掌握凭借词语传递的全人类经验。

总之，二语习得的社会文化理论强调交流在认知以及语言发展过程中的作用，认为交流不仅仅是二语学习的手段，其本身也是一种能力。

三、二语习得研究的发展趋势

二语习得研究自开创半个多世纪以来，其发展趋势呈现出下列一些相互关联的特点。

（一）二语习得的研究角度越来越多

早期的二语习得研究主要从语言学角度出发，将学习者的母语和目的语进行对比分析以发现学习的难点，或者描写学习者语言的语法特征，研究学习者的中介语语法体系。接着，扩展到从心理语言学的视角来探究学习者习得和运用目的语的心理过程。以后，又从社会语言学的角度探讨二语习得的外部因素，从语言学的角度研究中介语的语用层面，等等。

目前的二语习得研究，已广泛涉及语言学、心理学、社会学、认知科学、教育学等多个学科和多个视角。从语言学本身来看，涉及普通语言学、心理语言学、社会语言学、认知语言学以及语用学、修辞学等多个分支学科。

（二）二语习得的研究内容越来越广泛

与研究角度的多样化相适应，二语习得的研究内容越来越广泛。

早期的二语习得研究重点在于对比分析学习者的母语和目的语的异同，探讨语言迁移现象，或者描写二语习得的共性特征。后扩大到学习者的个体差异，包括语言学能、学习动机、学习策略、认知风格等。目前的二语习得研究又扩大到二语习得的社会文化因素等。

（三）二语习得研究不断关注语言学理论的发展

早期的二语习得研究只涉及描写语法的一些概念，主要是在结构主义语言学的框架内进行。而以后的研究则更多涉及新出现的普通语言学理论，如普遍语法、语言类型学、语言功能模式等。这是因为二语习得研究进入了以解释性为特征的成熟期，需要运用语言学的研究成果，展开以语言学理论为基础的分析。同样，任何建立在单语者语言基础上的语言学理论，也需要经受二语习得的检验方能坐实其理论的普适性。因而，二语习得研究与语言学理论形成了相辅相成的"共生"关系。

（四）二语习得研究越来越脱离纯粹为教学服务的初衷

早期的二语习得研究重在发现二语学习的难点，以便开展有针对性的语言教学，或者发现学习者的"内在大纲"，以便设计出内外呼应的教学大纲，从而促进二语习得。秦晓晴指出：20世纪60年代后期以来，第二语言习得的研究重心不再是教学法，而是学习者特征及其在习得过程中的作用。

因而，随着研究的深入和研究范围的不断扩大，人们越来越关注于二语本质的研究，探讨人类语言习得和语言运用的本质，而不仅仅是为了直接应用于二语课堂教学。

（五）二语习得研究方法越来越注重以理论为指导

早期的二语习得研究具有探索性，注重"材料先行"的原则，往往先研究后理论，亦即在收集学习者材料的基础上进行分析、描述和解释。以后的二语习得研究，则倾向于先理论后研究，注重"理论先行"的原则，亦即先提一种理论性的假说、模型，然后展开实证调查，以检验学习者的表现与假说的一致性。

第四节 二语习得研究的特点和方法

一、二语习得研究的特点

（一）研究领域的跨学科性

二语习得研究是针对二语习得过程的描述、分析和解释，这一过程涉及与之有关的诸多因素，而这些因素也是其他独立学科的研究对象。所以，对二语习得的研究可以是语言学的、心理学的、社会学的、认知科学的、教育学的等等。二语习得研究从这些不同的角度来考察二语习得现象，并利用这些学科的研究方法。因此，二语习得研究具有跨学科性。

艾利斯（Ellis，1994）在评价二语习得研究的发展时指出："第二语言习得研究已经成为涉及领域非常广泛的学科。与此同时，这门学科在某种程度上也成为一个界限非常模糊的研究领域。"

由于这个特点，二语的研究要确立为一个界限分明的独立学科，面临着诸多困难。不过，从它的主要内容和方法来看，鉴于心理语言学是关于语言习得和使用中所包含的心智结构和过程的研究，因此二语习得研究仍然具有较强的心理语言学属性，可以看作心理语言学的一个分支。

（二）研究对象的多样性

二语习得研究的跨学科性带来了研究对象的多样性。或者反过来说，正是研究对象的多样性导致了它的跨学科性。根据上文的介绍，大致可以将它的研究对象归纳为四大类，即学习者语言的特点、学习者的内部机制、学习者的外部因素、学习者的个体差异等，每个大类再区分若干小类。

（三）研究方法的实证性

二语习得研究的主要任务是描述、分析和解释二语习得过程，所以，除了对相关理论加以总结、归纳和评价以外，大量的研究工作是通过与学习者的直接接触，获得第一手资料，以便真正揭示二语习得过程的本质。因而，从研究方法来看，二语习得研究具有实证性。

二、二语习得研究的过程

实证性的二语习得研究，其整个过程可以分为七个主要阶段。

发现研究课题：研究者通过不同的方式发现自己感兴趣而又值得研究的课题，但还只是有个大致模糊的想法，还不清楚到底要解决哪些具体问题。

明确研究问题或假设：研究者归纳该领域的相关文献，在综合分析相关研究（如研究现状、研究方法、不足之处等）的基础上，借鉴相关研究成果，提出具体的研究问题或假设，并确定该研究的性质（实验性或非实验性）。

设计研究方案：研究者在确定研究性质的基础上确定研究的类型（探索型、描述型或解释型）和研究的方案，确定实施研究方案的基本步骤；确定调查工具的形式、主要内容和测量量表，确定数据分析的方法，确定对调查结果的解释所能达到的程度。

实施调查：研究者严格按照设计方案进行数据收集。

分析数据并获得结果：研究者严格按照设计方案进行数据分析，对调查结果进行综合归纳。

解释调查结果：研究者在研究性质所允许的范围内对调查结果进行解释，并做出结论。

传播研究结果：研究者将整个研究过程从逻辑依据、各阶段所采取的具体步骤、研究成果完整地记录下来，写成论文或研究报告，通过学术会议、学术期刊、著作等途径发表出来，以接受同行的评价。

三、二语习得研究的基本类型

二语习得研究的类型与研究现状、研究目的以及研究者对研究过程的控制程度等三项因素有关，研究现状决定研究目的，研究目的决定研究者对研究过程的控制程度。因此，二语习得研究可以按研究目的分为三种类型。

探索型研究。当该课题的研究现状是尚未有人做过研究，处于空白状态，那么研究目的必然是探索性的。由于研究者对研究对象知之甚少或一无所知，所以就无法对研究过程进行控制，所选择的设计方案只能是非实验性的、自然观察式的或定性的。

描述型研究。当该课题的研究现状是已有人做过一些研究，但却不够全面深入，那么研究目的必然是描述性的。由于研究者对研究对象的了解处于比较肤浅的水平，所以就无法对研究过程进行完全的控制，所设计的研究方案只能是准实验性的或非实验性的。

解释型研究。当该课题的研究现状是已经在广泛研究的基础上建立了坚实的理论基础，那么研究目的必然是解释性的。由于研究者已经搞清了与研究对象有关的各个因素及其特点，并建立了它们之间可能存在的关系，所以就可以对研究过程进行高度控制，所选择的设计方案只能是实验性的。

四、二语习得研究的研究方法

二语习得研究的研究方法，可以从实验性与非实验性、定量和定性这两个角度来看。现整理如下：

（一）实验性方法与非实验性方法

研究二语习得的常用方法有两种：实验性方法和非实验性方法。但研究方法并非总是非此即彼的这两种方法，在所有的研究方法构成的一个连续统中，这两种方法代表了这个连续统的两个末端。也就是说，在这个连续统中，还可以有介于两者之间的准实验性方法。

实验性方法。实验性方法可以用来检验关于二语习得的某种假设，亦即等待解答的"研究问题"。

例如，在学习环境因素的研究中，假如研究者想要检验某种新的教学法是否更能促进学生的二语学习，就可以采用实验性方法。研究者必须事先准确地决定在实验之前和实验之后怎么测量、测量什么，以便确定是否促进了学习。研究者必须仔细地设计这些实验，这样才能将使用了新方法的一组学生与没有使用新方法的另一组学生进行比较。而且研究者必须确保这两个小组是同等的，他们之间的唯一差异只是在教学方法上。如果研究者还想表明这些实验结果也适用于其他的学习者群体，那么就必须在数据分析中使用推论性统计方法（利用子群体样本所提供的信息来推测母群体的特性）。

非实验性方法。非实验性方法可以用来观察一个语言班，甚至是正在学习语言的一个个人，以了解在研究对象那里发生了什么。

这种观察可以在一段相对短暂的时间里进行，可能持续几天、几周，甚至几年。在研究者进行观察的过程中，可以进行录音和 / 或录像，也可以仅仅就自己所看到的情况记下笔记。研究者可以完全以观察者的身份置身于学习者的局外，观棋不语，也可以决定适时介入，要求学习者和教师描述他们认为刚才正在发生什么事，从而获得关于正在某个特定时间点上进行的情况的附加信息。当研究者完成数据采集之后，甚至就在数据收集过程中，可以在那些数据的基础上，构想出某些关于语言学习的特定方面的假说。与数据收集完成后，研究者可以在数据分析中使用计算和分类方法，也可以就从观察中总结出来的东西写一篇研究报告。

（二）定量的方法和定性的方法

一般说来，实验性研究工作寻求预测和解释二语习得中的某种现象，并使用定量技术来进行。非实验性研究工作常常具有人种学性质，并倾向于使用定性技术。不过，研究者常常在同一个研究项目中同时使用定性的和定量的方法。

定量的与定性的方法的特点及区别可以从下列几个方面来看。

逻辑推理的演绎与归纳。定量的研究工作是演绎性的，因为它开始于一种理论或者一种假说，即"理论先行"，然后使用数据来检验它。而定性的研究工作是归纳性的，因为它先通过观察来收集材料，即"材料先行"，然后提出一种理论来解释这些数据。

研究过程的控制与非控制。在定量的研究工作中，研究者是"强加于人"的，他要进行干预以控制研究中的变量。而定性的研究者并不尝试像一个实验者那样实行控制，而是反过来，观察自然发生的行为。

研究目标的终点与过程。定量的研究工作常常被形容为"简化论的"，因为研究者预选了要在研究中测试的变量。而与此相反，定性的研究者事先并没有确定哪些变量是重要的，而是反过来，试图尽可能全面地描述正在被观察的东西。在这个意义上，定量的研究工作对终点产品感兴趣。例如，证明一个具体的项目是否比另一个更有效。而定性的研究工作的兴趣在于过程本身，换句话说，在于课堂上实际发生了什么。

研究结果的类推与非类推。定量的研究工作的结果被假定是可类推于更大人群的，而定性的研究工作的结果不能（常常是不需要）类推。

1. 定量研究工作的方法

定量研究工作具体涉及下列几个方面。

实验性的研究工作。当研究者通过实验调查了课堂二语习得的一系列问题，那么就要进一步设计出真正的实验，以便预测和解释人类行为。最终，研究者希望能在一种特定的处理法（例如某种新的教学法）与结果或结论之间建立一种因果的关系。一项实验的最低标准是：研究项目中必须包含至少两个组（一个控制组和一个实验组）。被试必须被随机地指定在其中一组。设立一个控制组的基本原理是很明确的，如果一组以一种方法来处理，另一组以一种不同的方法来处理，并且在处理之后，在两组的行为（如测试分数）

上有一种差异，那么这种差异必须可以归因于不同的处理法（假定研究者小心地确保在测试组之间不存在其他的可能解释行为差异的差异）。实验性研究工作的目标之一就是建立因果关系。另一个目标则是能将研究结果的解释或预测扩大到更大的人群。为了做到这一点，研究者就要使用推论性统计方法。

实验性数据的诱发。实验性研究工作需要获得相关数据，而这些数据需要通过诱发的方法才能得到。可以用于数据诱发的方法包括这样几种：为学习者设定一个特定的任务，然后收集由此任务所诱发的语言数据；设计安排好用以产出对研究者来说有意义的特定语法结构的练习；合乎语法性判断任务；诱发的模仿；口头交谈；命题作文；交际性的游戏，等等。

其他的数据来源。除了上述的方法以外，还可以利用其他的数据来源。主要有概况调查和各种测试工具，包括标准化测试。例如，托福各种完形测验，搭配熟悉测验、团体藏图测验，等等。

定量数据分析。在对数据进行定量分析时，可以采用描述性统计。例如，针对课堂话语，可以使用一种数据分析程序，包括数据的编码、计算以及分类；或者观察学习者所采用的句子，并且计算这个句子的平均长度等。同样，也可以采用称为推论性统计的定量分析方法。这种统计性分析被认为是心理测量学的研究工作的典型方法。使用推论性统计，研究者能做出关于该研究项目所使用的样本所属的更大人群的类推结论。

2. 定性研究工作的方法

定量研究工作具体涉及下列几个方面。

人种学的研究工作。人种学研究工作是从人类学、社会学和教育学领域引入到语言习得研究的。与实验性研究工作寻求预测和解释语境之外的行为所不同的是，人种学研究工作寻求提供一个语境充足的对行为的阐释，而这种阐释会导向对正在研究的现象的基础知识的理解。

此外，一般来说，在人种学的研究工作中，较少关注把在一种情景下获得的结果类推于其他情景。这是因为每种语境都被看作具有文化上的独特性，以致没有一个单一的"真理"能够从一组特定的情景中演绎出来并且类推于语言学习者的一般人群。

日记。日记是学习者对语言学习或教学的第一人称描述。它既是一种人种学方法，也是一种内省性研究方法。通过写日记的方法，学习者可以在研究者的帮助下尝试检验他们自己的行为，以洞悉他们是如何习得一种二语的。

在二语习得研究工作中，日记是一种特别有意思的收集定性数据的形式，因为研究者既充当了参与者（正被研究的个体），也充当了观察者（研究者）。

在日记研究中，这个方法就是先写下实录，在事项写完后重读，以确保没有事情被遗漏，然后在正被观察的学习经历结束后重读整个实录，一边找寻多次重现的模式和对这些模式可能的解释。

个案研究。个案研究是针对单个个体的研究。按照它的方法和它对在语境中研究现象的注重，基本上是一种人种学方法。不过，在个案研究中，人种学的定性方法能够为定量数据和统计分析所补充。它已经被广泛用于研究第一语言的发展，目前也常用于二语习得研究。

个案研究法收集数据的方法通常是自然主义和纵向的，这就是说，数据是由在整个一段长时间中收集到的自发言语的样本组成的。

话语分析。话语分析关注整个语篇（口头的或书面的）而不是离散的句子的分析。语言数据可以是自然发生的、被诱发的，也可以是虚构的。

在语言分析中所使用的程序包括定性测量和定量测量，诸如编码和计算等。话语分析者典型的工作是制作（在课堂内或课堂外）互动的录音带和／或录像带，随后他们把那些录音（录像）写下来，然后分析多次重现模式。

第二章 二语习得的认知基础

第一节 二语习得的心理认知

第二语言习得一直是认知科学中的主题。各种对于二语习得过程的理论演变，一直是多年来争论的话题。对于认知和语言发展的述评一直争论不休，本节从认知信息处理的角度来研究 L1 和 L2 习得过程并提出了 SLA 的认知过程模型，并对该模型的教学启示进行了讨论。

一、概述

第二语言习得的研究通常被看作基于第一语言习得研究的。事实上，人们也常用第一语言习得研究来解释第二语言习得中的现象。然而，除了相似之处以外，现在有一种普遍的共识，即在 L1 和 L2 之间存在着重要的生物学和认知差异。在试图推进的普遍的二语习得理论中，Bialystok（1994）描述了三种语言习得的研究方法即神经语言学、语言学、心理语言学。Bialystok 的观点认为，神经语言学是最成功的解释语音习得过程的方法，而语言学和心理语言学的研究方法分别对句法和词汇系统习得做出了最好的解释。以上方法都对普遍的语言习得理论的形成提供参考。Bialystok 就这三种方法对二语习得的研究概述的阐释令人信服。然而，从某种角度而言，本节认为在二语习得过程中的本质即是认知，如果对二语习得的研究不从认知的角度来分析，那么分析是不全面的。本节认为当代认知心理学强调信息处理和认知能力，二语习得作为认知的一个分支，对二语习得过程研究具有重要的作用。在认知和语言的发展的理论讨论中，批判性的评论是符合时宜的。针对概述母语和二语之间的差异，本节尝试从认知信息处理的角度探讨二语习得过程，希望从更多的维度，对二语习得进行清晰的解释。

二、认知和语言发展

二语习得是认知理论的中心课题。每种理论的认知都对各种二语习得的现象进行了解释，但这一直是个有争议的问题。认知可以定义为"了解我们经历的心理过程，如感知、回忆和推理"（Mac Laughlin，1998），它被认为是对语言发展的有趣见解。Owens（1996）的四个主要理论确定了一系列认知与语言之间可能的关系，这四种理论主要是认知论、语言决定论、角色互换论和独立理论。而认知决定论主要代表 Piaget 认为认知是一种生物成就。一个人的语言发展主要取决于其认知发展。换句话说，语言是思想的载体，是用于表达思想的工具。与认知决定论相反，语言决定论认为语言对思想的影响起主导作用。萨丕尔 - 沃尔夫假说认为，个体概念对事物的分类决定一个人母语的全部或部分结构和词汇。这一假说是不被大多数语言学家所接受的，有些语言学家立即指出，这种假说"对语言起源的谈论比语言对文化影响的谈论要少"（Mac Laughlin，1998）。角色互换理论来源自 Vygotsky，他认为，认知和语言开发在早期的两岁以前是分开的。两岁以前的孩子不需要语言来表达思想，而早期的语言也不是根据思想而存在的，也可能是基于视觉和听觉的想象。两岁以后，认知和语言交织在一起，相互依存，孩子开始使用语言来表达思想并通过认识问题进行判断推理。另一方面，通过认知的逐渐成熟，儿童的语言随之发展。以这种方式，两个领域彼此促进发展，彼此交换角色。

Chomsky 认为认知与语言之间没有关系，这两个领域的发展和产生的作用都是独立的（Wilson，Keil，1999），他还认为语言是一种人与生俱来的能力，是设计独特的遗传编程心理机制的语言习得装置。

上述理论观点从各自特定的角度，给我们提供了充分的思考空间。然而，现在普遍认为，在某些阶段和在某种程度上认知与语言发展在本质上是交织在一起的。人们了解自身和所谈论的环境，当他们谈论自己和周围的物质世界时，认识得到发展。本节认为，这是二语习得的特别情况，如果我们考虑事实的话，那么二语学习者通常是成年人，他们的认知能力和资源比母语学习者更成熟和更丰富。双语环境下年龄较小的二语学习者则需要不同的理论交织在一起的指导。

三、二语习得认知信息处理

为了阐明二语习得认知过程，似乎有必要先讨论二语习得的特点。在比较母语和第二语言的习得中，Bialystok 明确地指出"生物和认知之间的平衡发展对母语学习和第二语言学习产生影响"。在母语习得中，大部分的语言发展都是先天的生物因素，音系到句法再到语义的重要性在下降。另一方面，在二语习得中有意识地学习尤为重要，显著扩大了认知干预范围。可以说，成年人学习第二语言具有一些认知优势，但我们也应该意识到缺点同时也可能伴随而来。首先，语言是非常复杂的，在有限的语言输入条件基础上，学习母语的儿童不会花费太多的力气。虽然他们的理解力还很差，但儿童通过模仿、试验和不断犯错来学习语言。因此可以说，没有受过任何语言训练的常人至少也可以讲一门语言。但是这种情况并不适合二语学习，二语学习者需要经过专门的训练并且有意识地经常性学习。如果二语学习者知道"为什么学""学什么"和"如何学"的话，他们会学得好，这是明显的优势。其次，第二语言学习往往是非同源性的，这并不意味着学习现有认知符号。这些模型来自于一个共享的文化，构成了我们所理解的生活环境，塑造出我们的心理表征的典型人、事和物。而且，学习母语的儿童有着不同的认知世界，与二语学习的成人相比，儿童头脑中的单词和概念都只具有狭小的含义和用法。所以第二语言的学习有可能构建新的认知模式或修改旧的模式。因此，区分可能存在于母语和目标语认知过程中的差异是非常重要的。当涉及目标语言的文化和社会元素时，无疑会对学习者的认知产生很大的影响。最后，是关于一个人的陈述知识（Anderson，1983，1985）。这类型的知识，通常被称为"模式"或"框架"，并应用于人工智能，代表着对抽象意义的长期记忆，而不是精确复制特定的事件或特定的语言文本。当被激活的信息引入工作记忆时，模式或框架将有助于我们理解新信息。外语学习中，学习者内化的母语模式与目标语言可能非常不同，这种类型的模式显然对语言习得有帮助，但是它也可以阻碍语言习得过程。这些属性将反映在外语学习者的中介语的发展中。基于上述对二语习得特征的讨论和借鉴 Skehan 语言习得模型（Skehan，1998），本节从信息处理和认知的角度提出以下二语习得的想法。

心理构造由 Schmidt（1990）提出。Schmidt 认为，学习者注重输入便可以在记忆中进行处理。然后激活并与长期记忆的知识相互作用，获取意义。与此同时，信息的获取通常受到二语学习者各种因素的影响，这些因素包括他们的能力、需要、兴趣、动机和普遍的处理能力。当然，还有其他变量，如社会语言学等因素。在二语习得中，信息量的获取必然受到学习者母语的影响，并且这种影响会在母语中转移。在这个过程中，二语学习者的中介语构建和使用将产生口语和书面语的输出。输出并不被视为一个精确复制的输入。在二语习得过程中，外语学习者似乎积极参与构建规则来引导他们对可用资源的输出。

认知信息处理模型可能非常有价值，因为它不仅包含非母语英语课程，而且更广泛地影响二语习得教学普遍教学方法。对于 SLA，更应该努力发展学习者的过程性知识（Anderson，1983，1985），也就是说，运用学习者的认知能力来执行各种心理过程，例如学习者的理解能力和生成语言解决某些问题的能力。教师应根据学习者使用语言、使用频率和经验，确保学习者有意识地进行下一步输入。当设计教学任务旨在使学习者进行有效的沟通时，对学习者处理资源的能力也应予以考虑。在接受教学和技能产出过程中，活动安排旨在激活背景信息。然而仅执行一些活动，如课前阅读或预听练习是不够的。学习者不但要意识到这种类型活动的目的，而且也应对二语学习者与母语学习者之间的认知差异有所了解。他们往往在元语言和元认知方面更有能力，因此应该训练他们对输入信息处理的技能。

从第一语言习得中可以明显看出，语言发展的有效性与学习者的内在学习动机密切关联。儿童学习是因需要或感兴趣，在二语习得中尤其如此。需要引导学习者对相关事物的学习，这种相关性增加了他们的学习动机和兴趣。可以说，个人相关性是一个在发展学习者的认知和语言功能中具有相当意义的内在决定因素。在这方面，以 ESP（English for Special Purposes，英语为特定目的）为例，为了确保 ESP 的课程成本效益和整体的成功，需要对 ESP 从业者进行分析（Hutchinson，Waters，1987）。然而，在普遍的英语课程中，该问题通常没能得到认真对待。语言习得取决于满足学习者需求的动机，这在本质上与学习者个体有关。为了促进第二语言习得，本节认为学习者的需求和兴趣及课程的相关性对教学决策的实施均起到指导作用。

第二节 二语习得的社会认知

一、概述

二语习得自 20 世纪后半叶诞生起，受到认知主义心理学的左右，遵循心灵主义，认为二语习得的过程是自然生长的过程，有自身的发展路径；二语学习者的错误，也是发展过程中的错误，错误分析成为关注的对象。特别是后来随着转换生成语言学的发展，普遍语法理论在二语习得中的应用研究也越来越多，形成二语习得的认知派，这也是目前二语习得研究的主流学派。但随着功能主义语言学和会话分析理论的诞生与发展，人们认识到社会语言活动对语言习得的重要作用，借鉴母语习得中的"母亲说话腔"现象，从"外国人说话腔"特征分析二语习得者同本族人会话对二语习得的作用，二语习得的社会派逐渐形成，并发展成为批评认知派的强劲力量。同时，在认知科学发展中，有一个流派越来越引起人们的关注，其理论前提是人的认知是在特定的社会情境中人与人交互、人与情境交互产生的，即情境认知。这将认知从个人大脑发展推进到社会情境中的交互活动，将认知与社会结合起来，形成社会认知学派，并在一语习得研究中得到一系列的应用。目前，国内对于二语习得的社会认知学派介绍较少，而且在对待社会文化理论的归属问题上也存在分歧，有人将其归入社会学派，也有些人将其归入社会认知学派。所以有必要对二语习得的社会认知学派进行详细介绍，厘清其来源，明确其主张，探讨其应用。

二、社会认知主义取向的发展背景

从二语研究认识论和历史发展的视角考察，二语习得的主要理论框架可以概括为三种认识论取向：结构行为主义、心灵主义和社会认知主义。早期的二语习得研究建立在行为主义的刺激—反应理论和结构主义语言学基础上，把语言学习的过程视为习惯的形成，在语言教学中提倡通过句型操练培养语言行为、巩固语言习惯。视听法是当时比较典型的以行为主义为基础的教学法。由于行为主义忽略了学习者个体的认知能力和主观能动性，以行为主义为导向的语言学习理论在 20 世纪 60 年代后期受到了认知主义学习理论的挑战。心灵认知主义理论视角下的二语习得研究重视学习者的认知心理，认为语言学习是复杂的、动态的思维过程，而不是简单的模仿和重复。在语言学领域，Chomsky 提出的普遍语法理论对语言习得研究产生了深远的影响，他主张语言学习调动的是人的大脑内部机制，而不是对外界环境刺激的简单反应。这个阶段的二语习得研究主要从学习者的语言错误和中介语入手，探索语言习得的内部机制以及二语的基本特征和性质。认知主义对二语习得研究的发展具有深远的影响，到目前为止，基于心灵认知主义的二语习得研究仍然是二语研究的主流。

20 世纪 80 年代以来，语言习得的社会性和情境性日益受到重视，二语界出现了与传统的认知派持不同主张的社会派。社会派批判了认知派对个人认知主义过于依赖的研究取向，主张重新思考二语习得中很多重要的理论概念，包括中介语、本族语者、语言习得和语言使用的关系等，呼吁重视二语学习的社会属性。

经过多年的论战和磨合，很多二语研究者认识到认知和社会视角都是研究二语习得的重要角度。两者虽然存在很多差异但可以互为补充，如果把两者结合起来能够为二语习得研究开辟新的研究路径，有助于全面理解二语习得的复杂性。基于这种认识，二语界出现了社会认知主义取向。社会认知主义取向有机融合了认知和社会两种视角，采用一种整合的方式把学习过程中的认知和社会对立关系重新阐释为对话关系，在学习者的内部和外部世界之间搭建了一座桥梁。社会认知主义取向下的二语习得研究突破了传统研究对语言学习者个体心理过分关注的局限，重视学习发生的社会文化情境因素以及学习者的主观能动性、身份认同等方面，以多元化、情境化、生态性的方式探索二语习得的重要问题。

三、社会心理学依据

（一）社会文化视角

人是语言习得的主体，而语言作为文化的载体必然带有社会的烙印。没有人与人之间的社会文化交流就没有语言习得的可能。Vygotsky（1986）在他心理学著作中，用"社会历史"来代替"社会文化"，而在与第二语言习得相关的著作中，"社会文化"一词用得最多。从社会文化对语言习得者的影响来说，最恰当的词还是"社会认知"，该词在 Atkinson 的著作中有多处使用。人的社交活动作为社会文化认知能力发展的主要途径，是通过有意识的言语过程完成的，因为语言具备无限的理解功能和表达功能（曹志希，何玲梅，1997）。倘若不是因为人的社会需求和爱好及经济发展的原因，就不会有任何语言产生，也就不会有过去产生的任何语言之类的东西让今天这么多的人都来习得。Vygotsky 也认为思维过程并不存在于内在结构，而在于思维本体（人）与客体之间的交互作用中。不同的是 Piaget 的认知发展理论强调了思维过程中的交互作用，并且认为这是独立于外在世界的，而 Vygotsky 所强调的则是外部世界的媒介作用。Lantof 将 Vygotsky 的心理学用在了第二语言习得研究以及教学过程中，他认为语言是调节心灵活动的主要符号性工具（Mitchel，1998）。"媒介"是 Vygotsky 理论的核心概念，也是第二语言习得研究的核心内容。"社会文化理论的最基本观点是人脑的媒介化"，在社会文化的框架下，语言学习者是学习环境的主动营造者。

（二）社会化依据

人的社会化作为一个必然的发展过程，意味着人必须成为某个社会、某个社团或某个群体的成员。社会化是语言习得者预期的思维、情感及行为方式的隐蔽或公开交互作用的体现。第二语言习得的语言社会化观点强调语言习得的社会文化环境化，通过社会的交互作用，人们在社会文化背景中获得语言运用能力。语言社会化讲究"通过语言实现人的社会化"和"人通过社会化来习得和使用语言"的互补，涉及教育学、社会学、人类学和心理学在社会群体内研究社会和语言能力的理论。从 20 世纪 90 年代开始，语言社会化的观点开始在第二语言习得研究中得到运用。

（三）身份特征观点

社会化的过程是人的身份不断变化的过程，人在不同的社会群体中，必然具备不同社会成员的语言和其他有关身份特征。不管是用种族、语言还是其他的方法来定义，人的社会身份特征是人对某个特定社会或群体的归属感。对这种身份特征的讨论在 20 世纪 90 年代备受关注，这一观点对第二语言习得原理的解释具有重要的心理学意义：有利于揭示语言习得者社会化过程中的各种关系。身份特征理解虽因人而异，但也只是措辞不同而已。有人（Mitchel，1998）将其解释为"社会同一性"，认为人的自我意识源于自己作为一个社会群体的成员并对其依恋的情感的认识。社会同一性在很大程度上是通过语言建立并维护的，同时通过语言实践创造的社会同一性可以拓展到民族同一性，包含性别社会同一性和种族交互作用中的社会阶层（Gumperz，1982）。人的社会身份特征不是一成不变的，而是波动的、变化着的，是通过带有语境的语言、通过各种途径生成并体现出来的。语言习得者处在不同的社会环境中，因而也不是静止的，即使在个体的交互作用框架下也不例外。因此，发展这种集语言习得者和语言学习与习得的良好环境于一体的社会特征意识对第二语言习得及其研究均有重要意义。

四、社会认知主义取向的主要理论

社会认知主义理论取向在发展的过程中受到很多理论的影响，以下对其中主要理论的核心概念及其对二语习得研究的影响加以概述。

（一）社会文化理论

社会文化理论主张学习是一种发生在特定的社会文化情境中的动态的社会活动。与行为主义或心灵认知主义不同，社会文化理论认为人类的认知源于社会生活，社会文化环境在认知发展中起首要作用（Ellis，1994）。该理论的主要代表人物是 Vygotsky，从 20 世纪 80 年代中期起，二语界开始利用社会文化理论进行二语习得研究，主要运用的概念包括中介、最近发展区、支架、自我语言和微观起源等。基于社会文化理论的二语习得研究认为，语言学习和其他高级心理机能的发展都是在社会文化环境提供的各种文化制品（语言和其他符号工具）的作用下逐渐内化的过程，学习者在最近发展区内通过活动的形式进行互动，实现语言等外部文化产物的内化。

（二）情境认知和学习理论

情境认知和学习理论强调语言学习的情境性，主张认知是个体与环境交互的产物，其主要理论模式包括语言社会化和实践共同体。语言社会化是指儿童或初学者通过语言形式的学习实现社会化，并接受相应的价值观、行为方式和社会习俗，成为有能力的社会成员的过程。在二语习得研究中主要关注学习者如何在语言学习过程中实现社会化以及社会化对语言学习和使用的影响。实践共同体是情境学习理论内重要概念，其核心是"合法的边缘性参与"，即学习的过程就是从边缘参与者逐渐成为完全参与者的过程。实践共同体理论模式下的二语习得研究重视二语学习者的社会文化历史经历对学习的影响、学习者的身份认同建构及学习者通过发挥主观能动性积极参与和改变社团原有的面貌。

（三）建构主义

建构主义的基本主张是学习不是知识的简单传递，而是学习者在一定的情境即社会文化背景下，基于已有认识和经验基础上主动进行的意义建构。建构主义是以瑞士心理学家 Piaget 的思想为基础发展起来的。Piaget 认为学习是一个积极主动的建构过程，个体的认知发展受三个过程影响：同化、顺应和平衡。学习的过程就是通过同化和顺应的方式把外部的刺激融入个体的认知结构以取得与外部世界平衡的过程。建构主义学习理论的"情境""协作""会话""意义建构"四大要素以及以"学"为中心的理念对外语教学具有重要的指导意义，通过创设情境和任务，开展师生、生生交互活动，进行语言输出和实现意义协商等途径，可以有效激发学习者的学习兴趣和主观能动性，培养学习者的外语交际能力。

（四）后结构主义

后结构主义是在 Saussure 的结构主义语言学基础上发展起来的，其核心主张为意义不是固定不变，而是由社会话语和实践灵活建构的。后结构主义对二语习得研究的主要启示意义在于揭示了语言习得与自我的关系。C.S.Peirce 率先利用批判理论视角研究二语习得者，认为二语学习不是简单的认知心理活动，它同时也是学习者身份认同建构的过程，这个过程充满了权力关系和斗争。他借鉴了 Bourdieu 有关"文化资本"的理论，用"投资"的概念来解释学习者在语言学习中的投入，认为要理解学习者的身份认同就要理解其对二语学习的投资。近几年来，我国学者高一虹对中国外语学习者的自我认同建构和发展进行了一系列研究，开辟了中国语境下二语习得研究的新视野。

（五）对话理论

进入 21 世纪后，Bakhtin 的对话主义对二语习得研究的影响逐渐显现。对话理论的核心概念是"表述"，所有表述都具有对话性，语言的本质也是对话。Bakhtin 的语言观对二语习得研究的启示在于，语言具有动态性、互动性和情境性，语言习得发生在社会互动的基础上，在外语教学中要注重学生和课本、教师、语境等的互动关系，要努力创建师生关系平等的对话课堂。

五、社会认知主义视角对二语习得研究的启示

社会认知主义视角提倡新型的学习观、教学观、教师发展观和科研观，为我国的二语习得理论和实践发展提供了重要的启示。首先，在学习观方面，社会认知主义理论视角认为学习具有互动性、情境性和社会性。学习不是发生在人脑的"黑匣子"内部，而是发生在学习者与环境的互动过程中。社会情境是学习者认知发展的重要资源，语言学习者带着不同的先前经验、需求和偏好，进入由教师和同伴构建的学习共同体，在学习共同体内沟通与交流，分享学习资源，完成学习任务，在合作与互动中掌握语言能力和文化意识，逐渐从新手成为能够顺利实现交际功能的成功外语学习者。在这个过程中，学习者需要充分发挥主观能动性，在与环境的互动对话过程中建构自身的知识结构和身份认同。

在教学观方面，社会认知主义视角摒弃了传统的以教师为中心和知识传递的教学观，但也不完全等同于以学生为中心、依靠学生自主探索学习的教学观，而是主张在两个极端之间取得平衡，既重视学生的"学"，也重视教师的"教"，这与《国家中长期教育改革和发展规划纲要（2010～2020 年)》中提倡的以学生为主体、教师为主导的思想是一致的。在以学生为中心、自主学习、探索式学习等口号弥漫在外语教学领域的今天，社会认知主义视角提供了一个更符合我国外语教育现实的选择，即在弘扬优秀外语教学传统的基础上有选择性地吸收西方现代外语教学理念，采取兼收并蓄、各取其利的灵活做法。在社会认知主义视角下，教师和学生本身都不再是关注的焦点，教学的重点应该是教师设计的高质量的教学活动、教学资源以及和谐健康的教学环境，这些是促进语言等外部文化产物内化的保证。同时，传统的教师和课堂等概念也需要重新定义，教学者与学习者之间并不存在绝对的区别，学习者自身也可以为其他学习者提供学习机会，在"最近发展区"内互为支架、

共同学习；学习在传统课堂之外的其他社会情境中也可以发生（如网络空间），大课堂的概念更符合全球化背景下的外语教学新形势。

在教师发展观方面，社会认知主义视角把教师视为教学的学习者，主张教师教育与发展的核心任务是促进教师学习。新型的教师学习观的核心并不是帮助教师掌握具体的教学理论和技能，而是培养教师的反思能力和自主专业发展能力。这是因为在后方法时代，并不存在一种放之四海而皆准的外语教学法，不同的学生群体、课堂环境、教育政策、社会文化等因素都要求教师必须根据教学情境的要求灵活选取最恰当的教学方法，这对教师的知识和能力提出了更高的要求，外语教师教育和发展项目必须顺应形势的变化，把培养外语教师成为具有终身学习能力的自主发展主体作为新的培养目标。同时，在学习教学的过程中，教师要善于利用各种中介工具实现认知发展。这些中介工具包括文化产物和活动（如教材、大纲、培训）、科学概念和理论（如二语习得理论和教学理论）、社会关系（如师生关系、同事关系）。这些中介工具会促进教师在日常经验基础上实现学科知识理论的内化。

在科研观方面，社会认知主义理论指导下的二语习得研究在内容上不再局限于孤立的学习者个体，而是把学习者置于特定的社会文化情境中，考察学习者如何在与情境的互动中习得语言，研究范围从以往的学习过程、认知风格、语言产出等语言和认知因素扩展到学习者的情感因素、身份认同和学习发生的情境因素。在研究方法上力求有机结合定量和定性研究方法，在认知和社会两种取向、主位和客位两种角度之间取得平衡。实验法和统计分析仍然在二语习得研究中占有重要地位，但不再是主导地位，因为个案分析等定性研究方法为探究真实的社会文化环境、课堂环境、学习主体与环境的互动提供了更为合适的选择。未来的二语习得研究将见证更多的混合设计，定量和定性相结合的研究设计有助于深入回答研究问题，真正理解二语习得的本质。

第三节 二语习得的语言学认知

一、社会语言学

社会语言学基础从本体研究的角度来看，可纳入自然科学；但是从应用的角度来看，它是一门社会科学。一种语言的每一个使用者也是该语言社团的成员，个人的言语在很大程度上取决于他的社会环境，反过来说，从他的言语中可见其社会环境状态。社会语言学关注的是语言和社会之间的关系，旨在研究语言交际过程中人类言语行为的表现，揭示语言、社会、文化等相关因素之间的互动关系，建立一种理论模式，从而充分解释和描述语言内在机制与语言外部因素的相互作用，达到促进语言的发展和变化之目的。作为社会认知理论产生的一个重要基础，以下三种社会语言学的观点对语言习得及其研究具有人类学意义：文化适应理论、语言调节理论、话语理论。

文化适应理论所强调的是"文化适应"，从而为二语习得研究提供了语言与文化有机结合的平台。"文化适应"（Schumann，1986）是对新的文化的一种适应过程，二语习得的状况由学习者与目标语文化之间的社会距离和心理距离的程度决定。这种观点的主要代表人物是 Schumann（1986），他研究了一名讲西班牙语的成人习得二语（英语）的过程。但是这个理论并不能解释第二语言是如何内化以及如何使用的。

语言调节理论与文化适应理论有相似之处，但是更多地突出了二语习得与动机之间的关系。Giles 将"社会距离"中的动机问题看作习得第二语言能力的决定因素，该理论中的主要变量如下所示：对自己社团的认识；种族比较；认识种族语言的生命力；认识自己社团的界线；识别其他社团类别。

这个理论既没有解释学习机制，也没有解释发展次序。但是该理论框架中同时包含了语言使用和语言习得。

话语理论强调的是二语习得的语用观，主要包括以下几个原则（Hatch，1978）：在句法的发展中，二语习得遵循一个自然的路线；为了与非本族语者沟通，本族语者往往会对其话语进行调整，为了沟通而发展的会话策略以及调整后的输入会以不同的方式影响第二语言习得的速度和途径；自然路线是学习交流的结果。

这个理论也未提及学习者的学习机制或策略，只是对语言的使用很感兴趣。不过，话语理论中包括了第二语言习得的认知方面：社会交际可以给学习者提供最好的可用资源；反过来，学习者的大脑也会产生适当的输入模式与之相适应。

二、认知语言学观点

认知语言学自 20 世纪 80 年代问世以来，在国际和国内不断蓬勃发展，该学科主要集中于探讨认知语言学理论并用这些理论来描述英语、汉语等具体语言。随着认知语言学理论研究的深入和成熟，其研究成果不断地被应用到第二语言习得和教学中，以解释和解决二语习得和教学中出现的问题，同时也可以检验认知语言学理论。在国外这种趋势已初见端倪。Achard 和 Niemeier 主编了《认知语言学与二语习得和外语教学》，Robinson 等主编了

《认知语言学》，这些文集的出版标志着人们开始关注认知语言学与二语习得的结合，并由此形成了二语和外语教学研究的一个新的研究领域。中国的有识之士也敏锐地认识到了这个新领域，积极投身于相关研究之中。在认知语言学角度的二语习得和教学研究方兴未艾之际，有必要系统梳理国际和国内已取得的研究成果，以明确今后的研究目标。

（一）认知语言学对二语习得的基本观点

认知语言学认为语言的形成、运用、习得都是基于用法的。在此，重点阐述它对母语习得和二语习得的基本二语习得与外语教学观点，并做相应讨论。

母语是以具体用法为基础逐步习得的；习得语言就像其他复杂的认知活动一样，从具体的事物中提炼出抽象结构或图式。二语也与其他知识一样，是通过经验学会的，学习者从输入中接触到众多的形符，经过加工后作为类符储存起来；而后，通过归纳概括出高层次的类符。在此过程中，有两类因素至关重要：主观因素是学习者的动机和关注点；客观因素是语言的频率，具体包括形符频率和类符频率。因此，在二语习得和教学中要充分重视具体语境中的具体用法，对于常用的表达，要设法引起学习者的充分注意，让他们结合语境多加练习。

儿童习得常规结构和非常规结构的方式相同，都是通过一般的学习机制获得的。Tomasello 认为，儿童语言发展依赖于人类共有的认知与社会过程，主要包括意图识别与文化学习、类比与结构映射、结构合并。虽然不少学者们认为二语得也是通过一般的学习机制获得的，但笔者认为二语学习者的学习机制与 Tomasello 提出的三个过程有所区别。世界上大多数二语学习者都部分或主要依赖课堂学习，缺乏丰富的交际环境，许多人的学习目的也不是了解目的语的文化。在这种情况下，交际意图识别和文化学习起的作用很小。在课堂中，老师会根据课本或语法书向学生介绍词汇、语法、语篇等各方面的规则和规律，虽然学习者有时也会依靠有限的目的语输入进行类比与结构映射以及结构合并，但大多数情况下都是由老师引导进行的，可见，前两个过程在二语习得中的作用明显比母语习得小。

二语习得本质上与母语习得是相同的，它们都受到下列因素的影响：频率、提示与结果关系的关联度、多个提示之间的竞争、突显度。但除此之外，二语习得还受母语干扰、母语知识阻断等因素的影响。具体到以课堂学习为主的二语习得来说，这种差别更大。例如，主要依赖课堂来学习二语的学习者接受的目的语输入严重不足，不仅无法与母语习得相比，与在目的语环境中习得二语的输入量也有很大差别，这就导致了学习者很难熟练掌握目的语，其二语水平通常会发生固化现象。

二语习得要充分利用语言的动因，着重从象似性和语言意识方面强调认识语言的动因在二语习得和教学中的重要性。其实，语言的动因表现范围很广，不仅限于形式与意义之间（如象似性），对其他方面同样很有应用价值，只是目前尚未引起大家关注而已。认知语言学认为，语言不是任意的，而是一般认知过程的反映。语言的动因表现在三个方面。意义—意义联系：指的是词汇的各义项的排列不是无序的，而是以原型义项为核心，按照与原型意义的关系远近向外扩展的，这方面学者关注最多。形式—形式联系：主要表现在语音层面，包括押韵、头韵和半韵，这方面受人关注较少。形式—意义联系：指语言的音系形式和意义之间的关系，象似性是一种典型的反映。恰当利用原型和图式能促进二语习得。这一观点已被许多实证研究所证实。

认知语言学和基于用法的模型强调语言是在具体的社会环境中和真实互动中学会的，强调学习者的自身参与。这种思想与交际教学方法的理念不谋而合。

（二）认知语言学对二语习得的基本模式分析

从语言学的角度关注学习者的语言，主要目的是描述学习者的语言能力，研究者所关注的是语言习得者知道些什么，而不是他们怎么做。从认知的角度关注语言，同样离不开对语言知识的关注，但认知论者认为学习者的语言已知与他们实际运用语言是分不开的。他们关注的焦点不是学习者抽象的语言知识，而是学习者如何掌握语言的形式和功能特征以及语言习得所涉及的心理过程。对待第二语言问题，不同的习得者有不同的处理方法，有些喜欢利用语法规则，有些感觉笔头写下单词或句子有助于记忆，有些喜欢与图像联系起来。因此，二语习得及其研究者可能采用不同的模式来实现自己的目标。

Krashen 的监控模式。这个模式包含五个假说，即习得学习假说、自然顺序假说、监控假说、输入假说和情感过滤假说。Krashen 输入假说强调了输入的重要性，认为足够的可理解的信息输入能够促使产生习得或学习。他区分了学习过程中存在的两个系统——习得系统和学习系统，认为习得系统是学习者进行言语交际时无意识的过程，而学习系统则是有意识地注意语言形式的过程。Krashen 对这两个系统的区分实际上引入了两种不同的认知方式，即有意识的学习与无意识的习得。同时，Krashen 也引入了情感过滤的概念，将情感因素与认知因素联系在一起。

变化的语言能力模式。这个模式的设计目的是解释语言的变化，即学习者的语言（中介语）以及学习者学习语言的内在和外在过程，对学习者有计划的语言变化所涉及的认知过程进行了详细的说明（Ellis、Tarone、Widdowson 和 Bialystok 都有所论述）。

竞争模式。该模式是关于语言运用而不是语言能力的模式，它试图解释在实际语言使用中学习者进行信息处理时所用的是何种知识。该模式也认为学习者对目标语语法的掌握是语言输入与认知机制相互作用的结果。

多维模式。该模式包括语言发展过程中的两个方面，即语言发展方面与学习者差异方面。该模式提出了学习发展的五个阶段，即典型顺序阶段、副词前置阶段、动词分离阶段、倒装阶段和动词结尾阶段。并指出学习者严格遵循这种阶段顺序，不会跳过某一阶段而进入下一阶段。当学习者进入下一个阶段时，他们保持着前几个阶段所习得的语序。该模式解释了学习者为什么会从习得的一个阶段过渡到下一个阶段，并且能推测出未被习得的语法结构何时能被习得。

三、语言伦理范畴

现在流行的普遍语法理论对解释二语习得研究起了很大的推动作用，但是这种"原理与参数"理论并非十分完善（袁博平，1995）。第二语言习得过程中除了主体内在的所谓"语言习得机制"开关以外，还不可避免地存在语言伦理问题。从语言的角度来看，伦理指的是用对话双方都觉得合乎道德规范的文明言语进行交流，是个关于语言美学或言语道德的应用课题，这些都自然地涉及了人们在交往中言语道德的意识、行为、关系、准则和规范等，并用以调整相互的言语活动，依靠家庭、学校、社会直接或间接的教育活动才能得以实现。语言文化是人类社会生活的环境，也来源于人类社会。人类生活的各个方面都受着文化的影响，随着文化的变化而变化。或者可以说，文化决定着人的存在，包括自我表达的方式、感情流露的方式、思维的方式以及解决问题的方式。在习得某民族的语言时，也等同在习得这一民族的文化，而文化更多的是指风俗习惯、社会规范和伦理道德方面等；否则所习得的语言形式会因为不符合这个民族的社会文化背景要求而难以被接受。也就是说，习得者在接受这个伦理背景的过程中获得语言知识、适应能力或其他学历的过程，实际是至少两种不同语言间相互适应的互动过程，也是习得者扬弃自己民族和目标语民族的语言文化和价值观念系统的过程，更是两个过程有机结合后使他们找到了各自的社会认知发展的平衡点。

随着二语习得理论研究的不断发展，人们越来越重视二语习得的心理和认知过程。中介语理论是在认知心理学的基础上发展起来的，它创立于 20 世纪 60 年代末 70 年代初，是由美国学者 Selinker 最早提出并首次使用的。中介语在二语习得中产生，是介于母语和目的语之间的过渡性语言。随着学习者语言知识和交际能力的不断提高，中介语体系会日趋丰富完善，并逐渐向目标语靠近。中介语理论从一个全新的视角来研究第二语言的习得过程，是目前外语教学中用于解释分析第二语言学习者在语言学习过程中所产生的偏误的理论依据，中介语理论把第二语言的学习过程看作创造性地建立一个新的语言系统的过程。我国外语教育研究中心曾在"十五"规划中强调要特别关注语言习得者中介语的研究，要收集包括口语和书面语在内的学习者的中介语，建立我国二语学习者中介语语料库。由此可见，这一理论的研究对二语学习的理论研究和教学实践有着巨大的影响和深远的意义。

第三章　二语习得的内在因素研究

第一节　普遍语法与二语习得

以 Chomsky 为代表的转换生成语法学派所提出的普遍语法理论是 20 世纪语言学界最深刻的一场变革，使语言学研究的重点由对语言的描写转向对语言本质的探究。UG（Universal Grammar，普遍语法）是针对儿童母语习得现象提出来的。母语刺激的贫乏与儿童母语能力的超强之间的矛盾被称为"语言习得的逻辑问题"，即儿童如何在母语语料输入有限、残缺、不足的情况下仍能在短短几年里迅速而成功地获得母语丰富的语言系统这一貌似不合逻辑的问题。针对语言习得的逻辑问题这一现象，White 提出，儿童的语言习得之所以如此可能是因为受到某种与生俱来的语言机制的导引，这种语言机制就是由原则和参数构成的普遍语法。为验证普遍语法的真正普遍性，学者们展开了对成人第二语言习得的理论研究。他们认为，假如普遍语法存在于母语习得中，那么它应同样存在于第二语言的习得中，因为第二语言习得也存在着逻辑问题。第二语言学习者在习得过程中所接触到的第二语言输入实际上相当有限，但最后也常常照样能说出以往从未学到过的话语，谈论并理解以往从未谈论过的问题。为此学者们做出了许多努力，采用各种方法从第二语言习得的不同方面考察普遍语法在第二语言习得过程中的通达情况。如果说普遍语法具有真正的普遍性，在第二语言习得过程中也起作用，那么第二语言习得者的语法心理表征应该与母语习得者的语法心理表征一致，其中介语语法应该受到普遍语法中各项原则和参数的导引，否则普遍语法就不起作用。

一、普遍语法可及性的理论研究

（一）普遍语法的不可及性

不可及说认为普遍语法不决定第二语言习得 / 学习，因为成年人学习第二语言和小孩子习得第一语言有着本质的不同。在该说法学者看来，第一语言习得者使用的是语言习得机制，而第二语言学习者使用的是一般性学习策略。他们的主要依据之一，也是最有说服力的就是语言习得临界期一说。Johnson 和 Newport 对移居美国的儿童习得英语做了一个很有影响的研究，发现年龄与语言习得、语言规则的判断能力有很大关系。凡 7 岁前移居到美国的儿童都能习得与当地人同样的英语，超过这个年龄后，年龄越大，错误越多，越难接近英语本族人水平。他们由此推断第二语言的成年学习者主要是靠语言习得机制以外的某种机制或策略能力来学习语言，正如 Meisel 所假设的，第二语言学习者不是依靠受普遍语法制约的结构操作，而是借助于线性的、表面化的语序策略来学习第二语言的。

（二）完全可及说

与普遍语法不可及说观点相反，完全可及说不赞成语言习得临界期一说。Flynn 和 Manuel 针对语言学习的年龄问题进行了阐述，提出了三点理由来说明普遍语法对第二语言学习者，不管是儿童还是成年人都起作用。理由之一是第二语言学习者能像第一语言学习者那样，在输入的基础上获得并未被教过的语法知识；其二是他们还拥有结构依赖性知识；其三是他们和第一语言学习者一样具有无限的目标语生成能力。Flynn 引用日本成年人学习英语的例子，来佐证学习者能习得他们母语中没有的第二语言中的原则和参数设置。Rutherford 的研究也表明母语为日语的英语学习者在任何时候都不会把英语句子里的动词放到句末，尽管日语句序严格遵循 SOV 而英语却遵循 SVO 的结构原则。Flynn 为此得出如下的结论：受普遍语法的制约，第二语言学习者确实建构了新的目标语语法，普遍语法对第二语言习得有制约作用。

（三）间接可及说

不同于上述两种观点，间接可及说派似乎采用了一种相对迂回的态度。他们认为，普遍语法是通过学习者的母语在第二语言学习中起作用。在他们看来，第二语言学习者已经在自己的母语中应用了普遍语法的原则，设置了参数，这是他们发展第二语言的基础。这一观点还认为，第二语言学习者之所以会创造出与目标语不一致的语法句子，是因为他们在第二语言学习中面对其母语不曾有的参数设置时，不得不求助于其他一些学习机制所致。Schachter（1974）是间接可及说的支持者，她从对母语为朝鲜语的第二语言学习者所做的研究中得出结论：普遍语法无论是从第二语言学习者的习得过程还是从学习成绩来看，都没有对第二语言习得做出阐释。然而，她认为对成年的第二语言学习者来说，容易起作用的是那些早已在第一语言学习过程中被激活的原则和参数设置。

（四）部分可及说

部分可及说赞成普遍语法原则对第二语言学习者仍然起作用的提法，但他们认为这种作用只是部分的而非全部的，在方式上也是直接的，并非都是间接的。在他们看来，第二语言习得与第一语言习得只有部分相同，所以成年学习者很难完全达到与本族人相同的语言水平。Felix 和 Weigl 把母语是德语的学生分成 3 组，每组 24 人，平均年龄分别是 12 岁、14.2 岁、17.3 岁。然后让这些没有机会接触目标语环境的孩子对 60 个英语句子进行辨认，测试结果使人非常沮丧，答对率最高的第二被试组也只有 10 人对了 10 题。Felix 和 Weigl 认为，如果普遍语法对这些学生没有起作用，那么他们的答题就是无规律的，答对的题数就不应该是 10，而应该是 30 左右。换言之，这些学生没有系统地选择正确答案，却系统地选择了错误的答案。既然学习者没有造出"野性"语法来，我们是否可以说，普遍语法仍在部分地起作用呢？与间接可及说不同的是，部分可及说以普遍语法和各种子集而不是以第一语言作为出发点来研究普遍语法对第二语言学习的可及性。

二、普遍语法可及性的实证研究方法

目前在普遍语法与二语习得的理论研究中一般通过被试在实验中的行为来证明普遍语法的有效性，而实验的手段一般分以下几种：语法判断、图形识别、偏爱性选择、诱导式书面表达或口头表达等。前三种方法牵涉到直觉作用和多种选择的问题；后两种方法牵涉到具体的诱导方式问题，如诱导的清晰度、诱导的速度、诱导的手段、诱导的环境和被试的语言表达能力等问题。这五种方法的共性问题是在统计实验结果时往往仅注意被试的群体结果而忽视了被试的个体差异，而且被试人数的多寡可能都会影响对实验结果的推断。所谓"语法判断"，就是研究人员根据所要调查项目设计测试题目内容，试题一般为针对调查项目的各种句子类型，有合乎语法的句子，也有不合乎语法的句子。要求被试对这些句子做出语法判断，并在规定的时间内完成测试，其目的是通过被试的语言直觉来揭示潜藏于被试心里的语言普遍性原则。这一方法的主要优点在于研究人员能在测试内容里包括违反普遍语法原则的句子，以便于检测第二语言习得者是否也拒绝接受普遍语法不允许的句子。如果第二语言习得者拒绝接受这些句子，这就证实普遍语法在第二语言习得中起作用，反之则证明普遍语法不起作用。另外，语法判断也包括合乎语法的句子。如果被试接受这些句子，说明在第二语言习得过程中参数可以重设，反之则表明参数不能重设。然而语法判断至少存在着如下两个缺陷。

语法判断的测试目的过于明显。语法判断这一方法本身就使被试明显地感觉到自己是在做语法判断，从而使他们在进行语法判断时显得过于理性，这明显有悖语法判断这一方法的初衷，研究者无法真正了解潜藏于被试心里的语言知识。

语法判断过分元语言化。在语法判断中，研究者设定的包括合乎语法的和不合乎语法的句子往往仅是用来分析和描写的句子，在实际的语言使用中并不一定会经常出现，这样第二语言习得者尤其是初学者和还不太识字的习得者并不一定具备参加这种测试的能力。如果仅用二语水平已经较高或很高的被试作为实验对象，则不能全面地反映所有第二语言习得者的中介语语法，因此也无法综合地探视普遍语法在第二语言习得过程中的作用。

然而这两个缺陷不是无法弥补的，最近 Duffield 和 White 采用句子配对和语法判断相结合的方式对英语本族语者和法语本族语者习得西班牙语的接语配置做了调查，避免了单一使用语法判断的不足之处，收到了较好的实验效果。至于语法判断过分元语言化的问题，可以在语法判断的基础上采用被试口述、研究人员录音的方式加以补充。总之，单一地采用某一种方法来考查普遍语法在第二语言习得中的作用并不一定能全面或准确地反映实际情况，但如果几种方法并用并对实验结果加以比较，或许能收到更好的效果。

三、普遍语法可及性研究的不足

（一）普遍语法理论本质

普遍语法理论作为描述和阐释人类语言共性的理论，影响非常大，但也不是没有问题。首先，普遍语法只是作为一种语言理论，从语言学的观点来解释所有人类语言的共性，却无法解释人们在习得语言过程中的一系列心理变化及社会语境等产生的影响。它区分了核心语法和外围语法，但是其研究几乎都在句法结构上，很少涉及其他方面，如语音、词汇等。普遍语法也没有涉及学习者是如何通过使用这些语法知识来获取语言"技能"的。

（二）普遍语法理论的直接解释力问题

普遍语法理论的提出不是针对第二语言习得而是针对第一语言习得的，因而与第二语言习得没有直接的关系而只有间接的关系。第二语言习得研究者在借用普遍语法建立第二语言习得理论的过程中，自然出现了仁者见仁、智者见智的现象，也就相应产生了大相径庭的可及性四大假设。

（三）实证研究方法的局限性

在讨论普遍语法对第一语言习得的可及性时，被认为最合适的方法就是让操本族语的人通过直觉来判断哪些句子符合语法，哪些不符合语法。但是在讨论普遍语法对第二语言习得的可及性时，用同样的方法就没有那么可靠了，这是因为第二语言学习者的直觉相对不稳定（Mitchel，1998），何况直觉本身就是一个难以界定的术语。

从上面的分析可以看出，一方面普遍语法理论突破其作为第一语言习得理论的理论框架而应用于第二语言习得这一事实本身显示了该理论的强大生命力；另一方面围绕普遍语法在第二语言习得中是否可及的问题而产生的四大假设，说明了该理论在第二语言习得中所起作用的问题上存在若干逻辑上的可能性。尽管观点大相径庭，但肯定其继续起作用的占大多数。普通语法理论的发展经历了由争论是否可及到在哪些方面可及和可及的方式，争论将继续下去，研究将越来越深入。

普遍语法与第二语言习得的理论研究只有短短几十年的历史，在好多方面还不十分成熟。尽管如此，这一领域的研究仍然方兴未艾，研究者们为此做出了不懈的努力。以 Chomsky 的原则和参数为视野，学者们对第二语言习得诸方面做了较为深入的探索。尽管在这方面研究方法尚处于不断完善阶段，可这毕竟为 Chomsky 关于普遍语法的理论提供了许多正反两方面的例证。

第二节 母语水平与二语习得

20 世纪 80 年代以来，第二语言习得研究涉及的领域不断扩大，探讨的问题日趋深化，这些研究对于语言普遍规则、认知发展、语言发展、社会语言问题及文化普遍性等问题都产生了积极、广泛和深远的影响，同时对第二语言的教学与改革也起到了重要的指导作用。

迄今为止，研究者们将语言习得研究归纳为五个范畴：用行为主义理论来解释 SLA，强调条件的作用；用相互作用来解释 SLA，强调交际与社会需要；用认识理论来解释 SLA，强调逻辑和思维过程；用先天论或生物理论解释 SLA，强调先天的遗传能力；强调学习者及学习策略。

第二语言习得理论可概括为三大类，即先天论理论、环境理论和功能理论。Chomsky 与 Krashen 是先天理论的主要代表人物。先天理论认为人类生来就具有学习语言的能力，在人的语言能力范围内，有的能力（或规则）是全人类共有的，这种全人类所共有的语言能力（或规则）被称作"语言普遍现象"或"普遍语法"。普遍语法包括一系列的语言限定规则或参数。第二语言习得就是在已有语言参数的基础上习得另一种语言。Krashen 的监控理论是第二语言习得研究中最全面的理论，该理论认为自然习得是一种下意识的过程，而正式学习是一种有意识的过程，学习者可利用自己的语言控制、调节系统调节自己的语言行为，而第一语言即母语是语言控制调节系统中的变量因素之一。

环境理论强调环境因素（如个人经历）对语言发展的重要性，并试图用学习者的外部变量（环境影响）来解释语言习得的过程。Schumann 的文化适应模式即是其中最具代表性的一种，该模式认为第二语言习得是由学习者的母语和所学语言的文化差异决定的。文化适应程度的高低决定了语言的发展。第一，文化适应程度可以控制学习者接触目的语的多少；第二，它反映了学习者学习语言的目的。舒曼认为第二语言习得完全可以由学习者的语言输入及学习语言的目的决定。

功能理论也称"相互作用理论"，它用各种因素（先天因素与环境因素）来解释语言学习过程，其代表人物是 Givon 与 ZISA 小组。Givon 认为句法来源于人类的话语特征，在面对面的相互交际中，与语言理解和语言产生有关的心理语言学及语用学规则导致了句法的变化。ZISA 小组的研究发现，对话语的处理受学习者策略的影响，学习者第二语言的发展包括他们将自己的策略应用于不断变化的语言材料。每一个新策略都包含旧策略并赋予了新内容，从而保证学习者能学习越来越复杂的结构。因此，学习者的策略制约着教学材料的可理解性。

在第二语言习得研究领域，母语知识对目标语习得的影响是众多语言学家及心理语言学家所探讨的重要问题之一。近年来的外语习得研究，也多以 Chomsky 的参数理论为架构，探讨在外语习得过程中，学习者能否不受母语的干扰成功地学习外语。有些研究发现，学习者可以成功地学习外语而不受母语的干扰，有些则得出相反的结论。这类研究（Clashen，Muysken，1989；Tsimpli，Roussou，1991）很少以学习英语的中国人为研究对象。笔者以我国高校学生为对象进行了一次调查，通过对调查结果的分析，得出的结论为：母语水平的高低对外语学习有显著影响。

一、语言普遍现象促进二语习得

世界上的语言种类繁多，据说在 4000 ～ 8000 种之间（Bissantz，Johnson，1985），分属不同的语系、语族和语支。尽管各种语言之间存在着大小不等的差异，但从本质上说，语言是人类共有的属性，与人类思维有着密切联系，同时也是人类表达思维最有效的手段之一。人类的思维是有共性的，因此用来表达思维的语言也具有共性。正如 Fromkin 和 Rodman 所指出的："语言学家们对世界上的数千种语言的调查工作做得愈多，对它们之间的差异描述得愈详尽，就愈会发现这些差异是有限的，而语言普遍现象则涉及所有的语法组成部分，涉及它们之间的相互关系，也涉及语法规则的表现形式。这些原则构成了普遍语法，而普遍语法则是人类每一种语言特定语法的基础。"(Fromkin，Rodman，1998)

语言普遍现象与语言学习有关的内容大致有以下几点：所有的语言都使用有限的离散语音，它们相互结合构成有意义的成分或单词，这些成分和单词可组成无限的句子；所有的语法都包含了构词及造句的规则；每一种语言都含有具备某种语音特征的离散音段（如 /p/、/n/ 和 /a/ 等），都有若干个元音和辅音；所有语言都有类似的语法分类（如名词、动词等）；语义普遍现象存在于一切语言之中（如"男"和"女""动物"和"人类"等）；每一种语言都有自己的方法来表示过去时间、否定、疑问和命令等概念或句式；说任何一种语言的人都能创造和理解无限多的句子；任何一个正常儿童，不论出生在何地，不论什么种族，也不论地域、社会或经济状况如何，都能学会一种他所接触的语言。

以上诸点反映了语言的共同特征与二语习得有着密切的关系。世界上任何一个人，在学习和掌握母语的过程中，不论是否意识到，他对上述语言普遍现象都已经有了一定的了解，即通过事物的个性认识了事物的共性。当他开始学习第二语言时，就会把他通过母语而获得的对语言共性的认识，自觉或不自觉地运用到二语习得中去，从而加深对所学语言的理解并提高语言学习的效率。在这个意义上可以说，学习者的母语背景为他的外语学习奠定了一定的基础。所以人类语言的共性即语言普遍现象对二语习得是有促进作用的。

二、母语知识与第二语言习得的关系

行为主义心理学认为，刺激与反应具有紧密的联系，如果某种刺激经常出现，人们伴随着反应而采取的行为就加强了这种联系。当特定的刺激与特定的反应有规律地联系在一起时，就形成了一种习惯。习惯是自发的，是在一定的环境中形成的，如果环境不发生变化，习惯是难以改变的。在母语习得过程中，儿童首先通过模仿由父母发出的话语学习母语。儿童的这种尝试，常常受到父母的鼓励，错误也会及时得到纠正。母语的发展不仅与母语的输入量有关，而且也与交互作用有关（Barnes，Gutfreud，Satterly，Wells，1983）。对中国学生来说，他们长期生活在母语环境中，在学习母语—汉语的同时，也学会了用母语思维。母语的发展过程一般分为两个阶段：学龄前基本上是发展口语的时期，中小学阶段主要发展读写能力。在中小学阶段，除了与父母、老师、同学等进行交流外，在阅读书刊报纸和收听收看广播电视节目时，他们也接受了大量的母语输入。这些输入经过日积月累，使母语规则深深植根于其脑海之中。

外语学习则与此不同。当中国学生接触到外语时，他们的母语系统已经确立，其母语思维习惯也已形成。由于缺乏学习母语那样的语言环境和交流机会，因而在学习外语时，从知识的理解、掌握到运用都需要学习者付出艰辛的努力。按照行为主义学习理论，原有的习惯会影响新习惯的养成，因此对第二语言学习来说，植入大脑中的母语规则可能会干扰第二语言习得的顺利进行。因为母语的特性往往被迁移到第二语言的学习中去，所以在第二语言习得过程中要克服母语的影响，并逐渐取代渗入第二语言中的母语特性，这个过程被称为"再造过程"。

迁移是指学生将母语中的语言规则用于外语学习中。如果某一语言规则在两种语言中是一致的，迁移对新知识的学习和新技能的掌握就会有积极的影响，这种迁移被称为"正向迁移"。然而在大多数情况下，两种语言之间存在着很大的差别，这时如果把一种语言的规则搬到另一种语言中去就会产生错误，从而对外语学习产生负面影响，这种迁移被称为"负向迁移"。在第二语言学习的初级阶段，这种现象经常出现。

一些研究表明，学生在外语实践中会有意回避与母语差别较大的结构，而过多地使用与母语相似的结构（Schachter，1974），这说明母语是外语学习中的一个重要因素。Schachter 发现中国学生不常使用关系从句，这是因为中国学生的母语中不包含英语那样的关系从句。因此在阅读时，中国学生对关系从句的理解就不如其他学生。由此可见，回避不只是语言使用上的问题，对新规则的学习也有一个负面的影响。中国学生对关系从句感到困难，其原因在于他们的母语是左分支的，即修辞语只能位于名词之前，如"玛丽昨天买的那本节真不错"；而英语主要是右分支的，即修辞语可以位于名词之后，如"The book which Mary bought yesterday is very good."Schachter 认为，正是这种差异导致中国学生回避使用关系从句。

三、重新认识"母语干扰"现象

有学者认为，母语对外语学习只有负面影响，或者说，母语干扰了二语习得（Ellis，1999）。母语果真对外语学习只起消极作用吗？笔者认为，所谓"母语负面影响说"或"母语干扰论"，都有一定的片面性，这既没有反映语言学习的本质，也没有揭示母语与二语习得之间的内在联系。就拿上面列举的"中国式英语"来说，从表面上看，是母语"影响"了外语表达；而究其实质，应该说是母语"帮助"学习者完成了交际任务。在外语学习过程中，尤其在初级和中级阶段，由于学习者的母语水平与外语水平相差悬殊，总会在情急之中或不得已的情况下"借用"母语知识或母语能力，借以完成学习任务或达到交际目的。这既是学习者的一种策略，也是二语习得进程中的一段必经之路。因此，母语对外语学习来说，不应该说是只起"负面影响"或"干扰作用"，而是在一定程度上有"正面影响"和"帮助作用"。本节拟从理论和实证两个方面阐述这一观点。

第二语言习得研究始于 20 世纪 60 年代末 70 年代初，从那时至今，这一领域研究发展迅速并在各方面都取得了较大的成就。研究成果之一就是对"母语干扰"现象有了新的认识。以 Selinker（1972）为代表的语言学家认为，不应该把母语对二语习得产生的影响看作"干扰"，而应该看作一种"认知过程"、一种"策略"，或是一种"调解"。对学习者来说，其主要任务不是去克服母语的"干扰"或"消极转移"，而是在认知过程中，采取有效的"策略"或"调解"手段，尽快掌握目的语的语言知识和语言技能。

Felix（1980）指出："……在自然环境中，有关句法结构的二语习得数据表明，干扰并不构成这一领域的主要问题……对我来说，似乎有必要抛弃这种观点，即把干扰看作二语习得中一种自然的、不可避免的现象。"

Newmark 虽然承认"干扰"的存在，但认为它是无关紧要的，只不过是反映了学习者缺乏目的语知识罢了。据此，Newmark 和 Reibel 提出了"无知假设"，并对这一假设做了如下描述："……一个人会说一种语言，比如他的母语；但在学习一种新语言的初始阶段，有许多东西他还没有学会……他除了用所知道的去弥补他所不知道的，还能做些什么呢？对那些会说目的语的观察者来说，学习者顽固地用母语习惯来代替目的语习惯。但从学习者的观点来看，他所做的一切正是他力所能及的：为了弥补学习上的差距，他得求助于已有的知识。"（Newmark，1968）

根据语言习得原理，二语习得过程就是学习者积极参与的心理过程。在此过程中，学习者将采取必要的"策略"，对所获得的外语资料进行梳理和储存，并对已经存有的资料加以利用。"策略"是语言学习和语言使用不可缺少的组成部分。Selinker（1981）指出，"干扰"和"策略"这两个概念并不是互不相容的，学习者的母语知识可以看作二语习得过程中的一种语言输入。根据认知语言学的观点，所谓母语"干扰"造成的错误，并非源于母语的"消极转移"，而是源于母语的"借用"。当学习者由于缺乏必要的目的语知识在交际中遭遇困难时，就会求助于母语去弥补外语知识的不足。这种"求助于母语"的策略，在中国学生的英语表达中，可说是屡见不鲜的。

作为语言研究者或外语教师，我们如何看待这些错误呢？笔者认为，从二语习得的观点来看，尽管此类句子中有不符合英语表达习惯的地方，但学生通过"借用"母语知识，完成了交际任务，这一点应该加以肯定。教师在指出学生错误的同时，应该鼓励他们在语言学习中的这种"冒险精神"。从一定意义上说，"借用"策略和"冒险精神"有助于学习者克服知识不足的困难。

在国际语言学界，许多知名学者就母语与二语习得的关系先后发表过不少颇有见地的论述。Corder（1978）认为，母语能帮助学习者沿着二语习得的"普遍道路"走得更快。Krashen（1981）指出，当学习者没有足够的目的语知识来达到交际目的时，可以用母语去启动话语。这两位学者都把母语看作一种资源，学习者可以通过"临时翻译"的方法，利用母语资源来克服外语的局限性。Mc Laughlin（1978）和 Taylor（1975）则说，使用母语只不过是普通心理过程的一种表现而已，即依靠以前的知识促进新的学习。Ellis 提出，行为主义的"干扰"观念必须摒弃，而认知框架内的"借用"或"调解"观念，则应该成为二语习得理论的重要组成部分。

四、母语知识的正向迁移

对绝大多数中国学生（少数民族学生除外）来说，外语是他们接触到的第二语言系统，因而第二语言习得理论对我国外语教学具有一定的指导意义。Krashen 认为，学习者可以利用自己的语言控制系统调节自己的语言行为，母语是语言控制系统中的因素之一。根据 ZISA 小组的发现，第二语言的发展与学习者的策略有关，而迁移就是一种学习策略。

任何新知识或新技能都是在已有知识或技能的基础上获得的，外语学习也不例外。已有知识对新知识的影响可能是积极的，也可能是消极的，我们在教学中只能趋利避害，因势利导，尽可能利用正向迁移，避免负向迁移，使母语知识有利于外语的学习。比如在英语中，有清、浊音的对应体系，而在我国普通话中却没有这种对应体系，因为汉语普通话的发音都靠振动声带。但在我国吴语方言区，比如上海话中，就有 /p/、/b/、/t/、/d/、/k/、/g/ 这种清、浊音的对应关系，所以操上海方言的学生在学习英语的清、浊音时就可能产生正向迁移。

许多学者认为，我国学生的母语汉语与所学的第二语言英语在语法结构上差异很大。按照语言类型学，汉语属分析型语言，用语序、复合词及虚词等手段来表达语言逻辑；英语属词形变化复杂的综合型语言。这样看来似乎汉语与英语之间没有什么语法迁移可言，其实分类只表明某一种语言的语法基本特征，而不是全部特征。英语虽是综合型语言，但在某些情况下也用词序或虚词来表示词与词之间的关系，汉语与英语之间的语法迁移有时是可能的。比如，汉语与英语的语序在陈述句中大体相同，如果将下列汉语句子译成英语，在词序上一般不会发生差错。

昨天老师给我一本节。

Yesterday the teacher gave me a book.

这事使她高兴。

This matter made her happy.

陈月红（1998）曾对中、英、法三国学生进行判断测试，发现法国学生和英国学生的表现并没有显著差别，而中国学生与英国学生则有明显差异。由于汉语组和法语组同样具有高级英语水平，因而两者在测试中的不同表现并不是因为英语水平不同所致，而是由母语的差异造成的。法语关系从句的结构与英语相似，所以法国学生在学习英语关系从句时并没有困难，他们只需将母语的参数值正向迁移到英语中去，便能正确运用英语关系从句。相反，汉语关系从句不涉及移位，所以与法国学生相比，中国学生较难掌握英语关系从句的结构。这项研究也说明了母语知识的正向迁移在外语学习中的作用。

如何处理母语与外语的关系是外语教学中特有的研究课题，也是一个无法回避的问题。根据第二语言习得的认知理论，我国学生的汉语是在母语环境下自然习得的，它的习得与思维的发展紧密相连，因而我国学生的思维活动离不开汉语。另一方面在学习母语的过程中，我国学生不仅学会了思维，也获得了运用各种感知器官的能力，这些对于外语学习同样是有用的。根据心理语言学理论，学习外语就是在人的意识中加上一种新的语言体系，因而必须在教学过程中营造一个良好的外语环境，以促进学生外语思维的形成和发展。外语初学者总是把学到的外语先行译成本国语言，然后再加以理解和掌握，所以在外语学习的初级阶段，若教师全部用外语授课，学生就难以听懂，就会对所学的语言材料失去兴趣，自然也不能形成外语气氛。在教学过程中，教师可先用母语解释所学到的外语知识，引导学生逐步过渡到用外语来思考问题，回答问题，这样可以加快学生外语思维的形成，达到提高教学效果的目的。

第三节 二语水平

在中国，第二语言的学习已经蔚然成风。在大部分英语学习者的印象中，英语水平指的是英语的听、说、读、写四项基本技能。对英语学习者来说，提高英语水平就是提高这四项基本技能。除了英语学习之外，法语、德语、日语、西班牙语、葡萄牙语等多种第二语言的学习之风也与日俱增。其实，从广义上讲，"第二语言水平"不只指这四项基本技能。诸多语言学家对"第二语言水平"的概念做了详尽的解释，其解释不仅有利于第二语言学习者走出对"第二语言水平"认识的误区或对其狭隘的认识，正确认识自己学习第二语言所要达到的语言水平，还有利于第二语言研究者选择适合研究目的的"第二语言水平"组成要素进行实践性研究。

一、二语水平概念的发展和分析

"语言水平"是个复杂的概念，它与学习环境、学习者的特点、学习过程、学习结果、学习条件等因素联系在一起。根据《朗文语言教学及应用语言学词典》，"语言水平"指的是一个人因特定目的而使用一种语言的技能。"水平"指的是一个人使用一种语言技能达到何种程度，例如一个人读、写、说或者是理解一种语言的程度，可以通过水平测试来衡量。因此，"第二语言水平"指的就是一个人因特定目的使用第二种语言技能的程度。

第一种对"第二语言水平"的看法主要认为第二语言水平由语言知识构成，即由语音、词汇、语法构成。此种看法忽略了语言的交际功能，早就被淘汰了。中国早期的英语教学主要注重英语的语言知识而忽略了语言的交际功能，学习者的语言交际能力都较差。

第二种是 Lado 于 1961 年提出的，主要认为第二语言水平是由知识和技能两大部分组成的：知识包括语法、词汇和语音；技能包括听、说、读、写。Lado 对语言水平概念的解释较之第一种有很大进步，因为听、说、读、写四项基本技能强调的不仅是语言知识还有语言的交际性。听和说作为口头交际的两个必不可少的因素，已成为衡量语言水平的必不可少的重要指标。并且，这四项基本技能成为第二语言教学中基本的教学科目和衡量学生第二语言水平的标准。中国现在的英语教学仍以这四项基本的语言技能为基础。

语言水平通常被描述为包括语言能力和交际能力。"能力"从最抽象以及最深心理层面阐释了语言水平（其中包括第二语言水平）。当今，语言水平的概念更倾向于强调学习者的交际能力，而不仅仅是语言知识能力。Stem 也提出语言水平可以解释为交际能力，只是该交际能力指的是广义的交际能力，包括语言知识能力："（语言水平）可被解释为交际能力（包括语言能力），因此，这种能力指的是使用语言时不必刻意去思考语言形式、规则和意义的能力……"

交际能力有多种定义，被广泛认同的定义是 Canale 和 Swain 于 20 世纪 80 年代提出并发展的。交际能力包括语法能力、社会语言学能力、话语能力、策略能力。语法能力就是 Chomsky 说的语言知识能力，包括词汇、词法、句法、语义学和语音学方面的语言知识。社会语言学能力指的是对发生交际行为的社会环境的理解，包括对角色关系、交际者的共享信息、以互动为交际目的的理解。此能力强调的是在合适的语境下使用语言。话语能力指的是在连续的语篇中把句子联系起来的能力以及把连续的言语划分成有意义的句群的能力。话语内容包括简单对话和冗长的书写文本。策略能力是指在交际过程中由于表现变量或能力的不足而用来补偿交际中断的一些言语和非言语的交际策略（Canale，Swain，1980）。

由此可见，Stem 认为语言水平可以解释为交际能力，这使语言水平的概念更加具体化。语言水平不仅包括语言知识，而且包括了交际因素，诸如交际者、交际环境等；同时，后三种能力也体现了语用能力在语言水平中的重要性。

此外，Stem 提出大部分第二语言学习者的语言水平介于零语言水平和母语者的语言水平之间。根据 Stem 的观点，母语水平具有以下特点：本能性地掌握语言形式；本能性地掌握语言形式表达中所包含的语言、认知、情意和社会文化意义；尽量关注语言交际的目的并尽量忽略语言形式的能力；语言使用的创造性。

Stem 规定了"第二语言水平"最高和最低界点，并对最高界点做了详细的描述。Lado 提出用四项语言技能来衡量语言水平，而 Stem 详细阐述了最高"第二语言水平"即"母语水平"就是本能性地掌握语言形式和意义、语言的交际功能，并且语言具有创造性的特点。但是，Stem 在对母语水平的描述中对"本能性"的规定不是很明确。对第二语言学习者来说，在非第二语言的环境下学习第二语言是比较难以达到母语水平的，因为母语水平不仅依赖第二语言的输入，同时也需要有学习第二语言的环境。大部分中国人在中国（或其他非英语国家）学习英语，加上中国先前的英语教育注重笔头和语法，即注重英语的语言形式，以为懂得语言形式就等于掌握了一门语言，其实忽略了语言的交际功能，出现了"哑巴英语"。当时的英语学习缺少足够的英语输入和输出环境，学习者离英语母语水平较远。

"第二语言水平"也可指标准化测试，即衡量某人对一种语言掌握的情况的测试（Richards & Platt, John & Platt, Heidi, 1990）。通常情况下，我们问及某人的第二语言水平达到什么程度，某人的回答是他（或她）通过了 CET、GET、TEM、TOFEL，等等。此时，人们用第二语言水平测试来衡量第二语言水平。但是，Stem 说，当今的语言水平测试，似乎测试的只是第二语言水平的某些方面，例如语言使用中被分解的组成部分或明显组成部分；但是，到目前为止第二语言水平测试还无法测试第二语言学习者掌握语言的本能性、语言的交际性或者创造性等方面的水平。各种语言测试通常是针对某个教学目标，对于衡量学习者的语言水平并不完全有效。

在不同情况下，"第二语言水平"可以指第二语言知识、技能、交际能力、水平测试等。当今，"第二语言水平"倾向于强调学习者的第二语言交际能力而不是第二语言知识。语言学者使"第二语言水平"概念的理解不断具体化，这对第二语言教学提出了更高的要求。同时，第二语言水平测试也需要不断发展和完善，使之能较全面地衡量学习者的第二语言水平以及更好地掌握第二语言。

二、二语水平与语用迁移研究

Takahashi 和 Beebe 提出了二语水平与语用迁移关系的正相关假设：二语水平越低，语用迁移越少；二语水平越高，语用迁移越多。他们认为，既然二语水平更高的学习者能控制目的语，足以在语用水平上表达母语中自然表达的感情，那么相对于二语水平较低的学习者来说，他们更有可能将母语中的社会文化准则迁移到目的语表达中去。由于缺乏足够的目的语（语言）知识，低水平学习者不能够将复杂的母语语用知识迁移到目的语中去，即不能够用目的语表达出母语语用知识。他们随后对不同水平的日本英语学习者用目的语实施的拒绝言语行为进行了研究。结果表明，外语学习者内部预期的语言水平差异对语用迁移的影响并没有出现。至于英语二语学习者被试，语义程式的顺序和频率也只是微弱地证实了他们的正相关假设。虽然该研究没能够明确证明研究者预测的语言水平对语用迁移的影响，它却是第一个明确考察不同的二语水平以及外语和二语语境对语用迁移现象有何影响的研究。Trosberg 发现，缺乏目的语复杂的语言知识有可能阻碍丹麦英语学习者将本族语中常用的道歉策略迁移到目的语中去。Olshtain 和 Cohen 也将英语学习者没能够将母语中的道歉策略和修饰策略迁移到目的语中归因于他们缺乏足够的目的语知识。因此，这些发现表明，即使二语学习者想将母语语用知识迁移到目的语中去，有时也做不到，因为他们没有足够的语言能力用合适的目的语语言形式去表达母语的文化准则。

但是其他一些研究似乎并没有支持 Takahashi 和 Beebe 的假设。Takahashi 和 Dufon 的研究结果和正相关假设正好相反。

他们用角色扮演法考察了日本英语学习者是否将母语的间接请求策略迁移到两个目的语请求语境中。但初学者由于受到母语准则影响，会比高水平学习者使用更间接的请求策略，假设似乎并没有得到证实。然而，Takahashi 和 Dufon 称，从请求言语行为的直接程度方面来说，初级学习者中出现了更多的语用迁移现象。

Maeshiba 等人为检验 Takahashi 和 Beebe 的假设做了一次问卷调查，研究在夏威夷大学的中、高级日本英语学习者的道歉言语行为。他们发现，中级水平学习者比高级水平学习者更有可能将母语道歉策略迁移到目的语中去。Maeshiba 等人报告说，高水平日本英语学习者更接近于英语本族语者，在他们的道歉言语中使用了更多的明确的道歉语，更多的强化词（如 truly, really）以及更多的同情话语（Did my words upset you?）。Maeshiba 等人注意到，虽然高级水平学习者不像英语本族语者那样使用较强的道歉语力，他们的道歉语几乎是中级水平学习者和日语本族语者的两倍。他们认为，这反映了高级水平学习者的语用能力在不断发展，"高级水平学习者正在放弃根据交际对方的身份地位而调整道歉力强度的母语模式，以顺应交际双方地位平等的目的语用法。"研究结果并没有支持 Takahashi 和 Beebe 的迁移与水平正相关假设，反而表明迁移与水平负相关。

综上所述，在二语习得中，学习者往往借助母语知识使用和理解语言，母语语用知识的迁移现象较为普遍。当学习者因缺少必要的二语知识而出现表达困难时，往往会求助于母语来弥补这种不足，将母语中的语用语言和社交语用知识迁移到目的语中。但是，不同的二语语言水平学习者言语行为中表现出的语用迁移情况并不一样。目前中介语语用学领域有关语言水平与语用迁移关系的研究并不太多，而且这些研究的结果发现也不一致，仍有许多不足之处。其中最明显的就是如何确立被试之间的水平差异。比如，在 Takahashi 和 Beebe 的研究中，并没有有效的数据证明低水平和高水平二语学习者的水平差异是通过他们在美国居住时间的长短和在学校的学历高低（本科生对研究生）来决定的。Takahashi 用学习者的 SLEPT（SL：Second Language。EPT：Public English Test）分数来确立他们的水平差异，可是他们预期的语言水平差异对语用迁移的影响并没有出现。Maeshiba 等人用托福分数来确立低水平和高水平组的语言水平差异，他们的发现与 Takahashi 和 Beebe 的相反。另一个不足涉及拒绝言语行为的语言文化等诱发因素。比如，在对邀请的拒绝中，邀请就是一种诱发说话者做出拒绝行为的因素。不同的诱发言语行为会使学习者使用不同的拒绝策略。如在拒绝邀请时，说话人通常会使用表达感谢的字眼，而在拒绝请求时，这种策略很少使用。不同水平的学习者会表现出不同的拒绝言语行为习得结果。最关键的是大多数的语用迁移研究都没有设定用以确认迁移是否出现的标准及如何判断二语水平对语用迁移的影响。

前人对二语水平与语用迁移之间关系的研究有很多的争议。有人认为随着二语水平的提高，语用迁移也会增加；而一些研究者则认为随着一语水平的提高，语用迁移会减少。Takahashi 和 Beebe 通过调查学习英语的日本人的拒绝言语行为，研究英语水平与语用迁移之间的关系。他们认为，英语水平较高的学习者，因为对语言的驾驭能力较强，更容易把母语中的一些文化习惯迁移到二语表达当中，也就是说会发生更多的语用迁移。

对中国英语学习者恭维应答语中英语水平和语用迁移的关系研究显示，英语水平不同的学习者对于恭维应答策略的选择没有明显不同。中国英语学习者恭维应答语中二语水平对语用迁移产生的影响研究结果显示，随着二语水平的提高，学习者的语用迁移会相对减少。以上研究调查了二语水平和语用迁移的关系，但是大部分只是使用了不同策略的百分比作为衡量语用迁移的标准，很少有人研究不同类型的语用迁移的发展变化。而不同类型的语用迁移的发展情况是衡量英语学习者语用能力的很重要的标准。为了较为全面地解释恭维应答语中二语水平和语用迁移的关系，本节不仅对比不同策略的分布，还考察了两个语言水平组之间不同类型的语用迁移是如何变化的。

第四节 二语学习策略

长期以来，人们注意到无论是在母语习得还是二语习得中，都存在着理解能力和产出能力相差悬殊的现象。比如，儿童在一岁以前或二语习得者在某一阶段都能理解带有从句的复合结构，但却不能说出带有这样结构的句子；再如，学习者已掌握了大量的词汇，能够阅读英文资料，但却无法在说话和写作时，使用大脑中的大部分心理词汇。这一现象在中国外语学习者身上体现得尤为明显。原因之一自然是使用语言交流的机会少。但我们是否能从另一个角度——从学习的过程中或大脑加工信息的过程中寻找原因呢？如果语言的理解和产出需要两种不同水平能力的话，我们能否在教和学的过程中，尽可能地缩短从理解上升到产出所需的时间，甚至将其合二为一呢？例如，当遇到一个新词时，我们不仅能在下一次遇到这个词时识别它，而且也能在说话和写作中运用它。本节对这些问题做了一些尝试性的探讨，提出了提高产出意识这一思想，希望能引起外语界同仁更广泛的重视和更深入的研究。值得一提的是，随着神经语言学及认知科学的发展，人们对人脑加工信息过程的了解越来越深入，使二语习得研究与认知科学日益结合，从而使有意识学习策略的研究在国外日益受到重视（Schmidt, 1990, 1993, 1994；Gass, 1997；Posner, 1994）。笔者以为，国内学者亦应且完全可以走在这方面研究的前列。

一、理解、产出及提高学习者产出意识的重要性和可行性

理解和产出，在本节中既指语言的理解和产出，也指理解能力和产出能力。以英语学习者为例，理解能力是学习者听、读英语的能力，而产出能力则是学习者说、写英语的能力。这种听、说、读、写的能力，实与 Chomsky 所说的语言能力相当。同时，学习者听、说、读、写的活动又同 Chomsky 所说的语言运用无异。

在语言的理解和语言的产出上，我们期待学习者更应重视后者。第一，学习语言的目的是为了交际，而对大多数的外语学习者来说，产出（即说、写）能力是他们的弱项。第二，与理解（即听、读）能力相比，产出能力是更高水平、更高层次的能力。一般而言，理解是产出的前提。当我们能够自由地说英语的时候，想必已能听懂英语。所以人们问你会不会英语时，通常总说"Do you speak English?"而不说"Do you understand English?"。

以韩礼德的功能说为理论基础的交际教学法认为，提高英语学习者产出能力的方法是增加说、写英语的机会。但笔者认为，缺少交流、语言输出少并不是导致学习者语言理解能力和产出能力不平衡的唯一原因。尽管二语学习者的学习环境一般不如儿童习得母语的环境，然而说、写的机会还是相当多的。因此，我们以为，产生这种不平衡现象的原因要从学习的过程中去找，从人们大脑加工信息的过程及学习习惯中去分析。

人脑加工处理信息分为语言的识别、理解和产出几个层次。其中，理解和产出是这一过程的两个终端行为，是学习者表现出来的、可以观察到的行为（Brown, 1987；Gass, 1997）。而认知过程总是由浅到深的，人们往往将学习分为几个阶段：先是理解，再是记忆、储存。至于何时以及哪些已储存的知识能被运用（产出），则顺其自然。在心理学上，从理解、储存到产出之

前的阶段被称作"孵化期"。就像人的工作记忆一样，孵化期的长短因人而异，也可通过训练而改变。可是，就现在所知，还没有人有意识地去缩短自己的"孵化期"，有时，甚至还人为地拉长了这一吸收过程。这种只满足于理解层面上的学习习惯，在学习外语时就造成了学习者可理解的信息（语法和词汇）远大于其所能产出的部分，以致人们能产出的语言只能是能理解的语言的一小部分。虽然这种学习习惯符合人脑加工信息的过程和认知心理，但对外语学习者非常不利。

事实上，改变这一习惯，缩短外语学习中的"孵化期"，缩短从理解到产出的时间，甚至将其合二为一是可能的。

人们在国外目的语环境中学习英语比在国内要快、要好，原因之一就是他们能将新学到的词语及时运用，将从理解到产出语言信息的时间缩短，尽快地将输入转化为输出，把理解信息和产出信息这两个层面上的能力很好地结合起来。尽管理解和输出属于大脑的两个不同区域的功能，但这不等于说从理解到产出所需的时间不能被缩短，就好比从工作记忆到长期记忆的过渡一样。如背诵，经过强化训练我们不仅可以人为地缩短这一过程，而且还可以增大长期记忆中的信息量。儿童习得母语时，也有这一优势。把听到的词语，在理解的基础上马上说出来，可以更深层地加工信息，加强记忆，使之尽快过渡到长期记忆中去。而自由输出的词语，大部分是来自长期记忆（Carroll，1999）。因此，如果在学习过程中尽可能地将理解和产出合二为一，则可加深记忆，将储存在短期记忆中的词语迅速过渡到长期记忆中去。（具体操作将在下一节讨论）而关键是提高学习者的产出意识，这与Schmidt（1990）所提出的noticing，Gass（1997）区分的attention、awareness和consciousness，以及Slobin（1985）所提出的学习策略，如attention、storage、pattern matching和general problem solving类似。心理学有关记忆的研究表明，注意有助于加深记忆。这些语言学家们目前所做的实验主要是考察受试者注意与不注意语言结构形式所导致的最后在语言运用上的差别（Gass，1997）。而我们与他们不同的是到底要注意到什么程度，我们提出的提高学习者产出意识不单是要注意某一结构或语言表达，更重要的是在学习某一语言结构或表达时能将它直接运用，因为这才是最深层次的注意，也是最有利于学习者将所学知识转变为长期记忆的语义记忆的方法之一。

几乎每一个成功的学习者都曾采用背诵和模仿这一学习外语的策略。这一策略之所以收效较好，就在于它能缩短从理解到产出的过程，使所背诵的材料能够迅速转移到大脑中成为长期记忆。像这样将输入强化后，学习者可以内化该语言材料中所包含的句法结构及词汇，并在"孵化期"之后将其重新组织，从而出现在学习者的自由输出中。目前，人们还不清楚大脑究竟是如何加工并重组背诵的语言材料的（Carroll，1999），但在这"一背一忘"的过程中，学习者的外语能力确有提高是不容怀疑的事实。

国外流行的说法"learning by speaking"和"learning through comprehensible output"（Swain，1985）及国内李阳的"喊出来"的疯狂英语学习法，并不完全是交际法，而是将理解和产出合二为一的学习方法。在此还应指出，我们曾说理解是产出的前提，但理解并不一定在产出之前。如儿童有时先会说一个词，而过一段时间才知道该词的意思。正如我们小时候背诵唐诗一样，尽管还不能完全弄懂它的意思，但背诵之后，慢慢也就理解了。在外语学习中，产出可以先于理解或至少可以同时进行，这点理应引起广大教师的重视。

二、有关语法学的建议

前面提到，学习者所能理解的句子结构远远超出其语言输出中所能自由运用的。那么，如何通过提高语法生成意识，使学习者将已掌握的句法知识创造性地用于语言产出上呢？如何培养学生有意识地总结、归纳语法知识，在说、写英语时扩展句子结构，以免作文中满是简单句或重复使用定语从句呢？提高语法的生成意识不仅限于学习语法的过程中，还可以用在阅读中，注意英语本族人说英语的句子特点，从而改善自己过渡语的篇章效果。

总之，如果单靠我们习得的语法能力去写作，语言自然会显得贫乏。因为通常情况下，产出能力毕竟只占理解能力的一小部分。虽然我们重视无意识的习得，但是如果我们在学习语法知识时，能够稍微注意一下用所学语法去产出句子，这样不是对原有能力的一种补充吗？在有意识地扩展句子结构使之多样化的同时，学习者的语言创造能力也就体现出来了。而能够创造性地使用语言，这才是语法能力的体现，也是学习语法的真正目的。

三、有关词汇学习的建议

在词汇学习上提高产出意识，总的思想是，学习者在遇到生词时，不应仅仅满足于理解和记忆，而应在理解的基础上借助于字典尝试用该词造句。作为英语教师，应避免"遍地开花式"地讲解生词，即遇到一个生词，扩展到与此有关的所有可能的意义。实践证明，在教师全面讲解该词后，留在学生记忆中的往往很有限。教师费力不讨好，学生也由主动学习变成了被动学习。

在词汇处理上采用将理解和产出结合的方法时有两条原则：第一，不求学生对每一个生词在能理解的同时也能使用该词；第二，即使是重点词，也不要求学生了解其一切用法，而只求掌握其主要的意义和词性转换以及与该词相关的短语或习语，并用该词造句。以"enforce"一词为例，通常学生在上课前已在《英汉双解字典》上查出了以上这些要求，并参阅了例句。在课上讲解课文遇到该词时，如果时间允许，笔者会先请一位同学用英语解释该词，然后造句。有不妥的地方，教师会予以纠正。这样，班上每位同学都跟随那位同学一起学习了一次。如果说，某位同学查一遍字典还没有使他记住许多有关"enforce"的用法的话，现在他对此词的记忆应该比上课之前加深了。不仅如此，在下次上课开始时，笔者会给学生听写单词，有一部分单词还要他们用于造句。在改作业的时候，学生造句中的欠妥之处也可得到改正。

在最初实践这一方法时，学生很头痛，最怕听写。但一个学期下来，他们已经习惯了这样的学习方法。现在，学生基本上都已养成了学生词时顺便造句的习惯，笔者课上也就不必再花费时间在词汇上了。更重要的一环是，我们在期中、期末考试中，也这样考查生词、短语和语法的生成能力。

四、有关测试的建议

记忆的过程分三个阶段：习得、关联和检索。实验表明，许多记忆的失败并非是人们没有将信息存储在记忆中，而是没有成功地将该信息从记忆中检索出来。例如，学习者一时语塞，找不到一个确切的词来表达自己，但过后看到这个词时，又马上意识到自己实际上是知道这个词的。语言测试主要是检查学习者已储存在长期记忆中的语言信息。检索记忆信息的方式有两种：一种是识别，一种是回忆。据此，心理学上将测试的类型也分为两种：识别考试和回忆考试。

很显然，回忆考试的要求高些，它考的是学习者的产出能力。识别考试的形式为多项选择题或判断对错等；而回忆考试多采取填空题、简短问答题等形式。因此可以看出，在托福等国外考试形式的影响下，我国目前各级英语测试大多是以识别考试为主，这是为了阅卷方便，节省人力、物力。但正是这种考试形式，使学习者养成了在学习英语时只停留在对语法、词汇等语言知识的识别和理解的层次上，而不注重提高自己运用语言知识生成语言的能力。其实，如前所述，只要学习者在理解的基础上再进一步，便可步入柳暗花明的境界了。

总之，由于测试在教学中所起的关键作用，学习者产出意识的唤起亟待这根"指挥棒"的转向，即在考试中让学习者产出语言，运用语言。托福考试在国际上日渐失宠，雅思考试的地位正在上升，恰恰是因为前者不考语言运用，而后者特别重视语言运用能力。

第五节 二语学习情感因素

外语学习除本身的特点外，其他主客观因素对外语学习也有很大影响。主观因素是与学习者本人素质有关的因素，如认知差异、情感因素和年龄影响等。语言学习的认知方面一直颇受学界重视，但随着人文主义心理学的发展，教育中的情感因素也越来越受到关注。这里提出一个问题：学习者过渡语的发展速度和最终水平呈现个体差异，是否与此密切相关呢？如果承认所有的正常人具有相同的语言认知天赋，先天的"语言官能"人人有之，那么，后天获得的触发输入至关重要。如何获得并利用这些输入似乎与个人的性格、态度、动机等情感因素密切相关，第二语言习得研究领域的情感研究借鉴心理学和社会学的有关成果。美国当代语言学家 Stephen D.Krashen（1981，1985）把情感研究的论点糅进自己的五大假说，将情感过滤说列为第五假说：情感屏障妨碍语言习得者充分利用可理解输入，当情感屏障强时，习得者也可能听懂或读懂语言输入，但输入到达不了语言习得机制。换言之，学习者对语言材料的输入（无论来自教师的还是教科书）并不是全部吸收，学习者的学习动机、对语言的自信心等心理因素对语言材料有筛选。心理情感因素的障碍越小，语言的输入越顺利，学习效果也就越好。Krashen 的这一假说指出了影响外语学习速度和效果的又一原因。

研究语言学习中的情感问题有两方面的重要意义。第一，解决情感问题有助于提高语言学习效果。消极情感如焦虑、害怕、愤怒、沮丧、厌恶等都会影响学习潜力的正常发挥。如果学习者受消极情感影响太大，再好的教师、教材、教学方法也无济于事。与此相反，积极情感如自尊、自信、愉快等能创造有利于学习的心理状态。第二，解决情感问题也是促进人的发展的一个重要方面。从这个意义上说，情感已经不是语言教学的问题，甚至不是教育本身的问题，而是人的发展问题。当然教育的重要目的之一也是促进人的发展。但过去的教育过于强调大脑的理性和认知功能，而忽略了非理性方面的发展，造成了情感空白。与其他学科一样，语言教育也应该以促进人的发展为目标。因此，既关注认知也关注情感是语言教学中不可或缺的。

一、情感因素的界定和类别

要对情感因素与语言学习的关系进行研究，我们必须先界定情感因素这一概念。情感是一种心理属性，易于感觉而难以定义。Arnold 和 Brown 认为，广义的情感包括制约行为的感情、感觉、心情、态度等方面。该定义比 Krashen（1985）的情感过滤说具体。尽管 Krashen 补充说，当语言习得者没有动机，缺少自信或心情焦虑，有防范心理时，其心理屏障会增强，但Krashen 没有剖析情感的内涵，只是列出造成情感屏障的几种情况，况且原因不等于结果。影响学习的各种因素相互交织在一起，难以将某一个因素单独分离出来。常见的因素如下。

（一）焦虑程度

焦虑可能是最妨碍学习过程的情感因素，与不安、失意、自我怀疑、忧虑、紧张等不良感觉有关（Arnold，1999）。Ellis（1999）将焦虑分为三类：气质型，一次型（或状态型）和情景型。气质型焦虑是一种更持久的焦虑倾向，是个性的一个方面。一次型（或状态型）焦虑是某一刻产生的忧虑心情，是气质型和情景型焦虑的结合产物。情景型焦虑是由具体情景、事物（如公开发言、考试等）激发出来的焦虑心情。学生的竞争天性能产生焦虑，因为学生会拿自己和同学做比较，一旦发现他人比自己强、表现比自己好时就会产生焦虑情绪。其他原因包括文化冲击，即学生担心在目的语文化中失去自我、失去个性等。对课堂环境下的学生而言，常见的三个原因是：担心用目的语交际时不流利、出错，害怕考试，害怕被评价太低。

焦虑就其作用而言，也可分成两大类：促进型和妨碍型（Ellis，1999）。一方面，在学习和使用语言过程中，当学生的自尊受到一定威胁时，他们可能会勇敢地面对挑战，即希望通过加倍努力来学好英语，使自己在课堂上和在使用语言时表现出色。对于这类学生来说，焦虑促进了学习动力的提高。另一方面，有的学生自我意识比较强，过于在意他人对自己的评价，时刻担心出错，从而导致焦虑感过强。为了获得心理安全感，他们会尽量避开可能引起心理不安的场面。焦虑感强的学生往往处处显得被动，如不敢主动参加各种英语活动，上课不主动与教师配合，担心教师提问，甚至逃课，等等。

Arnold 的看法与此不同。他认为，课堂上出现焦虑会产生不利影响。学生会因焦虑而紧张，造成课堂表现差，过分担心能耗费学生本来可以用于记忆和思考的精力。笔者认为，焦虑除了类型有别外，该有一个程度问题，尽管焦虑的程度难以确定。人们在学习新课程、新语言前都有一定的焦虑，但是担心学习不好时也可能产生更大的学习动力。对焦虑的认识不应该只停留在它的不利方面。

（二）抑制

与焦虑类似的一个情感因素是抑制。抑制是个性特征的重要组成部分，是个体采取防范手段保护自我而表现出的焦虑（Ellis，1985，1999）。人们的语言自我有不同的适应性，第二语言习得者应付个性、认同冲突的能力各异。例如，儿童在成长过程中逐渐形成一种自我形象，即把自己与他人区别开来的意识。随着这种意识的逐渐增强，儿童要学会如何保护还不完全成熟的自我。保护的方式之一就是回避那些可能给自我带来威胁的言行，这种行为即是抑制。来自外界的批评和嘲讽对自我形象的打击很大，所以经常受批评和嘲讽的人自我表现保护意识很强，他们的抑制程度也高。第二语言习得者在学习过程中不可避免地要进行各种尝试，而且可能犯错误，而错误有时可能带来批评和嘲讽。因此，自我表现形象比较脆弱的学习者往往因为怕犯错误而不参加语言活动。这就是语言学习中的抑制行为。虽然抑制影响学习，但它是可以克服的。

（三）动机

动机通常指学生为了满足学习愿望所做出的努力。Garder 和 Lambert（1972）把动机分成工具型和综合型两类。前者指学习者的功能性目标，如找工作或到国外旅游，或是为了通过考试等。这种动机的存在无疑对语言学习有一定的促进作用。但是这类学习者只学习他们认为有必要的内容，而且一旦达到使用性的目的，他们的语言学习就停止了。后者指学习者有与目的语文化结合的愿望。具有这种动机的人对所学的语言和它反映的文化都很感兴趣。他们乐于接触外族人，有了解其他民族文化的愿望，并愿意与之交往。Ellis（1999）对动机的研究做了较全面的归纳。除了以上两类外，还有结果型动机（即源于成功学习的动机）、任务型动机（即内在动机——学习者在执行不同任务时体会到的兴趣）、控他欲动机（即学习语言的愿望源自对付和控制目的语的本族者）。Arnold 和 Brown 对动机也做了一个粗略的划分：外在动机和内在动机。希望得到奖赏、避免惩戒的愿望形成外在动机，这是一种外在于学习活动的力量。而如果有内在动机，那么学习本身就是奖赏。有研究表明，两者对学习均有利，但后者的促进作用更大，尤其有利于长期记忆。显而易见，动机是一组激发行为和指明方向的因素，在第二语言习得中至关重要。

（四）态度

态度包括两方面：一是学习者对所学的外语及文化的态度，二是对语言教师和学习环境的态度。Krashen（1985）认为，态度与学习动机有密切联系，对所学语言及其文化有好感，则学习兴趣浓，动力足。如果学习者觉得在学习环境中能够放松，心情愉快，并喜欢语言教师，就能主动学习，乐于接受教师提供的语言输入。如果学习者对所学语言及文化不感兴趣或执有某种偏见，害怕被外国文化同化等，那么他的学习是被动的，而且进步缓慢。

（五）性格

人的性格通常可分为内向型和外向型两种。一般认为，性格外向有利于语言学习，性格内向不利于语言学习。Krashen（1981）认为性格外向者能积极参与语言学习活动，从而能获得更多的可理解输入；而性格内向者由于自我约束太多而很少参与语言学习活动，从而失去很多学习机会。实际上，外向者更需要得到外界的承认来维护自我和自尊，希望他人把自己看作独立整体；而内向者从自身获得这种感受，他们有较强的毅力和很高程度的移情感受，这种品质对语言学习是非常有利的（Arnold，1999）。目前还很难说哪一种性格与第二语言习得的成功直接有关。

（六）自尊

这种情感源自人们对自我价值的判断，实际上，它是个人的自信程度。我们的内心体验和与外界的交往均会影响自尊。自尊可分为三个不同层次：整体型、情景型和任务型。整体型指总的自尊心。情景型是具体情景下对自我的评价。任务型与具体任务有关。所有这三种自尊与口语表达呈正相关。在能增强自尊心的氛围中学习能促进认识能力的发挥（Arnold，1999），屡次的失败会逐渐损害学习者的自尊，从而导致最终的失败。

（七）移情

移情是语言交往中的重要情感因素。移情指能够想象和领会别人的思想、情感和观点并产生共鸣（王宗炎，1988）。移情不仅是人们设身处地理解他人，而且要求对自己有足够的认识。比如，教师只有把握了自己的情感，才能在与学生的交往中体现移情特征。但是移情不等于放弃自己的感觉方式和理解，也不等于同意他人的观点。移情只是对他人或他文化的欣赏，使人认识到自己的方式（语言、文化、举止等）不是唯一的，也不一定是最好的。课堂环境下的移情有利于语言学习和交流的发展。

二、情感因素对外语教学的启示

对于情感因素理论的研究能够帮助外语教师把注意力转向学习者，尤其是注重对学生心理的研究和分析，否则教师自身水平的提高方法及改进将是盲目的。虽然心理情感的障碍是学习者自身的因素，但是，在教学活动中外语教师在消除学生的心理障碍方面也能有所作为。

（一）爱护学生的自信心，降低焦虑感

教师对学生的语言学习要充分地给予鼓励性的评判。纠正语言错误要区别对待，对性格内向、自信心弱的学生要避免当众纠错，防止加重其自卑感。教师与学生在课堂上要有双向交流，课桌椅的摆放应有助于这种交流。师生要能做到平等、信任、无隔阂、无畏惧。学生表现出色，教师要及时鼓励；出现错误，允许学生自我解嘲。在这种良好的师生关系和轻松和谐的环境里，学生的学习效率才能提高。

课堂上，教师既要鼓励学生大胆地使用外语进行交际，也应允许学生有沉默不语的权利。勉强要求他们回答问题、表达观点，会使他们增加心理负担，焦虑感上升，因此，课堂上外语教师的耐心尤为重要。教学的内容，即语言的输入要由浅入深。材料难度太大，只照顾少数学生的需要，会使其他学生无所适从，情绪受到压抑，自尊心和自信心受到挫伤。教师要对学生之间的差异采取接受和宽容的态度。每位学生都是一个独立存在的个体，他们有不同的学习动机、性格特征和学习风格。如果对每个人都做整齐划一的要求，会增加他们的焦虑感，使他们对学习目标望而生畏，这样就容易形成拔苗助长的情况，欲速则不达。所以，我们应允许学生按他们的特点和专长来发展自己。

（二）用语言实践活动激发学习动机

现在，部分大学生在进入大学后，由于主客观原因容易产生动力不足的情况。语言教师除了改进教学方法，使学生学有所获，并产生浓厚兴趣外，还要通过不同形式的语言实践活动来激发学生的学习动力。例如，我们可以请学生为涉外单位翻译外语文献，设计、制作外语广告，也可发动、鼓励学生自己寻找机会，参与外语活动。为了不影响学习者的学习动机，笔者建议教师应该避免四种活动：第一，学生认为不愉快的活动；第二，与学生学习目标相冲突的活动；第三，低于或超出学生应付能力的活动；第四，有损学生自我形象和社会形象的活动。在大量的语言实践活动中，学生最大限度地应用自己的语言技能，能够产生愉快的情绪体验，同时，他们还能切身体会

到学到的知识和技能确实有用，这无疑能产生进一步学习的强烈愿望与动机，因为心理学家告诉我们，需要是动力产生的基础。

（三）加强文化内容的介绍，培养学生对外语及其文化的热情与好感

语言不是语音、语法和词汇的简单综合，它是文化的载体，与文化密不可分。所以，外语教学应有意识地增加文化内容，要充分利用图片、幻灯片、电影、电视等直观教具介绍所学语言国家的政治、历史、地理、宗教信仰、思维方式及生活习俗。介绍文化能帮助学生正确地理解和得体地使用外语，而且还能激发学生的好奇心及了解外国文化的兴趣和欲望，减少学生对外国语言文化的陌生感。这样，语言的学习与文化的了解能取得相得益彰的效果，也只有这样才能达到培养学生跨文化意识和跨文化交际能力的最终目的。

总之，情感因素渗透到外语和第二语言学习的每一个方面，它直接影响教学过程和教学效果，教师和外语学习者都应给予高度重视。在大学英语教学中必须重视情感和认知的统一，实现教师情感和学生情感的有机结合，也只有做到以人为本、以情促教，才能切实提高英语教学的质量，收到事半功倍的效果。

第四章 二语习得的外在因素研究

第一节 语言环境

生活在中国香港地区、新加坡的中国人大多数能用英语交际。英联邦国家，如印度、巴基斯坦，其国民只要接受过初等教育，都能用英语交际。凡是与这些国家和地区交往过的人，都会发现，尽管他们中的大多数英语语音不纯正，有的离标准英语相差甚远，但一般都能用英语与英语本族人进行交谈。而我国内地的学生，英语学了多年，却很难与英语本族人自由交谈。究其原因，那就是我们缺乏英语语言环境。语言环境对英语学习的重要性似乎是不言而喻的。但有相当一部分教育行政决策者对外语语言环境的重要性并未给予足够的重视。如有的人把英语教育与其他文理学科教育等同起来，认为语言实验室可多可少、可有可无，增添语言实验设备没必要。有一位理科背景的大学副校长竟然说："英语课最好上，无非是一本节、一张嘴巴。"有的中学投入巨资建起了多媒体语言实验室，但多半是为了装点门面，应付评比验收，这些先进设施基本上被闲置封存不用。笔者近期走访了几所中学，在校园和教室里，几乎很少看见有英语墙报、英语学习园地、英语角之类的环境布置。所见所闻，不得不发人深思。出现这些不正常现象的根本原因是，部分教育工作者缺乏外语语言环境意识，没有认识到外语语言环境对外语学习的重要性。

一、语言环境的定义

本节讨论的语言环境是指产生、提供语言输入的环境，一般包括语言学习者在学习一门新语言时所听到和读到的一切书面语言材料、语言环境，还包括习得语言时的具体环境，如教室、学习中的同伴之间的交谈、师生之间的交谈以及课外的语言接触，如看电视、读报纸等。在目的语国家学习该语言时语言环境广阔连续，而在自己的祖国学习一门外语时语言环境范围狭小、时间有限。譬如，在美国学英语便可随时随地听到、见到、读到英语，具有充分的语言环境；而在中国学习英语的人只能从教师、同学、磁带和收音机那里听到有声英语，从书刊上读到书面英语，因而只具有有限的语言环境。

二、语言环境分类及其功能

（一）宏观语言环境及其功能

宏观语言环境分为目的语社团或国家的宏观语言环境、学习者社团或国家的宏观语言环境。

目的语社团或国家的宏观语言环境由该目的语所属的社团或国家的政治、经济、文化地位，语言政策，语言使用人口，教学、科研、管理的总体水平等构成。一般来说，一个国家的综合国力和国际地位，某种程度上决定了该国的语言地位和价值。

另一方面，随着该种语言的推广和传播反过来又能提高使用该种语言的国家和民族的国际地位。此外，对外语言政策被认为是一国外交政策的重要组成部分，没有一个明智的对外语言政策便不可能有好的外交政策。人口因素也不可忽视，使用人口居多的语言，人们的态度也较肯定。教学、科研、管理的总体水平也会影响到学习者的信心。

学习者社团或国家的宏观语言环境由该社团或国家的语言政策（提倡、排斥还是不置可否）、办学条件（好还是差）、社会舆论等构成。其中该语言对学习者国家民族的利益和价值是决定因素。

总之，宏观语言环境主要通过影响学习者的语言态度进而较大程度地影响学习者选择何种语言作为自己的第二语言。不过，宏观语言环境不是学习者选择第二语言的根本原因，学习者自身的生存和交际的需要才是关键的一环。

（二）微观语言环境及其功能

1.课内环境：硬环境和软环境

硬环境：由各种物理因素构成的环境，包括班级规模、教室的空间特点、教室的声、光、色、温度等。班级规模是指一个班级内学生人数的多少。班级规模首先会影响学生参与课堂活动的机会和程度，其次会影响学生的课堂纪律表现。班级过小，学生缺乏竞争和合作的机会；班级过大，内向或能力较差的学生往往被剥夺参与课堂活动的机会，并且容易诱发破坏课堂纪律的行为。对传统的直排式座位的广泛调查研究表明（马兰德罗，1991），教室内的座位对学生的课堂行为有重要影响。他们发现，教室前排到教室中间的地带课堂气氛活跃，他们将这个区域称为"行动区"（张维英，张海钟，1991）。行动区的学生即前排和中排的学生，所受教师监控的压力较高。在这种有效监控下，学生比较容易认真听讲，积极反应。而离老师较远的区域称为"散压区"。该区域监控有效性低，学生容易分心，对课堂活动退缩旁观，反应冷漠。直排法中，书桌和座位的间隔也影响学生之间的相互作用和相互交流。赫斯顿和加纳（马兰德罗，1991）认为半圆形和"U"字形（马蹄形）的座位编排较受欢迎。"U"字形座位一方面改变了行动区和散压区学生的待遇，另一方面能促进学生间的相互交流。

讲台在促进或破坏交流方面的作用也不可低估。蔡根哈夫特经过实验发现：不用讲台会使学生产生无拘束感，这样的老师会被学生看作愿意鼓励学生提出不同观点和准备给需要帮助的学生以个别辅导，而不是显示出不适当的偏爱（转引自马兰德罗，1991）。

环境光线过强会给脑细胞以劣性刺激，影响思维判断力；光线过弱则不能引起大脑足够的兴奋。Gilliland 关于教学环境温度的实验研究表明（田慧生，1993），最适宜学生智力活动的教室温度是 20～25℃，环境温度每超 1℃，学生的学习能力相应降低 2%。颜色对情感和认知亦有显著影响。浅绿色和浅蓝色使人平静，解除大脑疲劳，提高用脑效率；而深黄色、深红色可使学生情绪激动，大脑兴奋，尔后又趋于抑制。悦耳适量的声音可使人轻松，70 分贝以上的音响会使注意力分散，兴奋性减弱。

软环境：指动态、无形的环境，它以教材为依托，由师生互动而形成。轻松、愉快、活泼的课堂气氛，和睦友好的师生、同学关系，教师的高期望，明确一致的群体目标，学习中充满竞争与合作等，构成了良好的软环境。

教材、教师和学生是软环境的三个基本构件。这三者的关系好比乐谱、指挥家和演奏家的关系。其中，教师素质和水平是决定性的因素。教材则保证教学的方向性和系统性，提供一个教学框架，由教师和学生来共同填充。不好的教材会对教和学起阻碍作用。反过来教师对教材又有一定主动性，教师在教学过程中根据教学需要和学生的实际语言能力对教材进行加工，或删减，或增补，并掺进个人的知识和价值观念等。师生的互动作用取决于四条交流线和教师对自身角色的成功转换。

2. 课外环境：非目的语环境和目的语环境

非目的语环境：语言文化资源严重匮乏，语言文化输入严重不足，第二语言获得缺乏自主性和生活的直接需要，同时也缺乏时间、空间和条件上的必要保证。因此，在非目的语环境下的第二语言教学中，如何激发和保持学习者的学习兴趣，如何加大语言输入量，如何让学习者理解目的语文化等问题变得异常重要。在教学实际中有的教师组织学生同吃、同住、同玩、同做作业来营造一个小的第二语言环境。为了能增加学生接触和运用目的语的机会，有的学校如美国的明德学校、印第安纳学校等采用"沉浸法"（刘珂，1993）对学习者进行短期强化，使学习者第二语应用能力提高很快。

目的语环境：分为自然环境和人文环境。自然环境：包括阅读材料（报纸、杂志、书籍、广告、商标等）、视听材料（广播、电视、电影、音频文件、计算机等）和口语。其中口语所在方言区域对学习者的影响较大。以汉语为例，北方方言区的口语环境则比非北方方言区更为有利。人文环境：包括风俗习惯和文化历史传统。Schumann 的文化适应模式理论颇有启迪意义。该模式的中心命题是："第二语言获得是文化适应的一个方面，一个人能将自己的文化与第二文化相适应多少决定了一个人获得的第二语言的成败。"（靳洪刚，1997）Schumann 认为社会变量和个人变量将决定文化适应的程度，其中社会变量从目的语社团和外语中学习社团的关系上看出，而个人变量则主要由个人的情感变量组成。社会变量包括：显性模式，指目的语社团和外语学习社团的地位是否平等；结合策略，指适应目的语社团的方式；封闭性指两社团被隔离的程度；凝聚性，指外语社团内部的聚合程度；还有外语学习社团的大小，在目的语社团居留的时间长短及文化和谐性等。个人变量则为心理距离。该模式表明：若文化适应受阻，第二语言获得也将受阻。其内在原因为文化适应程度通过对学习者输入开放度的影响，进而影响第二语言获得（张崇富，1993）。

总之，课外目的语言环境主要涉及学习者的情感因素，该环境中以无意识的自然习得为主，这对课内环境中有意识语言学习的不足有较大的弥补作用。此外，目的语环境中语言资源鲜活、丰富，语境真实，是第二语言获得从知识到技能、从准确性到得体性、从浅层次到深层次转换的重要场所，也是第二语言教学目的实现的终点站。

三、语言环境的类型及特点

一般来讲，语言环境大致可分为正式语言环境和非正式语言环境。

（一）正式语言环境（课堂语言环境）

课堂教学历来以有意识学习语言知识、规则和形式为中心，如我们设置的精读课和语法课均以此为目的。按 Krashen（1981）的看法，正式的语言教学会帮助学生有意识地习得语言规划和形式，而极少起到帮助学生进行无意识习得语言的作用，这样的环境只能起监控作用。这一观点似乎表明，正式语言环境不利于培养自然而有效地进行语言交际的潜意识语言能力。

在课堂教学中，教师除解释分析规则外还带学生朗读课文、操练句型，通过规则解释，学习者明确地学习目的语规则或例外情况。例如，语言教学一般按照一定的教学大纲（带有较大的主观性）进行，教学内容往往根据从易到难、由简至繁的原则安排。Littlewood（1984）如是说：正式语言教学中，教师们试图影响学生的学习过程，他们控制学生的目的语接触，使学生意识到语言中的特性和结构，提供练习语言的机会，并让学生得到自己语言运用的反馈。基础阶段的典型做法是句型练习，这个活动可能在解释规则之前或之后进行。若先于规则解释，则目的是帮助学生发现规则，因而称作"归纳法"；若后于规则解释，则目的是为了操练解释过的规则以便熟练地运用，该法称为"演绎法"。句型练习的最大特点是，它是对语言形式的有意识练习。这种机械的操练并不是为表达意义、传递思想，学生在不理解句子意义的情况下也照样能进行此类练习。即使这样的语言形式的操练以对话的形式出现，其实质仍是机械的，其中心仍然是语法形式。

在各类强调正式语言环境的教学方法中，最著名、最典型的是语法翻译法。近年来有许多方法自称注重语言活动的自然性，但是只要仔细观察就会发现它们仍包含了许多语言形式的练习。例如，认知法虽然以学生为中心，充分发挥学生的积极性和主动性，但它仍离不开这一原则，即学生在教师的引导下通过对所学材料进行观察、分析、归纳等逻辑思维活动，自己发现规则对话和角色扮演等语言交际活动，这一行为并不能掩盖其有意识地学习语言规则的本质。这些教学方法似乎暗示着，明确的语言知识必须先于语言的自然运用。（如果真是如此，那么这个观点就与当今的研究成果相悖。）

但是，不论是过去的翻译法、直接法，后来的听说法、视听法，还是当今的沉默法、全身反应法，都培养出了优秀的语言人才——流利的第二语言运用者。虽然速度和效果有所不同，但我们不能否认其成功的一面。这是为什么呢？纵观所有的教学方法以及与之紧密相关的教学活动，我们不难发现所有的教学活动有一些共同的特点，其中最重要的是，任何教师（只要他在课堂使用目的语）都为学生提供了口头上的语言输入——教师式言语，并且教学用的阅读材料又为学生提供了书面语言输入，尽管可理解语言输入有限。

在过去三十多年中，人们越来越重视课堂中的语言活动，这也许是由于人们意识到教学法并不是决定语言学习成功的主要因素。Scherer 和 Wertheimer 的研究以及 Smith 的研究调查比较了几种教学方法，如语法翻译法、听说法、认知法的效果，但无法确认哪一种方法比其他的更成功。对此的解释是：不同的教学方法尽管原则不同但是为学生提供了类似的课堂交际模式、类似的语言输入，所以学生的语言学习结果也相似。因此，我们不妨认为，正式语言环境下的第二语言学习中课堂交际语言（包括口头的和书面的）是影响学习成功的主要因素。

（二）非正式语言环境（自然语言环境）

所谓"自然"，即语言学习者的注意力是放在交际的内容上而不是语言形式上，如儿童习得母语的环境基本上是自然的。学习语言的自然情景是多种多样的，如两个人之间的闲谈，听报告，商店里的语言交际活动等。这类语言活动的参与者（包括语言学习者和该语言的本族语者）运用各种各样的语言结构传递信息，注重的是意义而几乎没有意识到他们还在使用的语言规则和形式等。

目的语国家是最完整的自然语言环境，因为它提供的环境和儿童习得母语时的环境极为相近。日常生活为语言习得者提供了大量的机会，在大街上、商店里、电影院等地方随时随地都可听到、见到目的语材料。如果这些材料能被第二语言学习者理解，那么它们便成了可理解输入。除此之外，课堂教学是否也能提供自然的语言输入呢？回答是肯定的，只要教学活动能完全注重意义或信息的传递而不是语法规则，那么它便是自然的语言交际，或者说形成了暂时的自然语言环境。因此，我们认为在自己的祖国学习外语和在目的语国家学习都有机会接触到自然的可理解输入。这种机会的利用率因人而异，语言学习者的年龄、个性及学习动机等因素对此均有一定的影响。

四、语言环境是掌握一门语言的必备条件

（一）语言只有在特定的语言环境中才能获得

语言学家和人类学家在探索人类语言本质的过程中发现，人类语言与动物信息传递的最主要的区别之一是：人类语言是一种文化传递，而动物的信息传递是一种基因遗传。绝大多数动物都无须经过学习就知道怎样进行交际。它们的信息传递系统是一种与生俱来的本能。实验表明，具有复杂信息传递系统的蜜蜂，其传递蜜源的舞蹈动作在世界各地的蜜蜂群之间基本上都是相同的（Aitchison，1978）。而人类语言就完全是另一回事，它需要一个长期的学习过程。一个孤立在语言环境之外长大的人是不会讲话的。传说中在狼群中长大的狼孩，当人们将他救出来时他什么话也不会说，这就是一个很好的例证。所谓的"文化传递"指的是特定的语言是人们在特定的语言环境中通过教和学一代一代传下来的。它是一个文化事实。人类语言能力的培养一定

要有语言环境，离开具体的语言环境，再聪明的孩子也不会讲话。因此，可以这么说，语言环境是人类获得语言能力的决定性因素。这是由人类语言的本质决定的。

（二）语言环境对儿童习得母语的决定意义

在研究儿童习得母语过程中，人们发现，语言能力的发展受到成熟期和语言环境的制约。这个事实也使心理语言学家相信，人类学习语言是一种天生的能力。以 Chomsky 为代表的理性主义学派则把人类习得语言的能力视为一种天赋，认为婴儿生下来就拥有一套普遍语法，即一种语言习得机制（LAD）。这种学说最有说服力的证据是儿童习得母语的客观事实。所有儿童，不论其肤色和种族，只要没有先天的生理障碍，即使在缺乏正规训练的条件下，也能在较短的时间里基本掌握母语。而且世界各民族儿童习得语言的过程极其相似。同时我们也注意到这样一个事实：儿童具有的这种"天赋"的语言能力必须置于特定的语言环境中才能习得。一个生长在中国的儿童，四五岁就基本上学会了讲汉语，如果出生后不久就把他送到英国去抚养，在语言环境的影响下，他就可能在不长的时间里学会讲英语。由此可见，儿童习得语言必须具备两个基本条件：先天的语言习得能力和后天的语言环境。既然先天的语言习得能力是一般正常儿童都具备的，我们可以假设它是一个不变的常数；语言环境则是一个变量，这种变量决定了人脑中先天就有的语言习得能力能不能形成某一种特定的语言。我们也不妨用内外因的原理来解释这两者之间的关系。语言能力是获得某种语言的内因；语言环境是条件，是外因。一般情况下是内因决定外因，但在内因条件具备的情况下，外因就起了决定的作用。既然凡是正常儿童都具备习得语言的能力，那么很显然，语言环境就成了儿童能否习得某种语言的决定性因素。

（三）外语学习更需要强调外语语言环境

儿童习得母语与语言学习者学习外语相比，除了两者的生理和心理因素不同以外，最重要的区别在于，前者有自然的语言环境基础，而后者则缺乏目的语的语言环境。儿童习得语言面对的是他所生活的周围客观世界，也是他习得语言的世界。在儿童生活的语言环境里，他所接触的语言自然、生动、真实，语言信息量大。在一天的生活中，除睡眠时间以外，他几乎都是浸泡在母语的语言环境之中。在这种语言环境里，由于接触的人多面广，语言重复率很高，一般日常用语，如问候、告别等，一天里他就可能会听到多次。此外，他会经常接触或听到不同年龄和不同性别的人、不同类型和不同题材的谈话。因此，在习得过程中，他不仅学会了语言本身，而且也学会了如何得体地使用语言，知道在什么情况下应该怎么讲，讲什么。在这种语言环境里，他不是为学语言而去学语言，而是为了与周围的人交际，为了获取知识才去习得语言的。因此，语言习得的过程是下意识的，潜移默化的，他的语言是在不知不觉中学会的。

外语学习则不同。外语学习者一般是在掌握了本族语之后才开始学习外语的，年龄大多数已过了所谓的习得语言的"关键期"。学习者生理和心理上已基本成熟。但与儿童习得母语相比，外语学习的最大特点是缺乏目的语的语言环境。在缺乏目的语的语言环境里，目的语的语言信息主要来自课堂和教科书，语言输入不仅量少，而且题材单一。在我国许多地方的学校，尤其是乡村中学，教材和教师课堂教学往往是主要的英语信息源。课堂教学局限在书面语上，语言单一，缺乏生机和活力。由于缺乏实际用英语交际的需要，许多学习者把应付考试作为外语学习的目的。我国英语教学界普遍存在重语言形式、轻交际功能和意义的现象，其客观原因主要是缺乏英语语言环境和实际交际的需要。

可是，对于这样一个对外语教学具有极其重要意义的课题，多年来却一直被忽视。一直以来，人们在研究外语教学规律时，往往把研究的重心放在改进教学方法、激发学生的学习热情、探讨学习方法上，而很少去探索如何开发和创造语言环境。在他们看来，语言环境是客观存在的事实，母语习得与外语学习的语言环境差异是不言而喻的，无须进行研究。殊不知正是语言环境的不同才产生教学目的、教学方法和学生学习目的及动机的不同。笔者认为，研究语言学习者的心理和探讨新的教学方法固然重要，但改善语言环境，在课余时间里，在校园范围内，创造开发用外语进行交际的环境，更可以激发学生学习外语的兴趣，更有效地提高外语学习效果。

如上所述，目的语的语言环境决定了儿童能否习得母语。同样，外语语言环境对外语学习的成败起着关键性的作用。母语的语言环境是自然的，人生下来就有的客观世界；而外语语言环境则需要积极地培育，用心去开发和创造。从这种意义上说，外语学习更需要强调外语语言环境，强调外语环境的开发和创造。

（四）语言环境是二语学习和外语学习的主要区别

二语和外语指的都是非本民族的语言，两者有着许多类似之处，但两者概念不同。前者指的是掌握本族语的人学习或生活在目的语的国家里，这个目的语就是他的第二语言。后者指的是在本民族的国家里学习另一种语言，这种语言就是他的外语。比如，一个讲汉语的中国人去美国生活，对他来说，英语就是他的第二语言；如果他在中国国内学英语，英语就是他的外语。对于二语和外语的区别，西方的一些学者，如 Quirket、Paulston、Stem 等人在他们的著作中都有过论述。两者的区别主要有两点。一是二语学习和外语学习的目的不同。前者是为了参与所在国家的政治和经济生活的需要，即有用目的语进行交际的实际需要；而后者却出于种种不同的目的，如为了去目的语国家旅游、经商，或者为了阅读获取目的语国家的科技文献等。二是二语学习比外语学习有更多的语言环境支持。然而，人们注意到，许多西方学者后来更多的是把两者混为一谈，经常把二语和外语作为同义词来理解。在由 Hartmann 和 Stork 编著的《语言与语言学词典》中，就把外语作为二语的替代词来解释。西方学者之所以要"淡化"两者的区别，原因可能是他们把语言环境视为一种不可改变的客观事实，创造外语环境是一种需要经费投入的政府行为，不在他们的研究范围。另一种解释是，这些西方学者的本族语大多数是英语。由英语是本族语的人来研究以英语作为外语的教学，至少可以说，他们在语言环境方面没有自己的切身体会和感受。因此，在语言环境研究方面，我们很难指望西方学者会提供更多的帮助或启示。研究创造近似实际交际的外语语言环境的任务只能落在我们自己的肩上。

（五）语言环境对语言学习的影响

由于不同的语言环境对第二语言学习的效果有不同的影响，不少专家学者对此做过专门的研究和调查，得出了一些结论，也达成了一定的共识。

Krashen（1981）通过对比研究一系列关于语言环境与第二语言学习的成果，得出以下结论：无论是正式语言环境还是非正式语言环境都有助于提高第二语言水平，但是通过的方式不同。语言吸入集中的非正式语言环境能为成人和儿童的语言习得机制的运转提供必要的输入。而课堂教学以这样两种方式起作用，作为正式语言环境，课堂教学为监控机制的发展提供孤立的规则和信息反馈。如果语言运用得到重视，课堂教学也为语言习得提供主要的、必需的语言材料。事实上，非正式语言环境要想有效地助推语言学习就必须提供大量的输入并让语言学习者直接参与到这一环境的活动中来。在直接接触语言输入时还要"吸入"这些输入，只有这样被吸入的输入才是语言习得机制所处理的真正输入。虽然课堂教学是有意识地教会语法知识，但是只要有目的语的自然运用，即为了交际目的而使用目的语，那么习得就会自然发生，尽管速度和程度有限。换言之，课堂教学具有双重性。

1. 课堂教学的作用

虽然研究结果表明语言形式和规则的教学不是学会流利的第二语言的最

佳环境，但它确有一定的长处。首先，掌握一些低层次的不太复杂的语言规则有利于学习者适当地修正其语言行为，特别是在初始阶段。换言之，有意识地学会某些规则便于对输出进行监控，在某规则还没有被习得时，用学会的有意识规则替代或修正错误，以便提高语言运用的正确性。其次，对于大多数成年学习者而言，有意识地学语法规则会给他们带来心理上的满足，因为他们明确地意识到自己已经"掌握"了某某规则，有些学生在没有语法讲解时反而觉得没有学到什么东西。但是，随着语言水平的提高，不少学生逐渐意识到，语法知识掌握得好并不一定意味着能正确、流利地进行交际，往往明明知道某一规则，可说出来却错了，即使经过反复练习仍不一定能正确地运用。

我们认为，语言学习者学习语法犹如长跑运动员学习肌肉是怎样运动的，掌握了肌肉运动方式并不能保证你成为优秀运动员。过分注重学习语法规则的人往往过分监控自己的输出，结果是说话犹豫、停顿多。

课堂教学有一个最大的弱点，即有意识传授的语言知识在语言运用中作用不太大。这一点可以从儿童习得语言（无论是母语还是第二语言）的现象中得到证明。正常儿童的语言学习总是成功的，而他们并不是靠有意识的学习才掌握语法规则的。作为成人，我们可以回想一下自己学习母语的情形，自己对母语语法规则又知道几条？我们没有有意识地学习母语规则却能毫无困难地、流利地运用母语。这就说明，有意识的语言知识并不是语言运用的先决条件。

2. 自然语言环境的作用

根据以往的经验，我们发现自然语言环境似乎能明显地提高并发展语言交际能力和技巧。Krashen、Dulay 和 Burt 认为自然地接触第二语言材料能使学习者无意识（潜意识）地习得语言技能。自然的语言环境有许多优点，Carroll、Seagert、Scott、Perkins 和 Tucker 等人的研究颇有启发。

Carroll 调查了近三千名美国大学中的外语专业高年级学生，其所学外语分别为法、德、俄和西班牙语。每个学生都参加了"现代语言协会"（MLA）的外语水平测试 A 卷，结果发现这些外语专业学生的平均水平非常低，平均分只相当于 FSI 五分制的 2+。有趣的是，学生在目的语国家即法国、德国、俄国和西班牙待的时间长度与语言水平有密切关系，住过一年的学生成绩最好，住过一个夏天或旅游过一次的次之，没有去过的成绩最差。此外，成绩还与学生在家中使用目的语的程度相关，在家中常常和父母用目的语进行交际的学生成绩最佳，偶尔使用者次之，父母无法用目的语与之交谈的学生成绩最差。

Seagert、Scott、Perkins 和 Tucker 等人的研究报告表明他们也有相似的发现。他们调查了埃及开罗的美洲大学和黎巴嫩贝鲁特的美洲大学这两所学校的近两百名学生。大部分学生以前就读的学校是用英语教授各门课程的。这几位研究者还收集了有关学生英语水平、接受过几年课堂英语教学等方面的资料，通过分析，他们发现英语水平并不随学习外语的年数增加而稳定上升，然而，是否上过用英语作为教学语言的课能较好地预测学生的英语水平。例如，生物学用英语讲授，学生通过这种方式接触英语与获得的语言水平的关系比正式的语言课更密切、系统。"浸入式教学"的研究结果也表明这种教学所提供的自然环境对语言习得非常有效。"浸入式教学"采用学生愿意学习的第二语言作为教学语言。从幼儿园开始这种教学并延续到高年级的做法叫"完全浸入式"。有的课程用母语教学而另一些用第二语言进行教学的做法称为"部分浸入式"。在加拿大以法语作为教学语言的"完全浸入式教学"已有十几年的历史了。这种方式教出来的学生不但第二语言掌握得相当不错，而且母语语言技能也没有什么问题。

自然的语言环境是流利地掌握第二语言的必要条件之一，但它并不能保证百分之百成功，因为有许多因素制约着自然输入的充分利用，如有的语言输入不能被理解、缺乏沉默期、缺少提供正确语言模型的交际伙伴等。有的语言教师（同时也是学习者）有机会去目的语国家进修，而进修期间不能利用有利条件与目的语的本族语者打交道，回国后其语言水平依然如故。这一点与学习者的心理因素，特别是性格特点有极大关系（戴曼纯，1994）。

3. 语言环境的对比研究

正式语言环境与自然语言环境从表面看似乎存在很大差异，从整体上看的确是有较大的区别，然而具体地从习得者或教师个人来考虑，这些差异被混合起来了，冲淡了。有的学生在教师面前有话说，能在课堂上与教师自然地交际；有的学生在课外喜欢和目的语的本族语者交谈。Krashen（1981）曾说过，课堂也能为学生提供自然的交际机会，自然环境中的学习者也可能注意学习语言形式和规则。过分强调自然语言环境与正式语言环境之间的差别是不对的，与其把它们看作对立的环境倒不如把它们看成以不同程度为学习者提供同样或类似的交际机会。很显然，由于参加者和具体情景的影响，有的类型的交际在其中某一环境中会出现更多。Ellis（1985）便认为"浸入式教学"能产生与自然环境中相似的交际，所以被笔者划入自然环境中。

有人对两种语言环境的影响进行了对比研究，发现问题绝非预计的那样简单，由于控制变量的情况不同，有时甚至会出现相左的结论。Littlewood 指出有几个研究表明正式环境更有效，而其他研究表明环境与语言水平关系很小或没有，这一点可从同样环境下不同语言水平的现象看出来。另外，Pica（1983）精心设计了一次研究，用来检查不同语言环境下成人第二语言学习者（16～50岁）学习英语的差异（指错误差异）。三种被比较的语言环境分别是：只有语言教学的环境；自然语言环境；混合型语言环境（既有教学又有自然接触）。Pica 通过错误分析发现所有被试都会在不合适的地方增加语素或在需要的地方省去语素而出错，而不适当地增加语素的现象在只有语言教学的环境被试中更常见，在需要之处省略语素的现象在自然语言环境被试中更常见；如果名词前面有数量词修饰，自然环境中的被试倾向于省略复数的语素 -s，这一特点与另外两组被试显著不同。但是，尽管有以上差异，三个被试组的语素使用正确顺序相同，这就说明，不同的语言环境并未明显地影响或改变语素的运用，但似乎对学习者目的语语法的使用策略有所影响。正式环境下的学习者过多地使用不必要的语素可解释为有意识知识（特别是尚未学会的规则）的过度监控。

（六）语言环境与成人语言学习

通过对比分析儿童与成人利用语言环境的差异，我们发现儿童在自然语言环境中学习第一语言和第二语言没有多大区别，他们对两种语言的掌握可以达到同等的程度。在这种情况下，他们不需要什么正式的语言课。成人却不同，由于种种原因，大部分成人要靠学习语言课程来掌握一门新语言，因此，绝大部分语言课程的开设是以成人为对象的。

Upshu（1968）比较了三组 ESL 成年学生在某段时期的学习效果，发现语言课的效果不明显，而"浸入式教学"却有效地提高了语言水平。但是，Krashen、Jones、Zelinski 和 Usprich 的研究结果表明，课堂教学年数比在目的语国家居住的年数更好地预示着成人学习者的语言水平。这就说明成人更善于利用课堂教学而不是自然语言接触。我们认为，成人之所以能有效地利用课堂教学是因为有较强的学习动机，而自然环境中的交际对成人期望过高，语言输入的新信息比课堂上多，这些都妨碍着语言输入的有效利用。

五、创造语言环境的实质和意义

Krashen 在他的《第二语言习得的原则和实践》一书中提出了语言输入理论。该理论提出了五个基本假设，其核心是语言输入论。输入论认为，人类习得语言的唯一途径是接受大量的可理解输入。本节所论述的创造语言环境，其实质就是要开辟广阔的语言习得场所，营造良好的外语氛围，给学生提供大量的外语语言输入。创造外语语言环境的意义在于以下几点。

（一）扩大接触外语的机会，增加语言的输入量

如前所述，儿童习得母语与成人学习外语二者的最大区别是，前者有客观的语言环境，儿童无时无刻不在接受大量的、自然的语言输入；而后者的语言输入量极其有限，不仅量少，而且语体单一，语言信息大多来自书本。我国绝大多数中学的外语教学状况就是如此，基本停留在课本＋教师＋练习上，课时也至多不过每天一学时。辩证唯物主义的量变质变规律告诉我们：没有量变的积累，就不可能发生质变（引自《简明社会科学词典》，1982）。在外语学习上，如果没有足够的语言输入，要掌握一门外语是不可能的。Krashen 的语言输入理论正是抓住了这个"量"字。我们的外语教学工作者如果能在外语输入的"量"字上做文章，开发创造外语语言环境，给学生提供大量的外语语言输入，给他们创造更多的接触外语的机会，这对促进外语教学无疑将是一个极大的推动。

（二）有利于增强学生的语言习得

Krashen 输入论提出的五个假设中的第一个是习得与学习的假设。他把儿童在听别人谈话或看有趣的故事书时学会讲母语的过程称之为"习得"，把成年人通过课堂系统训练而获得外语知识的过程称为"学习"。他的这种两分法是有道理的，问题是他把两者的区别绝对化了。其实习得中有学习，学习中也有习得。诚然，在外语教学中，学生学习外语的主渠道是课堂，但这不是说外语就不能习得，问题的关键是有没有语言环境。倘若我们能提供更多的让学生接触外语的机会，如外语角、外语沙龙、外语故事会或外语短剧比赛、外语学习板报或园地、听外教讲座、提倡课外用外语交际等，学生就会在这些活动中无意识地学会外语知识和交际能力。这样获得的知识，无须死记硬背，没有作业的要求，这就是习得。就我国外语教学的现状而言，许多学校只有"学习"，而无"习得"，问题就在于缺乏语言环境。我们的外语工作者，不仅要充分利用好课内 45 分钟，而且还要努力去开拓外语"第二课堂"，让学生有更多的机会去习得外语。这是一个很有希望，大有开发前景的工程。

（三）有利于培养学生的外语运用能力

外语教学的根本目的是培养学生的交际能力，能够将所学的语言知识运用到实际的交际之中。课堂教学通过大量的操练固然也能培养和发展他们的语言能力，但这种语言能力的训练受到时空的限制，因而是极其有限的。更主要的是，课堂内语言交际的情景大多是虚拟的而非自然的，是人为制造的，缺乏实际的交际目的和情景。真正的交际能力应该是一种社会语言交际能力。

按照美国人类学家 Hymes 的理论，交际能力不仅包括语言能力，即语法知识，而且还包括话语的可接受性和得体性。在具体的交际中，我们不仅要会讲，而且要考虑到讲话的时间、地点、场所，对谁讲，讲什么等因素。这种能力光靠有限的课内训练是很难获得的。创造语言环境就是要设法去开拓自然的，具有真正交际意义的情景，让学生置身于尽可能真实的语言环境之中。如经常与外籍教师交谈，听外语广播，看外语电影录像，举办形式多样的外语聚会等，让学生在自由的气氛中用外语交流思想和信息。通过这类活动，学生不仅可以巩固课内所学知识，更主要的是可以在这种贴近现实生活的交际中习得和培养语言交际能力。

（四）良好的语言环境可以激发学习外语的积极性

激发和调动学生学习外语的积极性，一直以来就是心理语言学家和外语教师的热门话题。应该看到，这方面的研究是十分必要的。但这类研究往往局限在课堂内，很少有人在课外或在创造语言环境上做深入探讨，这不能不说是一大缺陷。其实，创造良好的语言环境，制造让学生习得外语的条件和气氛，是激发学生学习积极性的一剂良药。有些外语差生厌倦课堂内枯燥的操练，但校内板报、街头广告或报纸上几个奇怪的英文字母倒往往会引起他们的兴趣。许多中学生喜欢电脑，而电脑中出现的大量英语词语是学好电脑的"拦路虎"。为了学会电脑，他们会自觉不自觉地去查词典或去问别人。这时他们是为了获取信息而去学外语的。利用自己学得的外语技能获得的信息，往往给人以满足感和成就感。而这种满足感和成就感会产生一种驱动力，激发起他们学习外语的积极性。据笔者所闻，一些学生学习外语的动力不是来自课堂，也不是来自应付考试，而是在开始学习电脑以后，知道外语的重要性，才激发起他们学习外语的兴趣。这就是语言环境和学生自身的需求激发学习外语积极性的一个有力例证。

第二节 语言输入

外语学习者在学习过程中因个性差异（如认知风格、性格类型的不同等）会选择不同的学习风格和学习策略。然而，不论其选择如何，成功的外语学习者在学习活动中都始终遵循着这样一条规律：他必须接受一定量的且适合于他的学习能力的语言输入。这条规律已被许多理论语言学家和应用语言学家所证实。Wagner-Gough 和 Hatch（1975）曾进行过个案研究，主要是分析外语学习者成功和失败的内在原因。研究结果表明：一位学生的进步至少是由于他得到了和语言习得相适合的语言输入，而另一位学生的不成功则是由他所接受的复杂的、超出他语言能力的语言输入所致。Long 曾指出："获得可理解的语言输入是所有成功的外语学习者的特征。量愈大，学习效果愈好；反之，缺乏可理解的语言输入则会导致学习效果不佳，甚至谈不上外语学习。"Krashen（1988）在其《简单语码在外语学习中的理论和实践启示》一文中高度强调了经过调整的简单语码输入对外语学习的促进作用。Chousky（1988）在反复强调人的先天遗传获得的语言习得机制（LAD）的同时，也不曾忽视外在语言输入对语言学习的"诱发"作用。我国外语教学法研究专家李观仪教授（1994）就她 50 多年的英语教学体会总结出一条外语教材编写的指导原则："在有限的篇幅中给以较大的语言输入量，以保证学生有充分的语言输入量。"可见语言输入是外语学习过程中一个不可或缺的因素。缺乏足够的语言感性材料，外语学习者就不可能对所学语言的系统知识有充分的理性认识。问题是：学习过程中，语言输入有哪些基本特征呢？如何使语言输入变成语言吸收呢？课堂讲授对外语学习有什么作用呢？下面拟就上述几个问题从理论角度做一探索，希望以此引起外语教学界同行的进一步讨论。

一、语言输入的相关研究及评价

（一）Krashen 的"输入假设"

最早引起语言学界对输入理论重视的当推 Krashen 的输入假设了。Krashen 和 Terrell 曾扼要地概括过输入假设：与习得有关，与学习无关；我们是通过理解稍稍超出我们现有能力水平的语言输入而习得的，但须借助于语境；口语流利是逐渐出现的，而不是直接教出来的；当照顾者和习得者交谈以便他们理解信息时，语言输入自动包含着"i+1"这一习得者准备习得的语法结构。

这一输入假设在他们看来至关重要，因为"该假设试图回答一个理论上、实践上都很重要的问题：我们是如何习得语言的？"输入假设（及其相关的网假设）的实践依据来源于儿童母语习得研究和应用语言学。

克氏和特氏认为照顾者语言是个极好的例证。照顾者语言有以下三个特征。照顾者说话的动机是被听懂。照顾者（父母等）调整他们的语言是为了交际，而不是为了教语言。照顾者所谈论的是现时现地的东西。成人与儿童不讨论计划等超越此时此景的东西。随着儿童语言的发展，输入在时空上亦有所拓展。照顾者语言在结构上要比成人间的语言简单得多。照顾者语言与输入假设的吻合之处就是：照顾者调整自己的语言，使之大致与儿童语言能力水平接近，这样他们的话就能为儿童所理解。在此过程中，他们给儿童上了一堂最佳的语言课：既提供了可理解的语言输入，也涉及了儿童语言的下一个阶段要习得的东西（i+1）。显然，照顾者语言只限于母语学习，那么Krashen 和 Terrell 又是怎样把母语学习和外语学习联系起来的呢？答案是从外国人语言和教师语言入手。因为这两种语言的使用目的也是为了交际。不论是外国人语言还是教师语言，使用者都会调整自己的语言，使之接近听者的语言，从而被理解。克氏和特氏的结论是：外国人语言和教师语言是照顾者语言的两种形式，正如照顾者语言对儿童母语学习有影响一样，外国人语言和教师语言对成人外语学习也有影响。

此外，Krashen 和 Terrell 还提到了简单语言输入的另一种形式——过渡语交谈，即外语学习者之间的交谈。他们觉得过渡语交谈的目的也是为了交际；它还包含着足够的处于 i+1 阶段的语言输入，有助于外语学习者获得超过现有水平的能力。

Krashen 又进一步讨论了外语学习中简单语码的理论和实践的启示。在笔者看来，如果上述输入假设还只是个理论轮廓，其中的某些方面（如什么样的输入等）还不够直接、明晰的话，那么，Krashen 的文章便透彻明白地表述f 输入的特征。虽然两位学者的文章独立成篇，但都是输入假设理论不可分割的两个有机部分，合起来看，可以更清晰地了解输入理论的全貌。现在，我们来看看 Krashen 这篇文章的梗概。

Krashen 认为，简单语码有如下几个特点：语速慢；词汇易被年幼孩子接受，也就是说词汇量小；句式合乎语法；句子倾向于短小；例题内容不复杂，适合于学习者。

上述这五个特点也是在对许多教师语言、外国人语言、照顾者语言例子观察分析之后总结出来的。Krashen 当然也提到了一些反例或结论与上述特点相反的研究。

我国外语教学界对输入假设理论有过评价。荆增林（1991）认为此理论有下列不足之处。一是概括过头。仅靠对几条词素习得的观察就做出关于整个语法规则的推论，显然犯了以偏概全的错误。二是语法规则无法排序。Krashen 想理出自然习得顺序，结果却并未达到目的。三是混淆了语言和语法规则。输入说乃语法输入说，而非语言输入说。本节并不想对荆氏的批评做出评价，只摆出个人观点：克氏输入说并非语法输入说，而是语言输入说，既有语法的，亦有非语法的。而且笔者以为，输入假设理论有以下几个贡献。

观察问题的视点新。Krashen 从照顾者语言、外国人语言、教师语言的特点反思外语学习中的语言输入，让研究者耳目一新。

他的输入假设运用到外语教学的初始阶段还是准确的。语言学习是个信息互换过程，可理解性是学生获得信息的基础。离开这一点，谈语言输入皆是遑论。

重视学习者的认知水平。贯穿于输入理论的一条主线就是：语言输入应以学习者现有水平为出发点，给学习者提供尽可能多的语言输入，促进下一步的外语学习。这符合教育学和心理学的基本原则。Krashen 还认为，学习者理解超出他们水平的语码是借助于语境信息进行推理、猜测等认知活动获得的。

（二）隆氏输入理论

Long（1983a）认为，不论是母语还是外语学习，成功的学习者总是以获得可理解的语言输入为特征的。就数量而言，越多越好。如果得到的语码不能被理解，习得效果就不好，甚至谈不上习得。这与前面提及的 Wagner-Gough 和 Hatch（1975）的研究结果是一致的。Long 的这个观点是他观察了外语学习课堂上本族人和非本族人的谈话之后得出的。Long（1983b）认为，要验证这个结论，不妨从实验研究着手。实验假设为：调整语言会促进对语言输入的理解；可理解的输入会促进习得；语言调整会促进习得。

隆氏理论的可取之处是：他充分强调了使语码变成学习者可理解的语言输入这一点，因为只有可理解的输入才能变成可吸收的语言，才能促进外语学习。要使输入可理解，关键在于语码调整。

（三）乔姆斯基对语言输入的论述

Chomsky 在《语言和知识问题》（1986）一书中曾对语言输入做过片断论述。他说："必须要有丰富的环境刺激才能保证遗传决定的发育过程按照其预定的方式进行。我们把这称为'触发'……一个系统的功能取决于它的结构。不过，要使它的功能起作用，必须有正确的触发因素。"

Chomsky 的语言观在很大程度上是倚重于生物和心理因素的（徐烈炯，1993）。他认为，人脑中的语言习得装置（LAD）使人学习语言成为可能。但这套装置要正常运转，发挥功能，还离不开外界语言输入的刺激。在临界期，如果内在的装置得不到外界语言输入的刺激，装置的功能就会丧失，亦即错过临界期，便不能像本族人那样习语了。

显然，Chomsky 眼中的语言刺激和 Chomsky 的语言输入是大致相似的，即在自然语言环境中接触语言，而不是在有意组织的课堂上正式传授语言知识。不过，Chomsky 把他对自然语言环境中的交流方式（主要是照顾者语言）应用于课堂中的外语学习，并为此专门发展了一个假设。Long 和 Krashen 在这一点上是一致的。Chomsky 无意于构建外语学习理论，但是他的有关语言输入刺激的论述对我们亦有启发：对于母语或外语学习，都不可忽视外界语言输入的刺激。

二、语言输入的基本特征

以上，我们扼要评述了三位研究者对语言输入的看法。现在，我们来探讨一下语言输入的基本特征。事实上，Krashen 和 Long 对语言输入的两个基本特征（即简单语码和可理解性）已做了讨论。乔氏虽没有明晰地说明，在临界期儿童习语应受到什么样的外界语言刺激，但有一点可以推断：临界期的儿童会选择适合于他语言心理发展所需要的外界语言输入。如果这一特定时期的语言心理需要没有得到满足，某一功能就会处于休眠状态，不能正常发挥。可以说，语言输入应当满足适合学习者心理需要这一条件，我们不妨称之为心理适合特征。简单语码、可理解性和心理适合这三个特征汇合于学习者认知心理发展，它们共同体现了对学习者这个主体的重视，表明语言输入应以学习主体为本。

然而，除了从学习主体的认知心理因素来考虑语言输入之外，还有没有其他因素制约我们考察语言输入的特征呢？当然有。外语学习有其自身的规律。任何有关外语学习的理论如果离开语言学习这一本体，只能使该理论丧失理论的科学性和应用的广泛性。讨论语言输入的特征还必须重视输入的量的多少、语体的正式与非正式程度和输入内容的难易程度。对于输入量，Krashen 认为应是以 i+1 这样一个大致形式出现；Long 认为多多益善；李观仪教授与 Long 的观点一致，但前提是，量的多少应视学生的理解程度而定。关于语言输入的语体的正式程度，笔者认为仍应坚持以学习者现有水平为立足点。对于初学者，我们应向他们输入一般语体的语言，随着学习者水平的提高，语言输入的语体也应逐步多样化，只有这样，才能培养出他们的"语言意识"，在不同的场合使用不同的语体，求得语言的"得体性"。输入内容的难易程度，即输入中包含的学科知识，仍应与学生的认知水平相吻合。如果外语教学仅是用外语对初学者讲授某些抽象综合的学科内容，学习效果之差是可以想象的。在听外语广播或看电视节目时，我们常有这样的体会：隔行如隔山。尽管某些单词很熟悉，但那样的语言输入实际上是不大可能变成语言吸收的，因为我们根本不可能领会其中的内容。在给学习者提供语言输入的过程中，外语教师应有意识地把握语言输入内容的难易程度。

三、语言输入与学习者的认知策略

在第二语言习得中有一个引人瞩目的现象，这就是即使学习者的学习环境相同，他们的语言发展速度以及他们最终达到的语言水平仍然参差不齐。因此也就引发了个人差异研究。个人差异是指个人在稳定的心理特征方面的差异，表现在个人的能力、动机、兴趣、爱好等方面。由于这些差别，学习者的个人认知方式也会表现出不同。例如，有的学习者喜爱听老师讲课，有些学习者喜欢自己看书，有些喜欢与别人讨论，有些则喜欢自己独立思考，等等。研究较多的认知方式是场独立认知方式与场依存认知方式。场独立和场依存是两种普遍存在的认知方式，是指学习者对输入的知识信息进行加工的方式。具有场独立方式的人，对客观事物做判断时有较强的独立意识，常常利用自己内部的参照，而不受外来的因素影响和干扰；在认知方面独立于他们的周围背景，倾向于在更抽象的和分析的水平上加工，独立对事物做出判断。具有场依存方式的人，对物体的知觉倾向于以外部参照作为信息加工的依据。他们的态度和自我知觉更易受周围的人们，特别是权威人士的影响和干扰，善于察言观色，注意并记忆言语信息中的社会内容。在外语学习中，场独立和场依存的学习者对语言教学也有不同的偏好。场独立的学习者易于给无结构的语言材料提供结构，他们比较适应于结构不太严谨的教学。相反，场依存的学习者喜欢有严密结构的教学，因为他们需要教师提供外来的知识结构，他们更需要教师的明确指导和讲授。无论学习结果如何，学习者在加入学习过程中对语言的输入所采取的不同态度和认知方式，恰好证明了krashen语言习得中个人差异因素对语言习得的影响。研究发现，中国人学习英语时过于场独立，即我们通常注意语言中的"树"而看不见语言中的"林"。事实上，在英语学习中，有时需要注意语言的细节，弄清楚语法规则，检查词的定义；有时则需要把语法规则束之高阁，集中注意语言所传达的信息。

对语言输入信息的加工处理，是学习者通过对存储在大脑中的已有知识结构与新的知识进行重新构建的过程，也是学习者认知能力在学习过程中的思维形式的具体体现。而这种思维形式就是学习者所采取的认知策略。它是学习者用以支配自己的心智加工过程而在内部组织起来的技能。这种技能可以把输入的信息重新构建，使学习者大脑中的语言知识的组织结构以及不同知识单位之间的联系发生变化。如果知识单位之间的联系比较好，组织结构比较合理，那么在使用时，这些知识单位就会较容易被激活，从而提高信息处理的效率。按照 Krashen 的输入理论，一旦语言输入激活学习者大脑中的语言习得机制，学习者语言知识发生重构从而达到语言习得。因此，学习者如何学会学习，如何记忆，如何对输入的信息进行分析和思维，从而成为独立的学习者，这就需要学习者本人在外语学习过程中逐渐获得调节自己内部过程的有效策略。作为学习者主要个性特征的认知策略是教学成败的关键，教师不能忽视它的存在，要善于了解不同学习者的认知风格和学习习惯，创建适应每个学习者特点的学习环境和条件，发挥他们的认知能力，通过与教师的共同努力达到教学目的。

四、语言输入与语言吸收

外语教学过程在一定程度上就是使学习者认识和掌握有关某语言系统的知识并能熟练自如地运用所学知识来完成交际的过程。这是一个动态的、综合的过程，既是吸收知识也是运用知识来解决问题的过程。在这一过程中，如何有效地帮助学习者把所接受的语言输入变成内在化的语言吸收，是外语教学的一个关键问题。

Allright（引自张沪平，1999）提出"可理解性输入"必须与"交际"相结合，学习者才能获得习得的条件。也就是说，仅有可理解性输入还不足以产生语言习得，语言学习者必须将语言输入与语言输出在一个有意义的环境中组合，语言习得才能真正有效。Van Patten（引自 Skehan，1998）提出了另一种观点：在语言输入与语言习得之间，有一个"语言吸收"的阶段，并不是所有的语言输入都能促使"语言习得"发生，语言知识只有被学习者消化吸收才能进入大脑长期记忆，才能起到催化语言习得的作用。Van Patten 还提出，学习者在接受输入语言时，大脑的短期记忆由于容量很小，一边理解内容，一边抛弃语言，以便短期记忆能及时接受新的语言信息。经过理解后的知识通过与长期记忆的作用，进入长期记忆的知识网络。Van Patten 是从大脑的记忆及智能发展的角度提出这个观点的。此外，她还认为，能被吸收的语言知识在语言输入中必须有足够的重复率和突显性。学习者是如何将语言输入转化为语言吸收的？ Van Patten 和 Allright 都未做明确的说明，但是 Van Patten 通过对语言输入方面的观察，对学习者是如何处理语言输入的问题提出了下列三项原则。

学习者对意义的兴趣远远大于对语言形式的注意。根据这一原理，学习者在吸收词语时，实词比虚词更容易引起学习者的注意，因而更容易习得。

学习者在"吸收"语言抽象度较高的语言知识时，如句型、第三人称动词加 s 等，必须以不牺牲语言意义为代价。换句话说，学习者不大会放弃语义的交流而去追求语言的形式。

若有数个语言项目出现，学习者按注意到它们的顺序吸收语言项目，即"先注意、先吸收"的原则。这就意味着学习者并不完全按照他人为他设定的顺序吸收语言知识。对语言教师来说，学生习得的顺序不一定是老师所安排的语言项目的教学顺序，而是取决于他们"注意"到这些语言项目的顺序。

比较 Allright 和 Van Patten 的理论，我们不难发现它们之间的区别和联系。Allright 所强调的是利用外部因素促使语言输入转化为语言习得（相当于 Van Patten 的"语言吸收"）。而 Van Patten 强调的则是学习者是如何处理语言信息的。两者的共同点是他们都承认语言输入不会自动转化为语言习得。归纳他们的一系列研究结果，可以得出如下结论：语言输入必须是可理解的，语言意义是一个必不可少的条件；语言输入必须转化为语言吸收才会导致习得的发生；语言输入不会自动转化为语言吸收；语言吸收中的语言成分须具备重复率和突现性；语言吸收遵循"先注意，先吸收"原则。

从这些原则中可以看出，语言习得除了要具有符合上述原则的语言输入外，还必须遵循 Allright 所提出的交际的手段。因为只有交际才能使语言输入既保持可理解性同时又促使学习者注意语言形式。只有当学习者充分注意到了语言形式时，语言吸收才会真正产生。我们经常发现学习者在完成语义理解以后，不会主动对语言形式加以注意，大部分语言学习者都会在语言理解任务完成后抛弃语言形式，或者只吸收极少的语言形式，因而习得的速度、质量和数量得不到保障。显然，这种学习是低效的。为了确保学习者能从语言输入中获得足够的语言吸收，教师必须利用交际来促使学习者注意语言输入中的语言知识。这种交际不同于平时生活中所进行的语言交际活动。这种交际活动必须能够使学生同时注意到语言意义和形式，而且要能够使学生对这种语言形式产生猛然醒悟的作用，即在"注意"状态下产生"吸收"的效果。这就给我们提出了一个问题："交际"如何才能和"输入"配合好，使我们的学生达到这种习得的境界？

（一）捕捉语言输入机会，提高语言吸收效率

能导致外语习得的语言输入至少要有两个来源：外部来源和内部来源。前者指的是教学与社会环境向学习者提供的语言输入，它们通常包括教师对学生、学生对学生和社会环境对学生所产生的语言影响。输入的媒介有口头的，也有书面的。后者指的是学习者自身产生的寻求语言交流的活动，如学生可以在自我练习中自言自语，或是与自己假想中的交流对象交流。学习者在这种活动过程中，也会产生语言输入。这种语言源在有的研究中被称为"中间语"。我们认为，这两种语言输入虽然都对学生的语言习得有作用，但是外部来源是我们研究的主要对象，因为这一部分是我们的教学目标，也是我们在研究和教学中可加以控制的。同时，研究外部来源的语言输入对我们的课堂教学更具有实用价值和指导意义。而相比之下，对内部来源的研究与控制就要难得多。

　　由于中国是一个单一的语言社会，在外部输入的这一方面，学生语言输入主要是课堂环境，因此，我们将重点讨论课堂中教师和学生的语言。

　　长期以来，人们一直认为，外语学习的语言输入主要来源于课本。我们的教材十分强调语言输入，在教材的编写中倾向于提供较多的语言量。学生吸收语言的主要途径是教师的授课和阅读课本。此外，为了弥补学生语言输入量的不足，学校又通过设置泛读课和听力课来补充。应该说，通过若干年的实践，我们的这种策略取得了一些效果。但是正如张沪平在文章中所指出的那样，我们在语言输入方面仍然有很多需要改进的地方。张文着重讨论了教材的改革方向，这是目前外语教学界正在努力的一个方向。但是，我们必须认识到，语言输入并不完全是教材和课本的事。正如上文所提到的那样，学习者（尤其是处于中小学阶段的学生）是不会自动将语言输入立刻转化为语言吸收的，高效的语言输入不仅要依靠教学材料和课程设置，更重要的还必须依靠教师捕捉语言输入的机会。教师在合适的机会出现时，要及时、大量地提供能被学生理解的输入。这就要求我们密切关注教师是如何与学生交流的，这种交流是否出现在最佳时机，是否最有效地组合了语言的输入和输出，是否促使了学生将输入转化为吸收？大量的教学实践与研究证实，从语言输入转化为语言吸收的关键是"机会"。Rod Ellis（1994）提出以下八种语言输入的机会。

　　1. 学习者大量地输入

　　这一条要求语言教师最大限度地利用书面和口头的机会，创造语言输入的环境。没有语言的"海洋"，学生就不可能获得真正意义上的"游泳本领"。我们的传统观念把语言输入的机会分为精读、泛读或听力，这并不是十分合理的做法。对于低级水平的学习者来说，甚至可能是有害的。所有这些课程其实都应该提供综合性的语言输入，而且这种输入考虑到了学生的实际需要，能够被学习者理解。

　　2. 二语习得者认为需要交流

　　教师应该注意表演和真实交流之间的区别。表演往往不大可能导致真正意义上的交流。真正的交流应是学习者在语言活动中带有个人动机，并且对语言项目没有事先的规定，如一定要使用课文中刚学到的词或句型，等等。对教师来说，教师在此时的语言输入也不应该受到大纲和教材的限制，应该在尽可能的情况下进行扩展。一切学生可以理解、对思想的交流起帮助作用的语言，教师都可用以输入，而且学生有可能立刻就吸收。对学生来说，他们也应有充分的语言形式决定权，使用他们认为最佳的语言形式。在学生因语言不够或语言缺陷而不能完成交流任务时，最佳的语言输入机会就由此诞生了。需要指出的是，给学习者充分的自主权并不意味着只要学生能张口说一通，他就会习得语言了。如果学生随便张口就能够完成他的交际任务，那就说明我们的语言交际任务缺乏挑战性，这样的任务对学生的语言发展并不是十分有用。因此，语言教师在强调交际任务真实性的同时，必须充分考虑到语言形式的挑战性，没有挑战性，习得就是一句空话。

3.学习者独立控制命题内容（如控制话题的选择）

要达到真实性，课堂中讨论的话题就必须是学生感兴趣或由学生自己提出的话题。其核心思想就是教师要充分考虑到学生的年龄、兴趣、爱好、习惯等因素，才能把握住合适的教学话题，才能在教学中从学生的话题入手，引导学生学习语言知识。教师在这个过程中不断地向学习者提供大量的语言输入，满足学习者的交际需要。从此引申开来，我们就必须有一个灵活的教学大纲，内容宜粗不宜细。过细的大纲将严重限制教师在课堂上发挥和学生自由发展的空间。同时，教材的话题要丰富，信息量要大，保证教师在选择教学项目时有足够的自由度。在教学过程中，教师要有灵活多变的方案。

4.起初遵循"此时此地"原则

语言输入的最佳项目是学习者身边的事物和思想。因为这些项目的知识和概念最具有可理解性、重复率和突显性，同时也最能引起学生的兴趣、共鸣和参与热情。要增强话题的真实性，教师就要研究如何发现学生身边的事物，发现学生的需要，这是每一位合格的教师所应该掌握的本领。可是，有些教师在应试教育的压力下，并没有在这方面下工夫，而是舍近求远，把外语课堂中的种种机会糟蹋殆尽。

5.学习者需要机会去听，然后生成语言去执行不同的语言功能。

语言输入中所包含的语言功能要丰富，"丰富"的含义不是指辞藻漂亮，而是指输入的语言中包含多种类型的语言功能和表示同一功能的多种句子形式。功能丰富的另一个含义是语言输入的交际目的要丰富多彩，教师在课堂上使用的语言最常见的功能是解释、提供信息和获得信息。但是这并不是语言输入的所有功能项目。教师所提供的语言功能范围越宽越好。例如，教师还须提供下列一些功能项目：如何表示个人喜怒哀乐等情绪；如何表达希望、请求等；如何表达地理方位、关系等；如何描述物体、人物等。教师不能认为这些功能只要教材中提供了学习者就可以主动从中获得，指望学习者主动将语言输入转变为语言吸收是不现实的。教师的帮助、示范和引导是学习者将这些语言功能内化的基本保证。因而我们希望学习者习得多少语言功能，我们就必须在教师学生的交流活动中提供多少语言功能。此外，这些语言功能必须有复现率和突现性。但是，目前在我们的基础英语教学中，教师的语言十分贫乏，几乎到了无话可说的地步。教师说得最多的话便是"某某题的答案是……""某某词语的搭配是……""某某句子的意思是……"这种情况一天不改善，外语习得就一天没有希望。

6. 接触大量指令句

指令句是心理真实性最佳的一种语言形式。研究表明，语言的心理真实性越强，语言习得发生的可能性就越高。同时，指令句因属于 Gillian Brown（1995）创建的叫作的 procedural language 的一种语言，理解这种语言对大脑智能和生活经验的要求最低，因此，最适合学生学习。教师在课堂中应充分利用各种机会提供指令句，但要注意的一点是，这种指令句不同于某些教学法所采用的一种叫作 TPR 的指令句。在 TPR 中，教师往往不顾真实性的原则，设计了大量的像军队操练那样的指令句让学生练习。这样非真实的指令句的作用是非常有局限性的。如果教师能够大量地利用"真实性"指令句，基础英语中的上百个常用动词词组和名词词组无须通过正规的教学，学习者就可以轻松、灵活地掌握。用这种方式获得的语言知识不仅量大，而且灵活性和地道性会远远胜过传统教学所学到的知识。

7. 接触大量的"扩展"话语

这种扩展可以有效地保证学习者在理解话语方向的前提下，及时捕捉他所急需的语言形式。其实，这就是 Krashen 所描述的 i+1 所出现的地方，这种扩展为学习者提供了一个最佳的习得机会。

8. 灵活的实践机会（这个能够提供尝试"新"形式的机会）

语言学习必须有足够的练习，但是并不是所有的练习都能使学习者受益。教师提供的练习必须有灵活性，既有规定性的任务，又有自由发挥，没有任何控制的练习。所以学校课堂内的练习形式必须丰富，能够因人、因时地起到巩固习得的作用。

我们如何才能保证我们的教学活动中有大量的、上述论述所提到的机会呢？这就是我们在教学研究中要考虑的另一个问题。要回答这个问题，我们必须认识到语言习得的最终结果是学习者能够用第二语言思考，这就是说，除了输入语言形式以外，我们还须输入伴随着语言活动而进行的思维活动，尤其是对心智发展极有价值的高级思维活动。具体来说，这些语言输入包括：识别、排列事物的级别；假设、试验和语言冒险；分类；鉴别；比较、对比。这些思维活动，对于中小学学生来说尤其重要，因为他们不仅在学习语言，同时也在发展认知能力，如果语言输入机会不和这些认知机会相结合，外语对他们来说可能将永远是"外"语。同时，对成年学习者如大学生、成人学生而言，由于他们的认知发展已处于更高的层次，对教师的学识、修养、经验、经历的要求就更高，因此，教师需要更高的教学水平。但是，无论是教中小学生，还是教成年学生，我们都需要把语言输入机会和认知发展机会组合到灵活的教学手段中去。

灵活的教学手段指语言训练活动、训练地点和训练方式的多样性。语言活动跳出了书本或黑板的局限，语言训练的天地一下就变得海阔天空。具体来说，训练范围应包括下列方面：语音；语言功能；话语篇章；词汇覆盖宽度；句型结构，语法知识的覆盖面和灵活程度。

这些训练可以通过下列活动实现：课堂内听教师的指令；课堂外贯彻教师的书面指令，如布置的任务或作业等；游戏；复述故事；进行调查活动；测量和度量、计算；做项目；做语言练习。

以上讨论表明，要捕捉这些语言输入机会是一件很不容易的事，除了经验以外，教师还必须有其他方面的修养。具体来说，一个合格的外语教师必须具备下列三个基本条件：熟练的外语水平；丰富的知识面；灵活的教学手段。

（二）语言输入变为语言吸收步骤之一：信息模式

人的认识过程从根本意义上说就是一个不断获取信息、整理加工信息、吸收信息的动态过程。根据信息学原理，我们把语言输入看作是信源，外语学习者是信宿。

面对信源信息，信宿总会根据自己的选择来摄取相关信息。由于信宿选择性的存在，信源信息量和信宿吸收量往往不会相等，而且信源信息的质也会与信宿所吸收的信息的质不同。更为极端的情况是，信宿可能完全不能吸收信源信息。反思外语学习，上述三种情况并不鲜见，不同的外语学习者在同一课堂上接受同质同量的语言输入。但是其成功程度却大不一样，两极分化现象严重；有些学习者则跟没有接受任何语言输入一样。Schumann（1975）采用跟踪（纵向）研究方法记录了一位名叫 Alberto 的哥斯达黎加人在美国学习英语的情况。此人在美国待了九个月，但英语水平只停留在一些词或词素的水平上，出现"僵化"现象。究其原因，是因为此人心理上对美国文化有一种隔离感。

信宿对信源信息的选择可能导致如此大的差别，这就迫使我们思考这样的问题：怎样优化语言输入，使之满足外语学习者的需要，从而使之最大化地被学习者吸收？根据信息论，我们应从以下两个方面来实现这一目标。

语言输入应考虑学习者的需要。信息论原理告诉我们，信源信息在发出之前，信宿对之即有期望。如果信源信息满足了信宿期望，信息摄入量就会很大，否则效果就不会理想。著名应用语言学家 Corder 曾说："教学大纲设计的语言内容应与学习者当下兴趣及需要相关。"Charles Fillwore（Mc Laughlin，1987）曾这样表达他对语言输入的要求："要给外语学习者好的语言输入，就应当把学习者的社会需要考虑进去，内容上应有所选择，形式上和呈现方式上应有所变化，结构上倾向于简单、重复多、冗余信息多，结构上的规律性要比一般使用场合更强些。"语言输入若考虑到了学习者的需要，吸收效果就会更好些。

语言输入应考虑新异性。Krashen 已在他的"输入假设"理论中对此已做过论述。从信息论角度看，信宿对信源信息的选择，在很大程度上依赖于信息自身的新异性。如果信源输出是陈旧、简单、毫无新异感的信息，那么信宿就会对此感到厌烦，不愿吸收。同理，在外语教学过程中，学习者如果面对的是他早已熟知的内容，他对语言输入的内在化要求就会很低，学习效率也不会高。所以，Krashen 提出的语言输入量应是"i+1"还是颇有道理的。

（三）语言输入变成语言吸收步骤之二：认知实践模式

以上，我们从信息学角度探讨了如何使语言输入变为语言吸收。我们看到，要使语言输入变成吸收，必须使语言输入满足学习者的需要，同时，语言输入自身必须有新异性。这是从语言输入呈现方式的角度讨论的。现在我们讨论如何使语言输入变成吸收的第二步，即从外在感性知识变成内在化的知识的思维过程。

外语学习是一种认知过程。外语学习者面对许多语言输入，根据自己的需要、认知水平，在各种社会文化心理因素的支配下，有所选择地摄入自己所需要的信息。大脑皮层通过神经元把这些信息传输到充满了结的记忆区域（Mc Laughlin，1987）。这些结是相互关联、相互交织在一起的。换句话说，外语知识是循序渐进、一层一层累积起来的，而不是相互独立的模块系统。结的激活有两种方式。一是自动加工，即外界一有合适的刺激，某种结就在记忆中活跃起来。例如英语中的程式化表达方式"See you"，在适当场合，我们可以不假思索地脱口而出。二是控制加工，即结的临时激活。根据注意力分配均衡原则，如果学习者在某一记忆结上达到自动化加工程度，那么他就会把大量注意力集中到另一记忆结上，以便激活该结，然后通过大量实践，使该结激活变成自动化加工。这样，学习者在面临下一个学习任务时，又可以匀出更多的注意力来学习新任务，如此循环往复，自动加工和控制加工不断交互更替，从而积累一定量的有关语言系统的知识和技能。

外语学习也是一种实践过程。事实上，实践的功能还不单单表现在使语言知识得到巩固，语言运用臻于熟练，它的功能还表现在其他很重要的方面，只有实践交流，外语学习者才能掌握有关语言使用的得体规则、谈话策略、话语规约。也就是说，只有在实践交流过程中，外语学习者才能真正地培养出自己的语言意识。外语学习者在接受了多种语体的语言输入以后，大脑中已有一定的关于语体的意识积淀，但这时还不能把所知"（Know-what）"变成"所为（Know-how）"。只有实践，才能完成这一转化，即使陈述性知识变为程序性知识。

如果说认知使外语学习者把语言输入的信息整理、加工、储存在大脑中，成为语言吸收，那么实践则一方面巩固了所吸收的信息，另一方面又使吸收的信息变成了随时都可以派上用场的语言潜势，同时给这些语言潜势加上了诸多使用的规约，从而使它的使用与社会文化环境相一致，获得了得体性。

五、输入理论对我国外语教学实践的启示

培训教师，提高其素质和能力。教师是课堂语言输入的主要提供者、教学活动的主持人，也是教学质量的决定性因素之一，也就是说教师在外语输入中起着关键的作用。因此，提高输入的质量绝不能忽视外语教师素质能力的提高，外语教师不仅要懂外语，还必须具有较好的外语综合能力。具体说来，时代需要的外语教师至少需要具备以下方面的知识和能力。专业知识：外语教师需要加强相关学科理论的学习，对外语教学有直接指导意义的学科有应用语言学、教育学、心理学、二语习得、TEFL/TESOL/ELT、系统论以及管理学等。语言知识和技能：作为一名外语教师，其本身必须具备较强的听、说、读、写、译等技能。外语教师还必须熟练掌握语言、语法、惯用法、文法、语体等与语言体系相关的知识。管理能力：教师是课堂活动的管理者、组织者和协调者，需要具有策划、分配、组织课堂活动的能力。小组讨论、任务分工等课堂活动成功与否很大程度上取决于教师的组织或管理能力。教师还要具有解决课堂突发事件的能力。

根据学生的现有水平和实际需要，采用灵活多样的教学方法和手段。教学方法和手段也是提高课堂输入的重要因素。教学方法是课程的营销手段，再好的教学内容或教材，若教学方法不对路，就无法产生明显的教学效果。传统的语法—翻译法忽略了学生学习积极性的重要性，以灌输式对他们进行以语法知识和简单的句子翻译为主的训练，教出了一大批英语"哑巴"、英语"聋子"。可喜的是，随着国内外应用语言学界对二语习得研究的深入，越来越多的研究成果正逐渐被运用到我国外语教学课堂上。教师和学生在课堂上的角色分工已由过去的以教师为中心逐步转变成以学生为中心。至于课堂上究竟采用哪种教学方法，需要教师灵活掌握。交际法虽然可更多地培养学生

的交际能力，但如果学生的英语基础不够好，交际法就不能发挥作用，因为学生没有能力参与到课堂教学中来。

提高课堂输入的质和量。Krashen 曾指出，有两种方法可以帮助学生有效地吸收新的语言材料：一是教师采用简明易懂的方式进行输入，二是学生利用上下文线索。所以不论学生的目的语如何，一名好的外语教师都能使学生理解输入的材料。正如 Krashen 所言，对于输入材料的理解是至关重要的。试想，如果学生连提供给他的信息都不能理解的话，又怎能吸收输入的信息呢？不吸收又怎能有输出和运用呢？帮助学生理解提供给他们的材料，外语教师可以采取灵活多样的手段，如放慢语速、利用手势语、模拟真实情景、利用相关道具，多给例句等。吴朋也通过实验得出结论：增加阅读量对提高学生的英语综合能力和写作水平很有帮助，但中国学生的英语学习时间短，输入的质就成为调整输入的关键。尽管如此，我们仍然必须注意增加英语材料的输入量，充分发挥学生的积极主动性，利用课内外的时间，以精读和泛读相结合、精听和泛听相结合的方法，由教师上课传授方法，加强引导，布置学生课下完成泛读和泛听的任务，及时检查反馈，以有限的时间增加输入的量，从而使输入的质和量都得到提高。

利用心理学知识，消除或减少学生的情感障碍。Krashen 认为，语言习得必须满足两个条件：一是提供足够的可理解输入，二是减弱学生情感过滤机制的作用。输入变成吸收在很大程度上取决于学生的情感因素，这些因素包括动机、信心、焦虑等，它们像一道屏障挡在输入通往学生语言习得机制的道路前面。而作为外语教师，就得想方设法帮助学生消除这道屏障的影响，使更多的输入到达学习者。要做到这一点，外语教师就需要运用一些心理学方面的知识，使学生克服焦虑状态，端正学习态度，培养学习外语的兴趣，在轻松的气氛中提高外语综合能力。

第三节 教学活动

第二语言习得理论或模式是在对第二语言习得过程及其规律进行研究的基础上提出来的。这些理论虽然不能用来解决外语课堂中的实际问题，但它们对外语教学有一定的启发和指导意义。因为第二语言习得和外语学习都涉及一种新的语言和语言能力的发展过程等问题，在外语教学过程中，借助于第二语言习得的理论或模式来指导和探讨外语教与学的过程，对于改革外语教学方法、提高外语教学的质量都具有极其重要的意义。本节对教学活动从二语课堂和教学方法两方面进行分析。

一、二语课堂

长期以来，我国大学外语课堂"知识教学"的片面性造成了课堂教学主体单一化、教学结构模式化、教学目标和教学组织形式单一化、教学方式静态化及教学与生活割裂的局面。然而"教育是为社会服务的，外语教育也不例外"，2002 年我国加入 WTO 之后，社会迫切需要具备外语能力、创造力和综合素质强的人才，培养学生的语言能力、创造力和提高学生的综合素质就成为外语教学的目标。课堂应该是以人的发展为本的课堂。以人的内在素质全面提高为目标，以人的创新精神和能力形成核心，建立全新的素质教育和创新教育体系，正逐渐成为高等教育新的价值取向。

鉴于语言的本质是交际，外语课堂理应是在提高学生外语知识水平和外语交际能力的过程中全面提升学生的内在素质、培养他们的创新能力的主战场。在英语课堂上，教师和学生是教学的双主体，课堂活动由师生共建，教师和学生在教学过程中人格完全平等，师生之间、同学之间相互沟通、激励、启发和分享。作为受教育的对象，学生应有足够的思维与活动的空间、时间，把学习语言知识、掌握语言技能与自己的体验、兴趣、价值观和全人教育结合起来，使过去"死"的课堂变成"活"的课堂，"教"的课堂变成"学"的课堂。总之，大学外语的教学目标是在提高学生外语知识水平和外语能力的过程中全面提高学生的内在素质，培养他们的创新能力。在外语课堂上，师生同为教学主体，其教学模式应是师生互动和生生互动的有机结合。鉴于篇幅有限，本节仅对大学外语课堂生生互动活动进行尝试性研究，重点探讨支持大学英语课堂生生互动模式的心理学理论、生生互动模式的具体形式、实施这种模式可能会遇到的问题和生生互动模式的教学效果。

（一）理论依据及其对英语教学的启示

建构主义理论。生生互动教学模式以建构主义理论、社会交互理论和人本主义理论为理论依据。建构主义理论认为教育就是赋予受教育者独立思考的能力，强调学习者将自身经验带进学习过程，是积极的意义建构者和问题解决者。其实践方法是教师以解决问题的形式向学生提出问题、概念、论点等，而问题的答案则由学生们去探究。为了使教育能丰富人的经验，其意义必须具有个人性，即对个人生活而言是重要的，而且还必须有用和有效。建构主义理论给外语教学的启示是外语教学的内容应该与学生的生活和学习息息相关。学外语并不是单纯地学习语言知识，而是把外语当作一种培养学习者能力的手段。学习者应该把学习和使用外语知识与个人的经验和能力的培养有机结合起来，在依靠自身知识经验解决现实问题的过程中不断重新建构自己对事物和观点的认识与理解，在提高英语水平的同时训练解决不同问题的能力。

社会交互理论。社会交互理论认为儿童一出生就进入了人际交往的世界，学习与发展发生在他们与他人的交往与互动之中，学习者身边对他有重要意义的人，特别是他的伙伴，在他认知发展过程中起着重要的作用。社会交互理论的一个中心概念是中介作用。中介作用指的是有效的学习秘诀在于交互双方的知识和技能处于不同的水平。社会交互理论对外语教学的启示是：由于学生的兴趣、爱好、特长、个人经历各不相同，在许多方面一个班上的学生的知识和技能都处于不同的水平，因而同学之间在不同方面的距离使得他们之间的交流成为必要与必然。在外语课堂上，不论学生的强项和弱项是什么，他们都应该在自然的语言环境中通过与同学的英语交流影响同学也接受同学的影响，去认识世界，并不断改变自己对世界的看法。在这个过程中学生的语言能力得到有效的提高，他们对世界的认识也更广泛、更深刻。

人本主义理论。人本主义理论强调人的内心世界的重要性，把人的思想、情感和情绪置于人的整个心理发展的前沿地位。人本主义理论也强调个人学习者的地位，提出学生们是各不相同的，教育的功能就是帮助学生更加与众不同，而不是失去个性。人本主义的重要人物罗杰斯提出：真正有意义的学习只有发生在所学内容具有个人相关性和学习者能主动参与之时。他强调减少教育中的威胁性，保护学生积极的自我形象，减少防御性学习。他还强调受教育不是学习知识，而是学会学习和学会适应变化。人本主义理论对英语学习的启示是教育不仅仅意味着教师向学生传授知识和技能，教师不能把学生看成一个接受知识的容器，而是把他们看作一个活生生的人，学习的内容要体现他们在知识、智力、情感、个性等方面的要求。教师在教学中应注意营造轻松愉悦的学习气氛，通过布置学生感兴趣的、与他们个人相关的话题，使他们能够畅所欲言，在参与教学的过程中张扬个性，培养自己的整体素质，而不仅仅是单一的语言能力。

总之，建构主义理论、社会交互理论、人本主义理论都强调学习者个体是学习的主体，同时也强调学习者之间合作的重要性；强调"学"和"用"的有机结合，"用"是"学"的目的，也是"学"的手段，提倡学习者在交往中全面提高内在素质。

（二）"生生互动"的具体形式

"生生互动"指的是学生与学生之间的互动。生生互动活动可以涉及听、说、读、写、译所有的语言技能。如学生一起探讨听、说、读、写、译中遇到的问题,而不是直接去找教师要正确答案。他们还可以就一个话题进行讨论、辩论,然后各自把结果整理成一篇文章,成文之后相互批改。生生互动的类型是多方面的,如学生个人与个人之间的互动、学生个人与小组之间的互动、学生个人与全班之间的互动、学生小组与小组之间的互动、学生小组与全班之间的互动等。经常进行的生生互动的具体形式有以教促学(讲座、组织课堂教学等)、研讨会、小组讨论、同桌讨论、自编自演、演讲比赛、辩论赛、互批作业等。课堂上的生生互动活动是一个动态的、富有创造性的探索过程,每次上课都应该根据课文的内容、授课学生的特长、教学计划等因素对各种课堂互动活动进行新的排列组合。开展生生互动活动的目的不仅仅是给学生一个复习巩固学过的语言知识、提高听说能力的机会,还在于使课上和课下形成互动,促进学生课下的自主学习,使学生把学习的重点放到学习的过程上去。没有过程就没有结果,只有扎实的过程才能带来好的结果。与此同时,生生互动活动还可以全面有效地提高学生的内在素质,培养他们的创新能力。下面重点讨论三种互动活动:讲座、组织课堂教学和自编自演。

学生做讲座。每次上课拿出 10 分钟由一个学生举办讲座。讲座时间 5 分钟,之后的提问讨论 5 分钟。主讲人准备讲座时挑选自己很感兴趣的话题,然后翻阅适合大学生英语水平的杂志和报纸,选中自己喜欢的文章,调整文章的长度和语言难度,把生词控制在一定的范围,用学过的同义词和结构替换部分偏难或偏易的词汇和结构。做讲座前把生词写在黑板上。讲座开始时讲座人首先介绍讲座的概要。讲座过程中,讲座人把每部分的标题写到黑板上,其他学生则适当地做些笔记。讲座结束后由讲座人向听众提问有关讲座内容方面的问题或回答听众的提问,之后讲座人组织听众根据讲座内容进行讨论和辩论。

学生组织课堂教学。学生组织课堂教学并不是请学生做传统意义上的老师,一个人在台上讲,其他学生在台下记笔记。学生组织课堂教学指的是几个学生扮演老师,在课堂上组织其他的学生进行生生互动活动。笔者的学生使用的教材是《新编大学英语》。学生组织课堂教学的部分是每单元的课上阅读和课后阅读,它们由三人一组的两个学生小组分别负责,分两次课进行,每次大约 30 分钟。学生组织课堂教学的基本要求是:备课充分;课堂活动的内容应与本单元的话题和语言点相关;课堂活动形式可以是生生互动的任何形式。衡量课堂活动成功的标准之一是其他学生参与课堂活动的学生人数越多越好。但对课堂活动的具体内容和形式老师则不做过细的要求,以免影响学生创造力的发挥。三个人一组的学生通过协商确定具体上课内容和形式,然后对任务进行分工,分别负责相应的部分。这样做的目的是不给学生过大的压力，以便使他们有时间进行充分的准备；同时作为一个整体在合作的过程中可以培养他们的团队精神。通过合作，他们可以集思广益，也可以更好地发挥个人的特长，圆满完成教学任务。学生做讲座和组织课堂教学的主要优点是：提高学生的口语能力；提供学生之间传授知识的机会；把学生的特长和爱好融入学习过程，让每个学生体验到成功的快乐；促进自主学习；锻炼学生的组织能力和应变能力。

讲座、组织课堂教学也有各自的特点，如做讲座促使学生带着更大的动力进行广泛的阅读，提高阅读能力，同时还使他们通过修改文章提高写作能力。组织课堂教学促使学生认真预习，从而培养其自学能力和团队精神等。

在刚开始采用以教促学的互动形式时，教师宜挑选英语语言知识比较扎实、语言应用能力相对较强、勇于接受挑战的学生进行示范，教师则提出一些原则性的要求。经过几轮这样的学生示范之后，在总结他们经验和教训的基础上，组织课堂教学则应变成每个学生必须完成的学习任务，上课的顺序按学号进行。

自编自演活动是由学生创作的表演活动。每次上课由自由组合不限人数的一组学生进行表演，时间为 5 分钟。每学期每个学生至少有一次机会。对此项活动的唯一要求是必须用英语进行，其他则由学生自由发挥。笔者的学生在课堂上表演的节目形式多种多样，有说的，也有唱的。如自编的相声，改编的古今中外的名篇佳作，老戏新传，自编的戏剧、话剧。这些节目中有的是借助工具书直接用英语创作，有的则用汉语改编后再借助工具书翻译成英语。学生们都十分喜爱这个项目，积极性很高，准备得很充分，表演得也很逼真。由于学生在全班面前进行的互动活动很多，表演时一般都比较放松。这是学生上课最开心的一刻。活动一般安排在上课之初，为的是给学生一个好心情，使他们精神饱满地投入课堂活动。活动有时也安排在其他活动之后，目的是在学生感到疲乏时调节一下课堂气氛。这项活动的优点是：提高他们的语言应用能力；培养学生的想象力和创造力；开发学生的表演才能；使学生在轻松、愉悦的气氛中学习英语；促使学生动力十足地进行自主学习；培养他们的团结协作精神。

为了保证生生互动活动的质量，应该给准备充分、表现出色的学生应得的表扬和鼓励，而对表现不好且准备不认真的学生进行相应的惩罚，使学生明确自己的成绩和不足。鉴于学生对分数的重视，笔者对学生在课堂上的表现进行打分。打分时综合考虑学生的表现：学习态度、学习进步、语言能力、内容、风格、交际策略的运用、风度、应变能力、创造力等。这样做可以对学生有一个全面的评价，使每个学生都体验到成功的喜悦，大力推动全人教育，同时也使学生意识到自己的弱点，有一个努力的方向。另外，打分应与讲评有机地结合起来。讲评在学生的进步中起着不可忽视的作用。讲评时要充分肯定学生的优点，也要提出其不足，更重要的是给学生提出切实可行的建议。讲评对其他学生也起到一个引导作用，使他们明确在今后的学习中应该学习什么，避免什么。

（三）影响生生互动活动开展的因素及应对策略

学生对生生互动模式的怀疑和教师的应对策略。笔者遵循的教学原则是自主学习和以学生为中心。学生课下的自主学习和课堂上以学生为中心的有机结合是学生英语学习成功的保障。在实行生生互动教学模式的初期，传统教学法使学生习惯于老师满堂灌，对老师过分依赖，对自主学习和以学生为中心的模式没有信心。对此笔者同时采取以下几项措施。

首先要用新的教学理念武装学生的头脑，对他们的英语学习进行方向上的引导，系统地向学生传授学习策略和方法，并在新模式实施的初期经常在课堂上示范学习策略和方法，使他们对此有一个感性的认识。

向他们推荐适合于他们课下自主学习的网络课件、辅导用书、英语工具书、英语读物、英文报刊等。严格检查布置给学生的各项作业，确保他们踏踏实实地预习和复习。这些作业涉及听、说、读、写、译五项技能，避免因为课堂的重点放在了互动活动上而出现"文盲"英语。确保课堂上进行的部分生生互动的活动内容与本单元的话题和语言点相关，使语言的输入和输出有机地结合起来，以达到知识内化的目的。

对学生组织课堂教学时遗漏的难点、重点进行适当的提示和补充。对学生互动活动中出现的错误在活动结束后进行快速的纠正。鼓励学生遇到问题时先尝试自己解决，力所不能及时再求助于同学和老师。

坚持进行单元测试，其内容包括阅读文章、写课文概要、写同义词和反义词、完形填空（根据课文填空，填原词）、词汇结构单选、写作等项目。这样可以督促学生进行有效的复习，并且通过考试发现问题，解决问题，发现错误，纠正错误。

利用学生高度重视大学英语四级考试的心理，在试行生生互动模式一段时间之后让他们在规定的时间内做一套往年的四级题，用事实说服他们，使他们从心理上接受新的教学模式。

学生对同学的表现期望过高。有些学生会因为其他同学表达能力有限使得他们在讨论发言中的表现不那么令人满意，或是同学上课没有教师上课的效果好等因素而对生生互动活动产生抵触情绪。学生的这种情绪是可以理解的。英语教学的目的是提高学生的语言能力和综合素质，而学生能力和素质的提高必须靠学生自身的努力去完成，所以学生才是课堂的中心，是实践的主力军。为了保证学生实践活动的效果，教师应向学生介绍"中介语"的概念，使他们意识到英语能力的提高是一个不断犯语言错误和逐渐改正错误的过程，从而使他们对自己在互动活动中的点滴进步感到骄傲，对课堂上的互动活动充满期待，而不是因不可避免的错误感到气馁而放弃参加互动活动。总之，教师应教育学生客观地看问题，用动态的眼光看问题，对自己的进步充满耐心和信心。

新时期英语教学的目标是培养具备英语能力和创造力的综合性人才，英语课堂活动是实现新时期英语教学目标的行之有效的教学模式之一。在生生互动的课堂上，学生可以通过做讲座、组织课堂教学、自编自演等各种互动活动相互沟通、激励和启发，在轻松愉悦的气氛中把语言知识与语言技能有机地结合起来，把个人的体验与语言学习结合起来，将语言学习与全人类教育结合起来，使学生的语言能力和整体素质都得到提高。

二、教学方法

"教无定法，但必有法，贵在得法"是很多教师信奉的教学要旨。然而细细分析，这三个"法"字却代表着不同的含义。"教无定法"的"法"指具体的教学方法，可以理解为 Anthony 划分的路子、方法和技巧中的第二个，是一套向学生传授语言知识的整体计划。在中国的外语教学界，先后流行过语法翻译法、听说法、交际法、任务法等教学法。但是，我国的方法论研究在很大程度上还只停留在"拿来"的阶段，即盲目跟风外国的方法，而缺少对具体教学目标、环境、手段和过程的调查研究，结果造成这些方法并不能完全满足我国课堂教学的需要。

"但必有法"的"法"更多的是指隐藏于各种课堂教学方法之后的更深层次的理念，也就是 Prabhu（1990）提出的"教师认为正确的感觉"。感觉来自于很多方面，可能是教师过去做学生的经历、教书的经验、培训的收获、与同事交流的结果、为人父母的感悟等。带着这些理念，教师走进课堂，用自己的亲身经历、喜好、热情和创造力感染学生。这些理念是教师智慧的积累，也是教学智慧的源泉。

而"贵在得法"的"法"，却对教学提出了更高的要求。如果一味凭"感觉"传道授业解惑，没有选择标准和评估标准，最终得到的只能是无系统、无理论的教学方法大杂烩。Kumaravadivelu 等人以语言学和二语习得等相关学科的研究成果为基础提出了后方法理论，其研究对象正是优秀教学理念背后的共同点。

（一）库氏的宏观策略框架

许多研究者都构建了后方法的具体框架，其中最为成熟的是
Kumaravadivelu的宏观策略框架。库氏认为，凡可称为后方法教学法的，皆
需三大重要参数——特殊性、实用性和可能性。

特殊性强调因地制宜、因材施教，摈弃了以往抛开具体场景空谈方法的
做法，要求深刻了解教学当地的语言、社会文化和政治特性，认识到"特定
的教师是在特定的社会文化大环境和特定的组织小环境下，为了某些特定的
目标而教授一批特定的学生"。为了认清这些特殊性，政策制定者和项目推动
者必须对当地的教学环境有批判性的认识，教师更应观察和评价教学行为，
发现教学中存在的问题并寻找对策。

实用性更是彻底颠覆了以往方法理念中"理论家设计方法，教师实践方
法"的两分法，这种分工实际上将教学第一线的教师边缘化了，认为他们只
能够实践、检验教学方法，而没有真正的话语权。库氏认为，如果专家基于
情景的教学知识必须从教师的日常教学中获得，教师自己也应当能够把教学
实践上升到理论，再将理论回归实践。教师不应该只被看作是应用理论的工
匠，他们也应该是从实践中总结理论的实干家。要保证教师角色的顺利转换，
必须不断帮助教师增加知识和技能，培养科研的态度和自主性。只有产生于
教学课堂中的理论，才具备真正的实用性。

可能性参数考虑教学理论是否与教师带到教学场景中的"经验"相适应，
此经验由政治、经济、文化等诸多宏观因素以及课堂内部微观因素共同形成。
库氏认识到，西方二语教学界设计的教学方法很可能不适合其他国家，因而
能真正产生良好效果的理论必定需要适应具体的宏观和微观环境。可能性参
数还同时关注语言意识形态和学习者身份。

以上三大参数互相交织，相辅相成，形成后方法教学法的概念基础。
Kumaravadivelu据此提出了宏观策略框架，上层由十条宏观策略构成，下层
则是教师可以构建的微观策略的示例，以帮助教师自主科研。十条宏观策略
分别是学习机会最大化、促进协商式互动、认识错配最小化、激活直觉启发
式教学、提高语言意识、语言输入语境化、综合教授各项语言技能、促进学
习者自主性、确保社会关联性和增强文化意识。这些策略没有明显的理论流
派，也不是一套新的教学方法。每个宏观策略之下，库氏又列举了一些小的
微观策略用以指导教学课堂中的具体操作。这一框架是开放式的，它鼓励教
师设计、实践符合当地教学环境的各种微观策略。

"后方法"理论的出现为我国教师教育理念的更新提供了一个很好的契机。萧好章、王莉梅指出："在'交际教学法'逐渐退出教学舞台之后，我国教师似乎被西方变化不定的（Blown，1994）方法所困惑。因此，为广大大学英语教师寻找更新教学理念的有效途径已是迫在眉睫。"当中国的外语教学界不断引进西方一个又一个方法时，国外已经开始对方法本身表示怀疑。我国的外语教学界"缺乏从哲学高度对外语教学的本质和方法等重大理论问题的探讨和研究"（束定芳，庄智象，1996）。离开相关学科理论而空谈方法，对真正提高我们的大学英语教学水平毫无裨益。

（二）后方法时代的教师

后方法理论颠覆了以往"言必称方法"的旧理念，使语言教师摆脱了方法的拘束，把过去被边缘化了的教师重新定义为教学理论的主体创造者。

调查表明，相当数量的教师都认为国外的教学法难以适应中国本土的环境，他们在实际教学中按照自己的感觉，综合采用了各种教学法。感觉虽然重要，但是却没有明确的评价标准，不是完善的体系，不利于科学系统地探索具有中国特色的外语教学经验。

本节认为，后方法理念正是在这点上弥补了折中主义的不足。通过将符合语言学及语言习得理论的策略纳入一个开放的宏观体系中，后方法的框架以库氏的宏观策略框架为代表为教师的课堂实践和评估决策提供了系统的理论依据。宏观策略框架的特殊性、实用性、可能性三大参数从各个角度归纳了教学最本质的问题，并为课程设置、教材开发、教学评估等各个教学环节提供了标准。

同时，后方法的框架是开放的，各个宏观策略之下有很多微观策略，以适应各地不同的情况。传统的教学法易使专家和一线教师之间出现脱节。而后方法理念把科研的主动权还给了教师，承认老师不仅会教学，还能够根据教学经验对宏观策略框架进行扩充和修改，同时在理论指导的基础上自我分析和评价教学实践。十条宏观策略只是粗略提出了一些宏观原则，如何在中国的外语教学课堂内具体有效地贯彻这些原则，还需要更多一线教师的研究。

（三）后方法时代的教师教育

由于后方法理念对教师提出了更高的要求，教师教育也必定得有所改变。传统的教师教育的内容是孤立的知识和技能，与实际教学中的社会、政治、经济、文化等背景都严重脱节。教师教育的方法则是培训者占主导的"独唱"式讲学。教育权威者被视为权威，他们规定教师的教学行为以确保课堂教学的有效性。受教育教师只能被动地听取和接受教育权威者的观点，最多只能发表一些见解。这种"药方式"教育很明显已经不符合现在的教学需求。

传授知识固然重要，但帮助职前或在职教师获得反思自身教学的自主权更加珍贵。要达到这一目的，教师培训的方式就得以互动为主，通过对话式的交流，不断构建教师对教学的领会。同时还应强调课堂观察的重要作用，尤其是系统地观察教学经验丰富的教师。在课堂观察中，应注意定量分析和定性分析相结合，并最终使教师对于自己的课堂教学行为形成深度思考。

教育权威者还应帮助教师学会科研。大多数情况下，教师的教学研究并不一定非要有费时费力、控制精确的实验设计，教师也不一定要具备如理论研究者那般深厚的理论功底。教师需要做的是把眼睛、耳朵和思想带入课堂，认真观察哪些做法取得了很好的效果，而哪些却没有。这些亲身得来的体会和数据信息是教师智慧的源泉。教育权威者需要帮助教师认识到这样做的必要性，并使他们掌握把这些数据信息提炼成可操作理论的技巧。

（四）新形势下的英语教学方法

传统教学模式的弊端。传统的教学方法主要是教师讲、学生听，不能够有效、积极地调动学生的学习兴趣和热情。不仅如此，在教学上，受考试和过级的现实"束缚"，教师往往注重理论知识、英语语法、试题测试等方面，而极少培养学生的读、写能力，同时，大学学习主要是自主学习，更加使得教师与学生在这方面做得十分欠缺，最终导致培养出来的是能够应付各种考试，而无法熟练与人交流的大学生。因此，在顺应时代发展和需求下，应积极探索新的教学模式与方法，从而不断提高大学英语教学水平，为社会培养出更多新型、适合社会发展的人才。

转变传统教学观念，跳出传统教学的多重误区。传统与非传统教学的界限，很大程度上取决于培养的人才上面。传统英语教学在一定程度上制约了英语人才的培养，阻碍了社会的进步与发展。因此，教师作为教学的主体之一，应转变传统教学观念，明确教学的重点与目标，培养学生运用英语的实际能力，从以应试教育为主向素质教育转变，摒弃为通过四、六级考试而采取的急功近利的方式。同时，在教学方法上应当独树一帜，在结合当下英语教学需求和认识英语教学问题的情况下，借鉴并创新，从而做到改变传统教学方法，走出英语教学的困境，使得英语教学事半功倍。

充分借助多媒体教学设备，以学生的听、说能力为教学目标。随着社会的不断发展，各种多媒体设备被用于教学工作中，利用图像与声音教学，使得教学课堂更为丰富，教学场面更富有真实感，从而能够帮助学生更好地领悟教学课程。同时，声音与图片的有机结合，能够培养学生的听力和语感，从而使得教学内容更加丰富，让学生能够更好掌握知识。随着电教媒体的不断丰富，大学英语教学方法变得多样化，从而使得学生的阅读力与听力不断提高，学生的视觉与听觉感官都参与教学中，受到充分的感知与响应。这样能够极大提高学生对教学内容的记忆、理解与吸收，同时也能够很好地保持和充分地调动学生学习英语的热情与积极性，从而有效地发挥学生在教学中的主导地位，在时间有限的课堂教学中最大限度地为学生提供和创设学习英语的良好环境，有力地巩固与提高英语知识和英语训练技巧的形成，对帮助学生提高听、说、读、写能力都有巨大的作用。

教师利用情景教学的模式指导教学。英语教学的方法多种多样，并且极为灵活。其中设置情景教学就是较为常见的一种，在教学中让学生置身于书本和课堂内，参与某个角色的扮演，让学生自己发挥主观能动性，将课本中的对话知识转换为真实的情景模式，并且加以生动的演练。在这个过程中，教师可以辅助学生，增强学生的自主学习能力，对于学生的口语能力培养训练具有极大的促进作用，从而加强学生学习英语的兴趣与能力。采用情景教学方法，也能够有效活跃课堂的教学气氛，让学生主动了解并深入理解课本上的英语知识，了解西方文化与东方文化的差异，这样更加有利于学生英语能力的培养与形成。

以学生作为教学中心，改变传统的教学方法。在传统英语教学中，学生往往被动接受课本知识，同时，教师以考试为教学目的，这样就导致了学生在接受知识的时候参与性不强，在教学中忽略了学生的主体地位。传统的教学强调的是死记硬背语法规则，而忽视了学生英语口语能力的培养，忽略了英语作为一门语言课程的作用，使得课堂气氛沉闷。这样，学生对于语言的运用能力从何谈起？因此，在新的形势下，教师应当坚持以学生为主体进行教学活动的设计和执行，加强对学生英语听、说能力的训练。在课堂教学中，教师应当放低姿态，给学生足够的空间，增强其自信，根据教学内容提出问题，让学生主动思考与回答，并且给予鼓励与赞扬，让学生喜爱这样的自我表达，从而更加热爱英语课堂。除此之外，教师还可以将学生分为若干个学习小组，对问题进行探讨，在探讨结束后自由发表言论，并且分析与讲解，最后由老师总结，这样可以有效缓解学生在听、说英语时的紧张心情，提高教学效果。

积极探索并创新考试方法。传统教育方法培养的是能够应付考试的学生，考试的能力比一般的学习能力更强。在学校教育中，检验学生学习能力和学习成绩，并且刺激学生学习的有效方式就是考试。但是，考试必须体现该课程学生全面发展的目的，这也是现代教育对学校提出的要求。在传统的英语考试中，主要是对学生的词汇、语法的测试，使得学生在学习中注重的是词汇与语法的学习与记忆，注重语法规则，但忽视了语言是交流、交际工具。因此，要改革传统考试方式，探寻和创新考试机制，在掌握基本词汇与语法规则的前提下，通过长时间的学习，由老师创设一定的模拟情景，提出问题，让学生自由阐述自己的观点，给学生提供充分的表达自己的机会，并且问题可以是开放多样的，让学生即兴发挥，从而更好地检验学生的听、说能力。

综上所述，随着社会的发展，需要的是具有较强综合素养和较高英语能力的人才。但在传统的教学体系下，英语教育者和学习者往往是只中意于纸上的英语，而偏离了英语是用于交流所用的根本性质，这就使得学生在听、说能力上表现欠佳。大学英语教育对培养实用型英语人才有至关重要的影响，因此，在今天，大学教师更应思考该如何创新英语教学方法。

第五章 二语习得研究范式

Cuba & Lincoln（107）把范式定义为有关终极或者首要原则的基本信念体系（或玄学体系）。同宇宙学和神学相似，范式代表了一个人的世界观，它定义了世界的本质、人在世界中的角色以及人与世界和世界组成部分之间的各种各样的关系。这个信念体系的基本性在于所有的信念都作为公理被无条件地接受，而无法最终证明这些信念的真理性。

关于科学知识的发展模式，Kuhn 提出了自己独到的见解。他认为，把科学知识的发展看作一个没有偏见的、客观的理论和研究结果积累的平稳进步过程的说法是不成熟的相反，科学发展是依赖环境和历史背景的动态过程，当理论、方法和技术面对无法解决的困难和问题的时候，它们就会发生变化，就会瓦解。同时，新的理论和方法共同建立了指导研究的原则、观点和实践操作步骤，于是，新的范式就产生了。当然，会有彼此矛盾、相互竞争的不同范式存在，每个范式都有自己不同的诠释现实的方式，都遵循发生、发展和灭亡的规律。所有遵循同一个范式的人都有共同的信念和决心，都用自己的、不同于其他范式的方式看待和解释这个世界

Kuhn 曾用二十几种方式阐释范式。这些方法可以归结为三个层面：世界观层面、社会学层面（一系列具体的习惯、模式或者是普遍接受的科学成就）和构建层面（产生、采集数据所用的仪器、工具、程序和技术）。本章定义的研究范式从宏观的层面、认识论的深度和方法论的视角概括二语习得研究的性质和目的，并在一定意义上决定研究设计、数据收集和数据分析的方法。本章将分别以传统的定性—定量两分法、Seliger & Shoharay 的四参数范式、Ellis & Barkhuizen 的三分法、Perry 的三维模型和 Van Lier 的二维坐标模型为例，分析不同研究者对研究范式的不同观点。

第一节 定性研究与定量研究

自然科学的成就得益于科学的研究方法。在人类改造自然、创造人类文明的过程中，社会科学对研究方法提出了不同于自然科学研究的要求。一方面，社会科学借鉴自然科学对研究变量全方位控制的研究方法；另一方面，它需要在真实的社会场景下研究真实的人类活动，因为社会现象这个特殊的研究对象决定了在很多研究中不再可能控制变量。于是，从十九世纪起，定性研究和定量研究就成为社会科学领域中最有代表性的两大科研方法。有人把定量研究比喻为"硬科学"，把定性研究比喻为"软科学"。一般认为，定量研究具有介入性、客观性、推广性的特点。它对变量进行控制，注重结果，强调独立于研究者之外的客观现象的存在而定性研究则强调知识的相对性，所有的知识和研究都有主观的因素，具有整体性而不具有普遍性的研究才是合理的。

在二语习得领域，研究者对定性研究和定量研究的定义和特征也有不同的观点。

许多研究者认为定性研究和定量研究都是实证研究，区别在于定量研究的数据形式是数字，而定性研究的数据形式是语言（文秋芳，俞洪亮，周维杰）。用数字/文字对照作为区别两种研究方法的标准明显过于简单了。文秋芳等研究者在参照其他研究者的观点后，从下面几个方面比较定性研究和定量研究的主要区别：

表5-1 文秋芳等的定量设计和定性设计之间的区别

	定量	定性
目标	检验确定的变量；验证假设。	确定变量；产生假设。
问题	数据收集前是明确的。	在研究过程中逐渐具体化。
样本	大样本。	小样本。
数据收集	固定的程序结构。	灵活和动态的程序结构。
数据分析	统计分析。	定性分析为主，也可用统计分析。
结果	有广泛的应用。	缺乏广泛的应用性。

　　刘润清从认识论、方法论、研究设计和研究目标等方面分析了两大方法的区别：

表 5-2 刘润清的定性方法和定量方法的比较

定性方法	定量方法
一、现象学观点	一、逻辑实证主义观点
强调亲身参与活动以获得经验；只有通过个人主观经验才能认识人类行为；了解就是移情；依赖定性数据。	强调用实验方法来获取数据；只有摆脱主观状态才能了解社会现象的因果关系；了解要保持距离；依赖定量数据。
二、综合法	二、分析法
从部分到整体；整体观；面向内部结构；了解过程；假设一种动态现实。	从整体到部分；成分观；面向外部结构；了解结果；假设一种静态现实。
三、归纳法	三、演绎法
以观察材料为出发点；事先没有形成看法；探索性的、扩展性的、描述性的；可以生成假设；成果：描述或假设。	以假设为出发点；事先进行预示；简约性的、推断性的、验证性的；假设检验；成果：理论。
四、自然观察	四、操纵和控制
观察面广，但较分散；变量不加控制，有利于了解变量的复杂关系，但也容易顾此失彼；注意内容，但容易忽视形式；主观，但解释力强；接近现实，但所需时间较长。	观察面窄，但较集中；观察面窄，较集中了解它们的因果关系，但容易把问题简大，单化；注意形式，但容易忽视内容；客观，但解释力弱；所需时间较短，但人为成分较大。
五、描写性	五、推断性
没有干扰的自然观察；归纳数据，进行描写；旨在发现规律或模式；效度高，信度低，可概括程度低，个案研究。	有控制的实验；归纳数据，进行推断；旨在验证已有的假设；信度高，效度低，可概括程度高，多元观察。

　　陈坚林从研究情境、表达形式、收集方法和分析方法四个方面分析定性研究和定量研究的特点与区别。他认为，定性研究一般是在自然环境下进行，不对研究对象加以人为的控制，研究者注重研究对象的整体性和相关性，对所发生的事情进行整体的、关联式的考察。定量研究一般是在有控制的情境下进行，通过对研究对象可量化的部分进行测量来收集资料，并对资料进行数据分析，从数量角度达到对研究对象本质的一定把握或得出相关结论。

　　在表达形式、收集方法、分析方法方面，陈坚林认为：在自然情境下获得的研究结果更适合以文字的形式呈现，因此定性研究报告多用文字表达，辅以图表、照片、录像等定量研究有一套完备的操作技术，包括抽样方法、资料收集方法、数据统计方法等定量研究报告多以数据表达，辅以适当的文字说明。

　　定性研究采用多种方法收集资料，如观察、访谈、查阅文献、收集实物，一般不使用量表或者其他测量工具。收集资料时注重的是过程而不是结果定量研究收集的主要是数据资料，其方法包括测试、问卷调查、实验、统计报表收集资料时更多的是关注结果而不是过程。

定性研究主要采用归纳的方法：一般情况下，研究者在开始时没有一定的理论假设，而是直接从原始资料出发，通过归纳分析自下而上逐步浓缩资料，从原始资料中归纳出概念和命题，然后上升到理论。定量研究主要采用演绎的方法，研究者对收集的资料采用统计方法分析，研究者根据量化分析的结果推导出总体的研究结论。

尽管以上几种阐述各有不同，但是可以看出，定性研究和定量研究建立在不同的哲学基础之上。定性研究强调人的主观作用，强调现象的历史背景和环境影响；定量研究强调世界万物的因果关系，认为事物发展是具有客观规律的，而且可以通过定量的方法探索规律和因果关系认识论的不同就决定了定性研究和定量研究的目标、收集数据的方法、分析数据的方法和表达形式有了相应的区别。

在二语习得领域中的定性研究和定量研究具有各自的优势和不足。例如，定性方法满足在自然环境下观察实验对象的条件，因此能够真实地记录人类活动和行为。但是，定性研究存在一些问题，例如，研究结果的外在效度低、推广性差；内省法的信度低；参与者和观察者身份矛盾等。定量研究方法通过控制和操纵，产生出人人都能观察到的结果，并且可以通过统计学的运用，计算或然性、相关性、显著性差异等，因果关系明了，标准化和精确化程度高，逻辑推理严谨。但是，运用到二语习得领域，定量研究具有严重的局限性。首先因为二语习得这个复杂过程中的变量难以控制，所以通过定量研究方法收集的数据不一定具有客观真实性。另外，因为研究对象是学习者，所以对变量的控制还存在着道德问题。

针对两种研究方法各自存在的问题，二语习得研究者提出了许多解决方案刘润清把壁垒分明的两大研究方法看作一个连续体的两个端点，而在两个端点之间还存在着若干具有一定倾向但不排斥其他方法的研究方法。陈坚林认为定性研究方法和定量研究方法结合使用会从不同层面灵活地探讨语言习得问题，他还具体地提出"轮换使用模式"和"循环使用模式"，在不同研究阶段合理使用两种研究方法。文秋芳等也认为语言教学研究已经从"单一式"阶段发展到现在的"混合式"阶段，并且进一步把混合式研究模式从时序上分为"顺序设计"和"平行设计"，从重要性上分为"平衡设计"和"不平衡设计"。通过"时序"和"重要性"两个维度的调节来适应不同的研究对象，达到不同的研究目的。

第二节 Seliger & Shohamy 的四参数范式

Seliger & Shohamy 把二语习得看作一个极其复杂的过程，认为对二语习得现象的研究也必须是多层面、跨学科的研究，因此，有必要使用统一的依据划分研究方法、目标、设计和数据收集的参数。Seliger & Shohamy 用四个参数来衡量二语习得研究的显著特征，这四个参数建立了进行二语习得研究和讨论、比较研究成果的评价框架体系。

Seliger & Shohamy 的第一个参数是综合／分析，当从任意一个观测点来研究二语习得时，都会发现有很多相互作用、相互交织的因素影响着这个复杂的过程。这些因素不仅多到无穷无尽，而且每一个因素都可以看作一个独立的研究领域。如果使用一种系统方法，就可以在一定程度上简化这种复杂的状况，也就是说，我们可以把所有与二语习得相关的因素分为不同的范畴，例如"生物因素""语言学因素""情感因素"等。每个范畴之中又有它的子系统，例如，语音系统中又包括元音系统。这种系统的划分让我们能够应对二语习得研究的复杂性，同时我们可以选择在任意层次进行整体或者部分的研究。

对于具有很多构成部分的领域有两种研究方法：试图掌握整体或者大部分，以便清楚地了解构成部分之间的相互关系。

锁定整体中的小的组成部分进行认真、细致的研究，最终把部分汇集成整体，通过对部分的了解来掌握整体，Seliger & Shohamy 用盲人摸象的比喻来说明这两种方法。五个盲人中的每一个人都描述出自己能够摸到的大象的部分，并进而对大象的整体形象加以描述如果第六个盲人能够对大象身体的所有部分都有所了解，尽管他对局部的了解没有其他五个盲人精确，那么当六个人把自己了解的部分总结起来的时候，他们描述的大象的形象就会客观得多。

二语习得研究既可以采用综合法，强调这个领域组成部分之间的相互依赖关系，又可以采用分析法，强调组成整体的部分的作用，两种方法相比较，Seliger & Shohamy 认为分析法更适合用来研究具体层面的二语习得现象，而当研究者意识到某一个概念是许多因素的合成体的时候，采用合成法更加可取，因为在把一个语言变量分解成不同的因素时，有可能会曲解或扭曲这个语言现象，采用合成法就有效地避免了这种可能性。当然，如同六个盲人一样，前五个盲人能细致、精确地描述部分，而第六个盲人虽然没有前五个盲人对部分掌握得精准，但是他能提供整体的信息，在相互补充的情况下，为大象做出最精确的描述。同样的道理，每个方法都有自己合理的目的和价值，它们之间是互补的关系。

Seliger & Shohamy 的第二个参数是归纳 / 演绎。归纳 / 演绎参数涉及研究的目的。研究可以以归纳为目的，发现、描述二语习得中语言现象的规律和关系；研究目的也可能是检验有关二语习得语言现象的各种假设。在归纳性研究中，我们描述发生的现象、收集数据、形成假设，在演绎性研究中，研究的目的是检验假设，从而建立和完善理论。

在归纳性研究中，研究者观察、记载语言现象的某个侧面或者语言现象发生的环境在研究阶段，并没有明确的研究问题，研究者在收集数据时也没有完整的理论或者模式的指导，因此收集的有关语言环境的数据以详尽为标准，收集之后用描述的方法分类或者进行分析，这种研究的结果经常是形成的一些假设。

在归纳性研究的分析数据过程中，研究者应该尽量避免先入之见的影响。面对大量的观察数据，研究者应该全面地考虑，并且把这些数据按照在收集数据中自然形成的范畴分类。在这样的研究中，经常由研究形式、研究境况和收集到的数据决定研究范围和方向，研究者由此可以发现规律、寻求解释，为进一步的研究形成研究问题和具体的假设。

归纳性研究结果、二语习得理论或者同二语习得相关领域的研究结果都可能是演绎性研究假设的源泉。演绎性研究和归纳性研究不同，研究者在开始演绎性研究的时候，已经对要研究的语言现象有所期望或者已经形成了一定的先入之见。因此，从这种意义上说，演绎性研究是受假设驱使的研究。研究者首先带着研究问题或者秉承某些理论选择具体的研究对象，并对其进行系统的研究。有些时候，当研究者认为其他领域中的研究问题或者理论有可能对二语习得具有解释力，那么也可以带着同样的问题进行演绎性研究，检验假设。

Seliger & Shohamy 的四参数范式中的第三个参数是对影响因素的控制程度，所有形式的研究都会或多或少地对研究环境因素进行控制，即使在控制程度最低的人类学研究中，选择什么样的语言行为作为观察对象、收集什么样的数据进行分析也是对影响因素控制的方式。同第二个参数相似，对影响因素的控制程度也形成一个连续体，一端是最低程度的控制，另一端是对研究环境严格的控制。这种控制包括实验处置、研究对象的数量和种类、获取实验数据的方式等对环境控制程度会影响收集数据的类型、分析数据的方法以及研究结果的解释力和研究结果在其他环境中的普遍适用性。

同控制程度相关的有四个因素：研究范围的大小、对变量的控制、对语言形式的注意和研究者的主观性任何研究，都要对研究范围做出决定，研究范围直接影响研究设计和研究方法、策略，对研究范围控制程度越低，研究环境中的不同因素或者变量就越难控制。但对于一个采用归纳性研究方法的研究者来说，这是一个明智的选择，因为对研究范围控制过多会影响二语习得语言现象的真实性。相反，研究范围控制程度越高，越容易控制变量，适用于演绎性验证假设研究。

在不同的研究中，研究设计和研究方法对明确和不明确的变量的控制程度不同。例如，研究范围大小和变量控制程度是相互影响的。研究范围越小，对可能影响研究结果的变量控制程度越高，也就是说，为了清楚地说明研究发现，研究者首先假设自变量已经明确，其他变量可以控制，然后断定研究结果是哪些变量导致的，而和其他的变量没有因果关系，而在研究范围较大的研究中，很少对变量加以控制，因为变量并不明确，而且研究者也倾向于描述自然发生的、不加以控制的语言现象。

对语言形式的注意也同控制程度相关，语言研究的一个与众不同的特点就是语言既可以作为研究交流媒介，也可以作为研究对象当语言只是交流媒介时，我们经常注意的是语言的内容而不是形式，当我们把语言形式作为研究的焦点时，研究者有很多选择方式，比如，可以在自然的环境中观察二语习得者的语言现象，也可以设计具体的任务获取我们希望研究的语言形式一般来说，如果想要在自然的环境中获取数据，就应该采取适当的方法让研究对象注意语言交流的内容而不是形式，这样也就无法集中地获取有关某些语言形式的数据所以，当研究聚焦内容而不是形式的时候，研究对象并不明确研究焦点，研究控制程度较低，研究的范围则较宽」但是在范围较窄的研究中，为了集中地获取有关研究焦点的数据，研究者不得不设计任务获取有关语言现象，提高研究的控制程度。研究对象在这种情况下一般可以推测研究目的，因此，他们更加注意语言形式，输出的语言数据有可能与在自然环境中的语言输出有所不同。

同控制程度相关的第四个因素是研究者的主观性控制程度低、范围广的研究更需要研究者的判断、解释能力，因此，对研究的控制程度可以限制研究者的解释和描述语言现象的主观性。研究焦点越集中，研究者越是需要工具来辅助或者替代自己的解释、判断力。

一旦研究思路（综合法或分析法）、研究目的（描写或检验假设）、控制程度确定，研究者要考虑的就是收集数据的类型和方法了，这就是四参数范式中的第四个参数。

Seliger & Shohamy 归纳总结出以下几个观点：研究思路和研究目的是认识层面的两个参数，控制程度和数据收集是操作层面的参数；参四个参数涉及二语习得研究的不同侧面，它们彼此之间相互依赖、相互影响；每个参数都是一个连续体，在连续体的两个端点之间，有不同程度结合两极特点的许多方法；二语习得作为一个跨学科领域，不应该采用其他领域的研究范式，而应该根据二语习得的特点，从四个参数的角度进行研究。

Seliger & Shohamy 的四参数范式同定性／定量两分法范式有相似之处：两种范式都是从宏观到微观、从认识论到操作方式的分层次描述，都不仅强调两个极端的区别，而且强调两个极端之间形成的连续体。但是，两者之间存在着不同之处，例如，四参数范式更加具体地提出衡量二语习得研究的四个参数，而定性／定量两分法范式根据认识论和操作方式之间的纵向连锁关系描述各个层面的特点。定性／定量两分法范式强调两个不同研究在各个层面的不同，而四参数范式中的四个参数之间的关系相对灵活一些，Seliger & Shohamy 强调的只是它们之间的相关关系，因此，在采用混合研究设计时，四参数范式会提供更大的弹性和灵活度。

第三节 Perry 的三维模型

Perry 用三个连续体——基础性／应用性、定性／定量、探索性／证实性——形成一个三维空间。根据这个模型，任何一种研究方法都根据其在三个连续体上的位置具有一个三维坐标。

基础性研究就是理论性的、对高度抽象的构建进行探讨的研究（Perry）对于急于提高学生语言习得效果的语言教师来说，基础性研究似乎不能提供他们寻求的答案，因为基础性研究主要探索语言机制、心理机制、社会学机制等理论问题、但是基础性研究是所有二语习得研究的理论基础。举例来说，只有首先对大脑信息处理方式进行基础性研究，才可能把这项理论研究结果应用于教学法的研究，探索诱发某种大脑信息处理方式的教学手段在这个连续体的另一端和基础性研究对应的是应用性研究。这种研究可以直接应用到语言学习、语言教学当中。当然，如果一项研究具有深厚的理论基础，同时又具有明显的应用价值，那么，这样的研究就同时具有基础性和应用性，处于这个连续体的中间位置。

Perry 的三维模型中的第二个连续体是定性／定量连续体。Perry 认为，定性研究就是在真实生活场景中进行的、不受任何理论和假设影响的研究。定性研究通过研究者的观察收集综合性数据，并采取语言形式分析数据。Perry 为了清楚地分析定性研究，列举了定性研究的四种典型研究设计：个案研究、人类学研究、对话分析和在线报告研究。关于定量研究，Perry 强调这种研究具有的检验假设、样本分析和高概括性的特点。Perry 在处理定性/定量分歧时，同意 Larsen-Freeman & Long 等研究者的观点（Creswell；Huberman；Tashakkori & Teddlie），认为没有必要过分强调两种研究方法的不同哲学基础和认识论基础，两种方法不应该是针锋相对的两个阵营，而是一个连续体的两个端点。

Perry 的三维模型中的第三个连续体是探索性/证实性连续体—项研究如果目的在于寻求证据来支持（证实）假设，那么它就属于证实性研究；如果研究目的是在形成假设之前探索语言现象，那么，这项研究就属于探索性研究。

Perry 强调，三个连续体中的任何两个端点之间都没有主次之分，研究者采用连续体上适合的方法研究不同的问题，单独使用三个连续体中的任何一个都无法描述众多研究方法。三个连续体相互交叉形成一个三维空间，研究者的选择也因此成为一种三维的选择。

第四节 Ellis & Barkhuizen 的三分法

Ellis & Barkhuizen 采用了 Cohen & Manion 的标准法/说明法研究范式的两分法，并在此基础上，添加了 Neuman 提出的评论性研究，形成了三分法范式。

Ellis & Barkhuizen 虽然清楚地划分了二语习得领域中的三个研究范式，但更倾向于各种研究方法的整合，因为在二语习得研究领域，很多研究者并不局限于某一个理论取向方面，研究者们认为研究二语习得最重要的证据来源是二语习得者的中介语，因此用定性的方法收集自然环境中的中介语数据非常必要；另一方面，研究者如果需要验证假设，那么他们只能用数字的形式描述定性数据，进而进行统计学分析。

Pica（1984）的研究是把研究范式整合利用的典型。从理论取向、研究目的和研究设计角度来看，这项研究属于标准法范式，因为她研究的对象是具有不同事先限定的变量（不同的接触二语的方式）的三组研究对象，研究目的是探讨不同的二语习得者在不同的学习环境中是否具有相同的习得顺序。但是，她采用定性方法收据数据，收集习得者关于私人话题长达几个小时的对话录音，而且用定量的方法对数据进行统计学分析。

众多研究者采用类似 Pica（1984）的混合式研究方法表明，研究设计、数据收集和数据分析之间的关系是比较灵活的，并不局限于一个理论取向或范式。本节的编排顺序不是以范式为单位，而是分别描述研究设计、数据收集方法和数据分析方法，原因在于突出各个研究步骤和程序之间较为灵活的关系。

第五节 Van Lier 的二维坐标模型

Van Lier 在他的二维坐标模型中用两个参数描述应用语言学研究，即干预参数和选择参数。干预参数衡量研究者对研究环境的干预程度，而选择参数衡量研究者选择进行研究的语言现象的范围。在干预参数的连续体上，一端是实验室条件下的实验研究，另一端是对自然环境中发生的语言现象进行描述的自然主义研究。这两种研究也因为分别具有和不具有预先指定的研究变量而位于选择参数连续体的两端。

以干预变量和选择变量作为横坐标和纵坐标，就形成了四个象限，分别是控制象限、测量象限、询问/行动象限和观察象限，控制象限的特点是高度的控制性和高度的选择性，属于这个范围的研究只研究几个有限的变量，并且试图控制这些变量。举例来说，如果研究者想要研究文化背景知识对阅读理解的影响，他们可以采用实验设计，对来自不同文化背景的研究对象的阅读理解进行调查。在这项研究中，调查的变量只有一个，就是文化背景。研究也不是在自然环境中进行的，而是通过阅读文本这项干预任务完成的。

测量象限的研究具有高度的选择性和低度干预性，研究者选择一定的语言特征，对其进行具有操作性的定义，量化这种语言特征的频次，来建立语言特征之间的联系，或者语言特征同其他变量（例如教学效果）的联系。例如，为了调查教师问题类型对学生回答的影响，研究者首先给教师问题定义、分类，然后观察一系列课堂行为，记录问题的类型和学生回答的长度和复杂性在这项研究中，研究者详细规定了研究对象，但是并没有对教师或者学生的行为进行任何的控制或者干预。

询问/行动象限的研究具有高度的干预性和低度选择性。研究者在对某一领域进行研究的时候，采取观察、微调环境、访谈等手段，逐渐对问题进行准确的定位，为属于控制象限的实验研究奠定基础。

观察象限的研究对研究对象和研究环境基本不进行任何选择和干预。研究者在不干预环境的条件下观察和记录发生的一切，在研究之前，也没有预先决定对哪些变量进行研究，哪些变量据有较高的研究价值。尽管会使用定量的测量方法分析研究结果，但也只限于若干分析方法中的一种，并不比其他分析方法具有更大的重要性。

Nunan 对 Van Lier 的二维坐标模型进行了分析，认为这个模型非常实用。但是，这个模型和其他任何具有清楚界限的范式一样，是对二语习得研究现状一种简化的描述。此外，Nunan 也强调了在实际研究中，研究者们经常超越象限的界限，选择最佳的、能够回答研究问题的、满足研究目的的混合研究方法。

第六章 二语习得研究设计

第一节 人类学研究设计

一、定义

人类学研究设计是在真实、自然的场景中对一个群体的特征或者文化进行描述的研究设计。在人类学研究设计中，并不能像在实验室研究中那样对研究对象进行分离、控制或操纵。研究中产生的见解来自于收集的数据，而非某种理论。广义地讲，人类学家进行的研究被定义为人类学研究或自然主义研究。

人类学研究的目的是定性地描述一种文化的运行方式从二语习得研究的角度看来，人类学研究的目的在于描述、阐释个人和群体的文化行为，从参与者的角度，用同某一群体和文化体系相关的范畴开展研究活动。和实验研究设计相比，人类学研究设计对真理、现实和证据具有不同的理解和定义。

Wilson 认为，人类学研究设计基于两个有关人类行为的假设，自然—生态学假设和定性—现象学假设。自然—生态学假设的基本观点认为，行为发生的环境对行为产生重要的影响，如果我们想要研究行为，就必须在这种行为发生的自然环境中进行研究，而不能改变行为发生的环境，在实验室中进行研究。由于某种行为现象的一些实地研究结果同实验室研究结果不同，于是证实了实地研究的必要性定性—现象学假设否定客观现实的存在，认为没有独立于研究者和研究对象主观认知之外的客观现实。根据这个假设，只有把研究者和研究对象的主观认知和信念体系并入到研究中，才能真正了解人类行为，并对其进行客观的描述。定性—现象学假设挑战了研究者作为客观观察者的传统立场，认为实验研究中数据收集和分析之前的形成假设、操作化构想是不合适的，甚至是不相关的。

二、特征

基于自然—生态学假设和定性—现象学假设的人类学研究设计是典型的定性研究，它具有明显的特征和原则。首先，人类学研究设计通过研究对象的行为探究其文化含义，因此对一个群体文化的描述成为人类学研究设计的核心特征。这里所谓的文化，是满足一些条件的群体。虽然人类学家的研究对象可能是不为多数人所熟知的国家的文化，但是，作为研究对象的文化也可以是一个学习语言的班级，因为一个班级由扮演不同角色的多个个体组成，在这个群体里，组成成员的行为方式受到这个班级特有的习惯和标准的影响。人类学研究设计在二语习得领域具有广泛的应用例如，学校和语言学习项目的人类学研究、对于语言教学和语言学习的个人讲述的人类学研究、教学环境外双语使用的人类学研究、文化和意识形态习得的人类学研究、在不同文化背景中或者不同语言结构习得的人类学研究等。

人类学研究设计的第二个特征是不带着清楚的研究问题和假设对一个群体的文化进行全面的描述和研究。由于人类学家否定客观现实的存在，因此，自然科学中采用的研究方法、步骤和假设在研究人类行为时并不合适。只有当研究者已经开始研究，并且已经能够在一定程度上辨别所研究群体的行为特征之后，才能形成更清晰的研究问题和假设。因此，一方面，人类学研究设计进行非系统性的观察和描述，产生大量研究数据作为研究结果，而没有过多确定研究变量、探究数据间的相关性和因果关系；另一方面，人类学研究设计是一个产生研究问题和假设的研究设计。有些研究者（Van Lier；Nunan，1996）为此把人类学研究设计看作人类学和社会学的核心。

在讨论数据和理论之间的关系和出现的前后顺序时，"数据导出理论"不容忽视数据导出理论就是根据数据形成理论，而不是在某种理论的指导下收集、分析数据的研究行为。采用人类学研究设计的研究者经常对实地笔记进行标注和匹配，或者进行其他形式的阐释，用来指导进一步的观察研究者然后用进一步的观察结果来证实或者辩驳基于实地笔记的阐释和规律总结。在整个研究过程中，研究者循环往复地进行观察、记录和分析，不时地提出理论性的观点，并验证这些观点的真实性。有些二语习得研究者（Long，1986；Gregg）曾经质疑"数据导出理论"，认为这样的操作效率低，缺乏理性，并且认为对根据未加操控而收集的数据进行诠释、建立因果关系过于草率，不具有说服力。尽管采用人类学研究设计的研究者并不否认这样建立因果关系具有风险性，但是他们认为，人类学研究设计本身就是一种独立的研究传统，而不是产生具体的研究问题和假设的工具，是否得出因果关系、产生假设和研究问题不影响它作为一种纯粹的定性研究的地位和性质。

人类学研究设计强调自然科学研究对象和社会科学研究对象的区别，因此人类学研究设计的另一个特征就是实地观察，或者说，在所研究现象发生的真实环境中进行观察，对研究对象不进行任何控制或操纵。不仅如此，相对于"局外人视角"，人类学研究设计强调"局内人视角"的重要性，因此，参与性观察是人类学研究设计的最佳方案。研究者可以作为一个群体或者文化中的一员同观察对象生活在一起，同时观察发生的各种现象。例如，如果研究者想要调查、研究一个学校的教师和学生之间的关系，可以作为一个临时教师参与到目标教师团队中，通过观察、实地记录、对教师和学生的访谈以及记录教师会议等方式描述教师在课堂、课下对待学生的方式和学生在教室、教研室中的行为方式。学生在不同的环境中，比如说在教室中和教研室中可能会有不同的行为方式。在观察进行到一定时间后，可能会产生一些行为方式范畴，可以归纳所有的学生的行为在此基础上，研究者可能会进行进一步的研究。

但是在教学环境中，除了行动研究设计，参与性观察并不常见，多数的研究者在得到允许后，作为非参与者对教学活动、教师和学生的行为以及其他教学环境中的现象进行观察。

人类学研究设计的另外一个特点是多视角性探究和丰富性描述。在某一研究环境中，人类学研究设计主张建立不同的视角，采用不同的理论、方法和技术进行观察和研究。在人类学研究设计中，丰富性描述是指对研究对象进行丰富、详尽的多视角观察和描述。

三、优势及缺点

人类学研究设计强调整体性的视角，描述文化特征以及在文化特征影响下的群体行为，研究力求详尽，在真实环境中，从局内人的角度对研究对象进行多视角的观察。人类学研究设计的特点决定其具有其他研究设计所缺乏的优势首先，人类学研究设计中的研究问题是动态的，随着数据的积累和认识的提高，可以随时对研究问题进行修改和精炼。比如说，一个采用人类学研究设计的研究者观察口语课堂。他最初的目的是观察学生和教师之间互动的方式以及这些方式对口语能力提高的影响，但是，经过一段时间的观察、访谈，研究者可能会改变研究焦点，转而研究教师评价性话语对学生学习动机的影响。人类学研究设计的第二个优势在于其对研究环境的了解没有很高的要求如果研究者需要确定具体的研究问题或者要形成正式假设，就需要对研究环境、研究对象等具有相当详尽的了解只有在这种详尽的了解和前期研究成果的基础上，才能够确定研究问题和假设。人类学研究设计没有这样的限制。比方说，如果研究者想要探究为什么操某一母语的学习者在课堂外语学习中会遇到比别人多的困难，那么，这个研究者可以采用人类学研究设计，分别研究、观察语言课堂环境、学生和教师的态度、社会和家庭对语言学习者的影响、语言学习者对目标语的态度等，然后在丰富的观察结果中寻求规律，从而决定进一步研究的具体方向。

人类学研究设计的优势不意味着这种研究方法放之四海而皆宜，在采用人类学研究设计时，还是有一些限制条件的。这一点我们需要加以注意。例如 Mackey & Gass 就在介绍人类学研究方法时，从实际操作角度和理论依据角度提出这种研究方法不足之处及应该注意的事项。首先，在实际操作方面，人类学研究设计跨越时间长，不仅要进行长时间的数据收集和详细、连续的记录，更要对不同来源的数据进行反复、仔细的数据分析，否则，研究的信度和效度都会受到影响。其次，采用人类学研究设计的研究者的身份也需慎重考虑如果研究者作为参与者进行研究，那么他就很难完成人类学研究设计所需要的详细数据记录。为此，有些研究者通过录像和录音的方式解决这个难题。研究者的参与可能引起的另外一个问题有可能会改变所观察的实践活动的原本面目，因此，采用人类学研究设计的研究者一定要用多视角的方式采集数据，尽量避免因自己的参与和身份对研究数据产生影响。除了实际操作角度应该注意的问题，Mackey & Gass 还列举了研究者们对人类学研究设计的理论基础的质疑。首先，由于不存在一个不受外界和内部个体影响的不变的社会群体，人类学研究设计把研究对象定义为一个群体的文化就存在缺陷。对任何一个群体的描述都受到描述者，或者说研究者的主观导向的影响。人类学研究设计的第二个理论缺陷是记录数据和撰写报告的主观性。第三个缺陷是无法把通过人类学研究设计取得的研究结果应用到其他场景中，这个人类学研究设计的定义性特点同时也是其存在的缺陷。

四、一个典型的人类学研究设计

Heath 一项跨越 10 年的研究被众多语言学家看作 20 世纪 60 年代到现在为止人类学研究设计的最典型例子。

Heath 的研究领域是学校及家庭中的母语习得。在长达十年的时间里，Heath 对美国东南部相隔几英里的两个社区中的儿童进行了大量的人类学研究调查，研究他们在家中及学校学习使用母语的情况，在叫作 Roadville 的白人工人阶层社区中，几代人一直在当地的矿井中工作。Trackton 是黑人工人阶层社区，这个社区中的家庭成员曾经是农场劳工，现在的这一代人已经成为矿工。由于美国当时颁布了废除学校种族隔离法令，学生大量流动，学校和教育部门需要了解儿童入学时的语言情况，调查这些儿童的口语和书面语教师应该了解什么、采取什么样的教学方法。在这样的历史背景下，Heath 进行了长达十年的研究。她这样提出了她的研究问题：家庭和社区环境对学校学习和工作岗位需要的语言结构和语言功能的学习发挥什么样的作用？研究对象是文化截然不同的两个社区的儿童，他们分别在家里和社区中开始母语习得她具体调查研究了研究对象如何学会语言、使用语言与他们读写能力的联系，在家中使用语言同他们学习课本的相互关系，以及学习语言的不同方法同融入学校生活的相互关系等 Heath 还同这些儿童的教师合作，帮助他们通过了解儿童在校外学习和使用语言的方式来促进课堂学习。她还对这些教师进行培训，把他们变成人类学研究者 Heath 曾经在这两个社区中生活了几年，因此是作为参与性观察者进行研究的，这不仅为她建立数据库提供了条件，而且为她提供了进一步研究的课题。由于研究者同进行研究的社区和语言现象进行近距离接触，这样无疑提高了这项研究的内在效度 Heath 非常注意避免在收集数据时影响研究对象的日常生活，从而解决了 Labov 提出的"观察者悖论"所带来的问题在遵守严格的研究制度的同时，Heath 收集了大量的、异常丰富的数据，不仅有实地观察笔记、录音、街道标志等环境中的语言、儿歌，还有多种多样的书面语言数据的形式有文本、照片、地图、图表等。这个历时十年的研究收集的数据如此之多，以至于研究报告只能包括其中很少的一部分，因此，其他研究者基本只能依靠 Heath 本人对数据的阐释和对研究的总结了解这项研究。

追求采用人类学研究设计的研究项目结果的推广性和普及性几乎是不可能的，对于 Heath 呈现给其他研究者和读者的研究结果，不同的人会得出不同的结论。例如 Mackey & Gass 认为 Heath 的研究结果表明，这些家庭的语言和读写行为反映了学校的期望值，不同的语言和读写行为影响了研究对象的学术成功程度而 Nunan 则把研究结果概括为：家长帮助学习语言的儿童把注意力集中在特定的物件或事件的名称和特征上，家长坚信，教会儿童留意、倾听和行为方式不仅可以培养语言能力而且可以培养学习能力从教育学的角度来说，一个儿童在学校学术活动中的成功与否取决于儿童是否能够掌握课堂中使用的脱离环境的、抽象的语言能力。

第二节 实验研究设计

实验研究设计是定量—定性连续体上最接近定量一端的研究方法。实验研究设计的目的是在随机取样、设置控制组、有效控制无关变量的情况下探究自变量和因变量之间的关系。由于在自然科学研究中，控制变量是可能和有效的，因此，实验研究设计一直在自然科学研究中得到广泛的应用随着在语言研究领域中对"硬科学""硬数据"的要求呼声的提高，语言学家们也开始大量地采用实验研究设计但是，由于语言研究的研究对象不同于自然科学研究中的研究对象，语言现象不能完全脱离其文化、环境等背景存在，因此，语言研究领域中的实验研究设计具有一些不同于其他领域中这种研究设计的特征为了了解语言研究领域中的实验研究设计，首先要了解一些概念。

一、变量

变量就是变化的量，是指随着时间、个体、环境不同而有差异的、体现某些潜在和抽象的构建的量值。变量的概念具有重要意义，因为实验研究设计的主要目的就是去探究变量之间的联系。变量具有不同种类，同一个变量在不同的研究中起到的作用也会有所不同，因此，了解变量对于研究者来说至关重要。

自变量和因变量是科学研究中重要的一对变量。在研究者进行研究设计时，他们会事先预测某一个变量的变化会影响另一个变量的变化，被预测影响其他变量的就是自变量，自变量也叫作刺激变量或输入。而研究者预测被另外的变量（即自变量）影响而发生变化的叫作因变量，因变量又叫作反应变量或输出。自变量反映了个体、时间或环境发生的变化，因变量反映了个体、时间或环境发生变化后所产生的结果。因变量和自变量之间的关系是相对的，而不是绝对的，在一项研究中的自变量可能是另一项研究的因变量，反之亦然。对自变量或者因变量的决定取决于研究者的主观判断、事物间的客观关系以及研究的目的等。在实际研究中，研究者们至少要研究一对自变量和因变量的关系，也就是说，一项研究中往往有几个自变量和几个因变量，自变量和因变量的个数取决于研究目的、研究者的操纵能力以及研究对象所具有的特殊性质等条件。

举例来说，在二语习得领域，一个研究者可能会研究一种教学方法对学生外语口语水平的影响，那么研究方法在这项研究中就充当自变量的角色，而学生的外语口语水平是这项研究的因变量。而在另一项探究学生外语口语水平对语用习得的影响的研究中，学生的外语口语水平就成为自变量，这就是自变量和因变量的相对性在同一项研究中，研究者既可以同时研究语言水平、语言能力、学习动机对学生阅读理解能力的影响，也可以同时研究这几个自变量对学生阅读理解能力、听力理解能力和口语水平的影响，这就是自变量和因变量的不唯一性。

调节变量又叫作次变量，它是对因变量和自变量进行调节并对其关系产生影响的变量。例如，在研究动机对外语学习的影响时，研究者考虑到性别可能对自变量和因变量的关系产生影响，于是，就可以把学生按性别分成两组进行研究。调节变量是一种特殊的自变量。当研究者把一个变量定位为自变量，他要研究的是这个变量和因变量之间的关系；若把一个变量定位为调节变量，研究者关注的是这个变量如何影响自变量和因变量之间的关系。

由于实际条件的限制或者研究问题的选择，一项研究中不可能也没有必要研究所涉及的所有变量。因此，每项研究只选择一定的变量，而对其他变量进行控制，使其不影响因变量和自变量之间的关系，这些受到控制的变量就叫作控制变量。例如，在研究一种教学方法对学生学习动机的影响时，控制组和实验组同时由一名教师授课，于是，教师这个变量就是这项研究的控制变量。

介入变量是抽象的、不能经过人的感官直接感知的变量。例如，研究对象的智力、态度、习惯、兴趣、价值观等。介入变量是无法观察的内在心理过程，它的测量和判断只能依靠对人的行为的分析介入变量是以构建的形式体现的变量，是解释自变量和因变量关系的理论框架。介入变量本身受到自变量的影响，同时又能够影响因变量，因此称之为介入变量。

二、实验组和控制组

在实验研究设计中，为了对比自变量的影响，研究对象一般分成两组，实验组和控制组。接受实验处理的一组叫作实验组，而不接受实验处理的一组叫作控制组。为了保证实验研究的科学有效，控制组和实验组中的研究对象应该按照合理的随机抽样方式选择，以保证两组研究对象的各方面条件和状况都非常接近。

三、前测和后测

在试验前对实验组和控制组中的研究对象进行的针对该项研究的研究内容的测试称为前测，而在试验处理后对研究对象进行的测试称为后测，由于实验研究设计的目的是在严格控制无关变量的情况下，测量自变量（实验处理）对研究对象的影响，而分别进行前测和后测能够有效对比自变量与因变量之间的关系，因此，前测和后测在实验研究设计中非常重要在进行前测和后测的时候应该注意几个问题。首先，测试的内容应该与研究问题一致。其次，应该保障前后测的难度对等，否则会人为地影响试验处理的效果。最后，在二语习得研究中，有时马上进行的后测不能说明全部问题，因为习得是一个反复的过程，所以可以在试验处理后马上进行后测，也可以过一段时间后进行后测，以评估试验处理的长期效果。

四、实验研究设计变体

真正的实验研究具有两大特征，一是研究者对自变量的控制，二是对研究对象的随机抽样。典型的实验研究设计经常采用控制组或对照组设计。但是，在二语习得领域进行真正的实验研究是非常困难的，不仅随机抽样难以实现，有些自变量还无法控制，因此，研究者采用其他的方式，在真正实验研究设计的基础上有所变动，提高可操作性，并且避免实验研究带来的道义问题。

前实验研究和准实验研究就是真正实验研究的两种变体。前实验研究设计中没有控制组，只有单组研究对象接受实验处理前实验研究设计还可以分为两种情况，第一种是对一个组进行某种处理，然后对每个研究对象进行观察，从而得出结论，评估该项处理产生的结果这样的设计称为一次性个案研究一次性个案研究内部效度低，实验结果不可信，因为这种设计中，没有控制组的对比，无法评估实验处理的影响。另外，由于没有前测，缺少处理前后的比较，因而不能确定对研究对象的测试结果同实验处理的因果关系或相关性前实验研究设计的另一种形式是单组试验前后测设计。虽然增加了前测，但由于缺少控制组，所以不能排除实验过程中其他变量的影响前实验研究设计虽然存在很多缺陷，但是它的可操作性强，可以在适当的情况下用于探索性研究。

刘润清把"接近"真正实验设计的研究叫作准实验研究设计，而 Nunan 只把没有通过随机抽样划分实验组和控制组的实验设计称为准实验设计。在中国，二语习得方式主要是课堂教授，而在对不同班级进行实验研究时，不可能把不同班级的学生重新通过随机抽样分成实验组和控制组。于是，大多数情况下，操作性更强的一种方法是把完整的班级设为实验组或者控制组，只不过在选择的时候进行更多的考察和设计，使作为实验组和控制组的完整的班级尽量在各个方面对等。

真正实验研究设计的变体还有很多，例如双组后测设计、所罗门四组设计、多因素设计（陈坚林）、时间抽样设计、时间次序设计、等值时间样本设计（刘润清）等。研究者应该采用哪一种设计取决于研究目的、研究环境等条件。

第三节 个案研究设计

个案研究设计最初源于医学和法学对病人或罪犯的案例分析（陈坚林）。运用这种研究设计，人们了解病人或罪犯的健康状况、生活环境、个人经历、社会关系等，以探究其病因或犯罪动机。

一、定义

有些人认为个案研究就等同于定性研究，而另外一些人认为个案研究也可能是定量研究；有些人认为个案研究设计是一种研究方法，而另外一些人把个案研究设计上升为范畴领域。不同的研究者对个案研究设计的定义不同。

实验研究设计是通过控制变量来测量变量之间的因果关系。在个案研究设计中，研究者通常观察一个个体的特征，这个个体可能是一个儿童、一个小集体、一个班级、一所学校甚至一个社区。观察的目的是深入了解和分析构成这个个体生命循环的大量的、多种多样的现象，从而对这个个体所属的更大的单位进行推断性概括。

个案研究是在一种现象和其环境背景的界限不清的情况下，在真实生活条件下，利用各种资料调查这种现象的实证研究（Yin）。

个案研究是一种历时研究，通常在一段时期内定期观察一个研究对象的即兴话语，以了解语言的发展。这种历时研究具有三个典型的定性研究特征：自然性（使用即兴话语数据）、过程性（在一段时期内进行研究）和不可概括性（研究对象数量少）（Larsen-Free-man and Long）。

定性的个案研究可以被定义为一种对单个个体、现象或是社会结构单元集中的、整体性的描述和分析。个案研究具有特殊性、描述性和启发性的特征，对多渠道采集的数据采用归纳性的推理（Merriam）。

个案研究引申应用于外语教学研究中则是指以特殊的个体（教师或学生）、典型的教学事件或教学团体为研究对象，通过收集、整理、分析与该研究对象有关的资料，来探究某种特殊情况的发生和发展的原因，揭示其发展变化的规律，然后采取有针对性的帮助措施，提高教学质量（陈坚林）。

通过对不同定义的分析，我们不难看出个案研究设计同人类学研究设计存在很多共同之处首先，个案研究设计同人类学研究设计一样，都是研究具体环境中的语言现象或社会现象；其次，两者并不是对研究对象的文化进行客观的描述，而是阐述一种观点（或者说，两者研究目的都不局限于对研究现象的描述）；最后，两者都为读者提供足够的数据，以得出自己的结论，而不是直接把结论通报给读者。但是，个案研究设计和人类学研究设计之间存在着根本的差异，人类学研究设计的研究对象是一个群体的文化规律，而个案研究是详尽地描述具体环境中的具体研究对象，个案研究的范围没有人类学研究的范围宽泛，而且，人类学研究设计更加关注研究对象的文化背景和对其进行的文化阐释。除此之外，个案研究不仅使用定性的实地调查方法，而且也采用定量数据和统计方法分析数据

二、特点

尽管个案研究有不同的定义、阐释和分类方式，但是个案研究设计具有一些人们认可的核心特征陈坚林把个案研究设计的特征总结为以下五点：

研究的独特性：个案研究时从研究对象中选取一个或几个个体进行深入、细致的调查。它的主要作用是详细描述某一具体对象的全貌，了解事物发展、变化的过程。个案研究不是用于客观描述大量样本的同一特征，而是主观地洞察影响某一个案的独特因素。个案研究对象的特殊性还反映在该研究对象在某一群体中表现得很突出，或与众不同，或具有某些特别之处。

研究的深刻性：个案研究强调的是要对个案的特殊状况进行深刻的研究，决不能浮于表面因此，在整个实施过程中，资料收集要全面、周到、完整；资料分析要认真、深刻、精细，从中找出问题的本质。由于个案研究是针对某一具体、特殊的个体，并有明确的研究目的，这就使得对研究对象进行深刻的研究分析成为可能。

研究的长期性：与一般的研究不同，个案研究要求全面收集研究对象的资料，不仅要求掌握研究对象的现状，而且要追根寻源，了解研究对象整个发展过程中的各种因素和情况。对这些因素或情况的了解，不可能一蹴而就，需要进行较长时间的耐心观察和跟踪研究。个案研究时间上的长期性是相对的研究有多长，研究者需视具体的研究对象或具体的研究课题而定。

研究的不确定性：有些个案研究的结果很难推广或很难从中概括出具有普遍意义的法则来，原因是个案研究在许多方面缺乏代表性这些构成了个案

研究的不确定性当然，不少学者还是相信将许多个案研究的发现积累起来必然会给人以启示。

个案研究的综合性与灵活性：个案研究可以采用定性的方法，也可以采用定量的方法。如收集资料时，可采用调查问卷、结构化访谈、代码化观察等定量方法，也可采用自然主义和描述性观察、技术性口记、非结构化访谈、口头陈述、相关文件或档案材料等定性方法。在具体的资料分析中，既可采用演绎法也可采用归纳法。研究者在使用个案研究的过程中，要根据具体的研究情况和对象，灵活地综合运用各种研究方法，使之更为深入、有效。

三、优点

Adelman et al. 认为，个案研究作为一种研究方法具有六个优点。首先，个案研究具有很强的写实性，这个特点吸引研究者对研究问题产生兴趣。第二，研究者可以从一个个案研究中总结出规律，概括出一般性结论。第三，个案研究可以向读者展示不同的观点以及证据。第四，如果研究者能够科学地报告个案研究结果，还可以为进一步的研究提供数据资料。第五，个案研究成果可以应用到许多领域，比如，教师培训、机构系统内反馈、评估以及教育政策的制定等。第六，个案研究和其他研究设计不同，它没有任何含蓄的、未表达的假设，因此，个案研究的研究报告较其他研究设计具有更强的可读性，对不同的读者也具有更大的适用性。

四、分类

Stenhouse 把个案研究分为四种。第一种为新人类学个案研究。在新人类学个案研究中，研究者作为参与者，在自然的环境中对研究对象进行深入的观察、了解。第二种称为评估性个案研究。这种研究方法的目的是对研究对象进行评估。第三种称为多现场个案研究。一个团队的研究者在不同的工作现场，用不同的方法进行观察和研究，甚至使用取样和统计推理的方法。这种方法同人类学研究设计比较相似，尤其是当研究问题范围宽泛时更是如此。第四种是行动个案研究，又称为教师研究。这种研究设计由教师自己实施，教师利用自己独特的身份对学生进行参与性研究。

五、步骤

个案研究设计同其他研究设计相似，具有确定研究目标、收集数据、分析数据、撰写报告等步骤，但也具有不同于其他研究设计的步骤和具体实施方案。陈坚林把个案研究设计步骤分为四步。首先，确定研究课题和研究对象。研究对象的选择有三个来源：教师在教学中发现某种典型的语言现象；某个个体（学生或班级）在学习上有异常的表现；学生本人觉察到自己在语言学习上有某种特殊的感觉。研究者可以根据对上述三方面所反映出的情况进行初步的观察和推理，然后确定要研究的问题和研究对象。研究对象的确定需要研究者细心的观察和成熟的思考，这样才能捕捉到有价值的研究案例。

个案研究设计的第二步是了解研究对象。对研究对象的了解包括以下几个方面：第一，研究对象的基本情况。第二，研究对象的行为资料，包括同研究问题紧密相关的数据，这部分是了解研究对象过程中非常重要的一步。第二，了解研究对象的教育情况。第四，研究对象的心理发展资料，包括性格倾向、意志品质、价值观念、人际交往、自我观念、对外语学习的态度等。第五，了解研究对象的家庭背景资料。这五方面的内容只是针对一般性的个案研究，在具体研究中，由于课题的性质或规模不同，需要了解的资料也会相应有所变化。

第三步是收集资料。需要收集的资料包括文件资料和实地调查资料文件资料包括成绩记录报告、教学日志、图片资料、录音录像、个人日记、作业、信件、备忘录等。实地调查资料，就是通过观察研究对象所获得的资料、访谈研究对象及有关人员资料和通过测试或测量收集到的统计资料等。个案研究设计中资料收集通常通过观察、访谈、测量、问卷等方法进行。

第四步为整理分析资料在整理资料之前，首先要进行精简浓缩，选择重要部分或是相关部分，然后对所有资料进行分类，以便从中分析出个案的发展变化规律或趋势。

六、个案研究设计在二语习得研究中的具体案例

在应用语言学领域中，个案研究设计主要被用来追踪母语习得者和二语习得者的语言发展过程在二语习得领域，个案研究设计的地位显得尤为突出二语习得研究者利用个案研究设计，记录和调查有关语言学习过程和结果的详细资料。被调查的大量研究对象有双语家庭环境的儿童、少年移民、成年移民、工人和大学中的外语学习者在二语习得领域，采用个案研究设计的研究问题包括：双语儿童如何学会和同时使用两种语言；为什么一些习得者的中介语持续发展，而另一些学习者出现石化现象；不同学习者中介语中语言结构的形式和功能有何区别；学习者对不同教学方法的反应和受益情况；在二语习得中是否存在关键期等（Duff）。

在二语习得领域，Schumann 的研究经常被引作经典的范例。1973 年，Schumann 和他的同事们进行了一项长达 10 个月的历时研究，考察来自西班

牙的六个移民在自然环境下的习得英语的情况考察结果发现，33 岁的 Alberto 英语水平和其他五位同事相差很远，于是 Schumann 开始探究 Alberto 二语发展缓慢的原因。Schumann 提出了三种假设，认为可能是由于认知能力、年龄以及研究对象同目标语群体的社会距离和心理距离造成了这种差异。在进行了一系列测试之后，Schumann 排除了前两种可能，并在研究成果的基础上，提出了洋泾浜假设：文化适应取决于社会距离和心理距离两个因素；文化适应程度决定二语习得进程。1978 年 Schumann 把这一假设称为文化适应假设，于是，最初用于欧洲移民的研究成果和理论最终被应用到二语习得领域的研究中从 Schumann 的个案研究的例子中我们可以发现，尽管个案研究在概括性方面具有局限性，但是这种局限性并没有阻止个案研究设计在二语习得领域发挥巨大的作用。虽然 Alberto 不是通过随机抽样被选择的研究对象，而且也没有对他的资料数据进行统计推理，但是 Schumann 在这个个案研究中得到启示，提出文化适应模式的假设，这个假设可以通过后续的研究进行理论上的论述和实证研究的论证，作为启发 Schumann 提出这个假设的个案研究无疑发挥了重要的作用直到现在，文化适应模式仍然被一些研究者推崇，并被应用到语言教学实践中。

第四节 行动研究设计

一、背景

在二语习得领域，经常区分两对概念：二语和外语，自然习得和课堂教学。Stem 这样区分外语和二语的概念：外语是在使用目标语的民族及其地域界限之外学习和使用的非母语的语言；二语是在使用目标语的语言社区内学习和使用的非母语语言。因为二语经常是语言学习者所在的国家的官方语言或被认可的语言之一，所以是人们参与经济、政治生活或受教育所要使用的语言；外语是人们为了一定的目的，例如出国、同操目标语的人交流、阅读外国文学作品或科技著作而要学习的语言。二语学习者拥有更多的语言环境，因此可以自然习得；外语学习者没有足够的语言环境，因此需要通过课堂教学或其他的途径来补偿语言环境不足的缺陷。

在没有外语语言环境的条件下，语言课堂教学非常必要。即使在拥有自然习得环境的情况下，语言课堂教学也显示出非常重要的地位。例如 Larsen Freeman 在回顾比较两种环境中的习得效果的相关研究之后也做出总结：课堂教学会简化学习任务、影响习得加工、加快习得速度、提高最终语言水平。

因此，语言课堂很自然地成为二语习得研究的研究焦点。基于语言教学课堂的研究开始于 20 世纪 60 年代，当时，在二语习得理论指导下的语言教学研究中出现了一个突出的问题：总结所有研究结果，但是却得不出概括性的结论。于是，研究者们开始认识到，语言习得和语言教学是一个非常复杂的过程，不能用简单的模式去概括，也不能把习得或是教学简化成通过某一种方法就可以得到预期效果的过程。在这种认识的激励下，人们开始注意到语言习得环境的重要性，因此，开始了基于语言教学课堂的、一切有可能影响语言习得的因素的综合调查行动研究设计是基于语言课堂研究的一种特殊方式，是由语言教师本身进行的研究。行动研究设计最初是由美国的 Levin 提出的（Ellis，1997）。Levin 致力于研究有关工厂中行为惯例变化的决策他对工人参与的决策过程给工厂的产量带来的影响非常关注他在弗吉尼亚一个工厂中进行的实验采用典型的行动研究设计他发现，当管理层做出变化决策时，工厂的产量明显下降；当一些工人代表参与变化的决策时，产量先是下降，然后回升；当全部工人参与决策时，产量在两天内急剧增长。Levin 的实验充分显示了行为人参与决策的实际益处。Levin 的研究意义重大，虽然行动研究设计后来才被应用到语言教育领域，但是，它反映了行动研究设计的两大目标：优化语言教室行为惯例和解放教师。

二、定义

人们对行动研究的定义方式不同，对行动研究设计的实施方式也存在区别。Chaudron 明确指出行动研究设计并没有一定的理论指导，也不仅限于使用某些固定的研究方法。

Wallace 认为行动研究本质上就是教师对自己的教学的反思过程。在这个过程中，教师系统地收集日常执教行为的数据、分析数据，来决定将来采取什么样的教学行为。Mackey and Gass 认为 Wallace 的定义表明行动研究是由教师实施的、以优化教师行为或提高学生发展为目标的研究，而不是为了建立某种理论或模式进行的研究。

Kemmis anrd Henry 把行动研究定义为一种由社会活动参与者实施的、基于具体社会环境的自省式探究，其目的是为了提高研究者自身的社会或教育行为的合理性，以及增进对这种行为及其发生环境的认识。

虽然不同的研究者对行动研究设计的定义有不同理解，但是行动研究的几个本质特点得到大多数研究者的认同：参与性，研究者就是作为研究对象的过程的行为者，在二语习得领域，研究者就是语言教师本人。自省性，一般的行动研究都是在教师本身反思的基础上决定研究问题、策划干预、采取行动、观察行动结果的，又在反思的基础上，纳入前期研究成果，进行下一个循环的行动研究。动态性，行动研究设计的初衷就是为了更好地了解语言习得和语言教学复杂的、动态的过程，因此，这种研究设计就意味着要对动态过程进行观测另外，由于行动研究采用无限多个循环过程的设计，所以这种研究设计本身也具有动态的特征。合作性，行动研究经常是教师团队集体进行的，目的是为了改变自身教学和整体教学环境，因此，具有合作性的特点。教师间协作包括共同进行研究、其他教师提供访谈数据资料、教师同研究者之间的合作等形式改良性，Nunan 认为，如果一个教师自己在语言课堂进行描述性的研究，目的只是为了增加对调查对象的理解而不是对它进行优化和改进，那么，这还不能称之为行动研究，因此，行动研究的一个主要特点是以通过变化措施解决问题为目标。情境性，行动研究中确定研究问题以及寻求解决方法都是在具体的教学情境下进行的，行动研究的情境性其实影响了其外在效度或其成果的概括性、普遍性。

三、目的、意义

Richards 归纳了行动研究的几个目的。首先，行动研究的主要目的是增进对职业行为的了解；其次，在了解的基础上实施改进措施，改进措施不局限于职业行为，还包括对行为发生的环境的改进以及行为者自身对从事的行为的认识的改进。

在二语习得领域，行动研究设计的目的更为明确，就是增进对语言习得和语言教学的认识，改进语言学习、教学环境，提高效率，降低学习难度，更确切地说，行动研究能够充分发挥教师本身的优势，最大限度地使用其背景知识和经验，从独特的视角观测二语习得和教学的动态过程。另外，语言教师经常面对的一个问题就是研究发现同自身情况不符，或者研究结果很难应用到自己的语言教学环境中，于是行动研究就为语言教师提供了一个发现身边具体问题，然后通过观察、干预，解决这些问题的机会。

行动研究的另外一个目的是语言教师在自己语言课堂上检验假设（Ellis，1997，26）。被检验的假设有两个来源，一个是教师的实践知识，另一个是来自于其他研究的技术知识。进行行动研究的教师还可以验证一些研究结果是否适用于自己具体的教学环境，从这个意义上说，行动研究是连接技术知识和实践知识的桥梁。

行动研究从几个方面克服了传统研究的局限性。首先，行动研究确保了研究成果同教师需求的相关性。其次，在教师的发展过程中鼓励和支持他们进行反思。再次，支持和鼓励教师致力于其他的研究以及利用自己的研究成果。最后，督促教师对从未被教育机构质疑过的问题进行研究。

四、步骤

行动研究设计的研究目的是为了解决语言教师在教学过程中发现的问题，而行动研究设计的执行者是教师本身，于是，这样的定义性特征决定了行动研究设计同其他设计既有相同之处，又有本质的区别。

Strickland 认为，行动研究遵循几个周而复始的步骤：选定一个题目或研究问题；了解问题；策划干预行为；实施行为；观察这种行为；思考观测到的结果；修改计划。在最后一步之后，一个新的循环又开始了，这个循环的行动之中纳入了新的修改方案，然后进行下一步。这样的循环给那些有意于研究自己的语言课堂的教师一个机会，让他们既能够采取建设性的措施解决当前身边的问题，又可以系统地观察采取干预手段后发生的变化。

Richards 也强调了行动研究设计的循环性，即计划—行动和观察—反思—计划，并对几个步骤进行了更详细的描述。行为者（在二语习得领域中指的是教师）某方面的思考会引发其试图进行某些干预，干预的本质和形式确定后，就可以在职业行为环境中策划和实施这种干预手段了。行为者，即行动研究中的研究者观测干预行动的实施，对观测结果的分析势必增进对相关行为、过程或环境的了解，这种了解进而提高了进行进一步干预的必要性。在理论上，Richards 行动研究设计的循环一直会贯穿语言教师的职业生涯，但实际上，由于各种条件的限制，一个采用行动研究设计的项目可能只能进行一个循环。

Nunan 把行动研究归纳为七步，并用一个探索性研究实例来说明这七个步骤的具体内容。

表 6-1 Nunan 的行动研究步骤

第一步	开始	我们中的一位教师发现学生缺乏学习兴趣和动机，于是提出并开始思考如何解决这个问题。
第二步	初步调查	我们用一段时间观察和记载课堂交互情况。
第三步	形成假设	通过分析最初的数据，我们得出假设，认为学生缺乏动机是因为课堂教授内容同学生的需求和兴趣不符合。
第四步	实施干预	这位任课教师设计了一些策略，鼓励学生把课堂学习内容同他们的背景和兴趣联系起来，例如通过增加展示性问题的数目提高学生参与的兴趣。
第五步	进行评估	几周之后，对课堂情况的观测表明学生融入情况有很大改善，学生的语言复杂性和由学生主导的交互环节有所提高。
第六步	传播成果	这位教师组织了一个同事间的工作室，并在一个语言会议上提交了论文。
第七步	后续行动	这位教师如法调查了其他提高学生动机的方法。

Nunan 明确表示，行动研究设计的参与者不一定是团队，也不一定改变教学和教学环境。他认为，如果能够具有明确的研究问题，同时又能够用足够的数据资料证实或者阐释，那么这个教师进行的就应该是行动研究。在 Nunan 归纳的行动研究步骤中，我们也可以发现他对行动研究不同的理解例如，Nunan 所给出的研究案例中，发起、进行研究的就是一个语言教师，虽然研究过程中有合作行为，但是，这种合作是教师和研究者之间的合作，以及进行行动研究的教师在深化理解和研究的过程中同其他教师的合作。另外，Nunan 的案例中的第六步是传播研究成果，从而强调了行动研究成果交流的重要性虽然行动研究具有明显的"局域性"特征，但是在一定的积累后，可以去总结、概括规律，提高成果应用的普遍性

五、分类

Ellis 把行动研究分为三种：技术行动研究、实践行动研究和批判行动研究技术行动研究由并不进行教学实践的研究者发起，根据理论或前期研究产生研究问题，请语言教师在自己的教学环境中进行研究。Crooks（1993）认为技术行动研究相对保守和谨慎，最后的研究成果一般是研究者面向学术读者的出版物。这种行动研究比较受到推崇，因为它在研究者和语言教学工作者之间架起了桥梁，并且一般能够保证传统研究的价值观和标准。实践行动研究是教师在自己教学环境中进行的、以优化具体教学手段或行为为目的的研究。这种研究的目的不是为了把教师培训成研究者，而是让他们在教学过程中监督自己的教学行为。实践行动研究一般遵守计划—行动—观察—反思的循环规律。第三种是批判行动研究。批判行动研究不仅用来优化行为，而且是解放参与者的方式。这种行动研究同 Lvin 发起行动研究的初衷是一致的。教师不仅要了解问题、寻求答案，而且还要找出问题的社会根源以及解决社会问题的办法。

当然，作为一种研究设计，行动研究必定存在着自身的缺陷或者问题、一些研究者（Hopkin；Nunan；Brumfit and Michell）曾经讨论过行动研究存在的弊端，例如，教师进行研究存在困难，由教师进行的研究是否符合传统研究的标准和规范，行动研究结果缺乏信度、效度和普及性等问题。但是，许多这样的问题可以通过一些方式得到解决。毋庸置疑，行动研究设计是一种联系实际的、具有良好前景的研究设计。

第五节 互动分析研究设计

如果说行动研究设计是根据其执行者而定义的研究设计，那么互动分析研究设计的定义根据就是研究对象（语言习得者）的语言互动行为。

互动分析是描述语言习得者参与的互动的方法。互动分析的对象是互动中习得者扮演的角色以及互动的结构特点。在二语习得领域，互动分析旨在发现和研究促进习得的互动特征。在一些语言教学法的研究中，人们忽视了语言课堂中细节性的过程，而是过多地强调了对学习成就的测试。当从众多的研究中也无法得出规律性的结论时，研究者认识到对习得者详细的微观分析的重要性，于是，互动分析成为人们关注的焦点。

互动可以以各种形式出现：互动可以是课堂中的互动，也可以是自然习得环境中的互动；可以是语言教师同学生之间的互动，也可以是课堂上语言习得者之间的互动；可以是非本族语习得者之间的互动，也可以是非本族语习得者同本族语的对话者之间的互动。

一、互动分析、话语分析和对话分析

在进行互动分析时，研究者们经常区分三个概念，即互动分析、话语分析和对话分析。三者之间既有联系，又有区别，有时候，与其说区别，不如说三者强调的重点不同。我们这里用 Nunan 的方法分析三者间的异同。Nunan 从四个方面比较互动分析、话语分析和对话分析：收集数据的方式；分析的语言形式；是否具有先入为主的分析范畴；分析的焦点是否是语言特征。数据可以通过诱出的方式获得或者在自然环境中获得对话分析严格回避诱出的语料或者是编辑出来的语言样本，而一些话语分析研究者同时接受这两种方式。互动分析不把编辑出来的语言样本作为研究对象，而是尽量使用自然环境中的语料。话语分析的语料可以是书面语，也可以是口语，而互动分析和对话分析都是以口语为研究对象。话语分析可以使用预先规定的范畴体系，而互动分析和对话分析侧重自由、阐释性的分析方式。由于话语分析由语言学领域中衍生出来，因此一般用语言学术语分析或描述话语的构成、篇章因素以及话语行为。对话分析起源于社会学，因此会沿用社会学术语。互动分析既关注语言学特征，又关注非语言学特

征，而且致力于探究语言学的修辞模式同互动的社会影响因素之间的相互关系。

二、研究背景

互动分析研究开始于 20 世纪 80 年代初，在 30 年的研究过程中，互动分析应用不同方法论视角和技巧，呈现蓬勃发展的势头。在二语习得领域，互动分析设计的主要目的就是探索互动的运行机制如何对二语习得产生积极的影响。

在互动分析研究的初始阶段，对于非本族语习得者同本族语对话者间的研究基本是描述性的，旨在分析低水平的习得者同流利使用目标语对话者间不同的对话结构研究和调查的经常是协商模式（如说明请求、理解查问和证实查问）的频率、功能和形式在此基础上，研究者们开始探寻某些特殊的话语形式的价值和功能。例如 Long（1986）就提出话语结构和互动性修饰能够帮助习得者理解听到的信息，而听力理解是习得的基础换句话说，互动中特殊的因素为习得者提供了获取新的语言信息的机会 80 年代和 90 年代最为盛行的互动分析就是研究对话同理解之间的联系。

Long 提出了互动假设。互动假设认为意义协商，尤其是具有高水平的对话者或本族语的对话者的互动性调整的意义协商，能够促进语言习得。因为通过这种方式，语言输入、习得者能力（尤其是选择性注意力）和语言输出能够有效地结合在一起。于是，研究者们开始用习得者接触目标语的方式、语言输出以及输出后的反馈来解释习得的不同方面。

在建立了互动同习得之间的联系之后，研究者们把研究范围拓展到新的背景、语言形式和语言，并且开始了对反馈的研究。

现在的互动分析研究的一个趋势是研究互动中习得者内在的认知过程研究方法从从前的传统方法拓展到使用内省式的方法，从而能更好地理解习得者的心理过程和语言加工过程。研究内容包括不同的知识类型（如显性知识和隐性知识；控制知识和自动知识），以及语言加工、发生注意的报告和互动引起的习得本质之间的理论关系等。互动分析的研究现状一方面说明需要梳理所有的观点，尽量在统一的框架下进行研究、传播研究结果、比较研究结果并把研究结果应用到实践中去；另一方面，也说明了语言互动行为的复杂性及其研究价值，我们将分别从互动假设、交际策略、对话分析几个方面阐述互动分析的研究现状和方法

三、互动分析的几个研究方向

（一）互动假设

在二语习得领域，Wagner-Cough and Hatch 是最早研究对话对二语发展的影响的研究者。Long（1986）紧随其后，重新定义了对话结构，并且用定量的方式区别了 NS/NNS 对话（操本族语者和操非本族语对话者之间的对话）和 NS/NS 对话（操本族语者之间的对话 Long（1986）认为，在对话中，操本族语对话者的语言修饰不应该是研究的全部内容，互动结构本身也值得研究。同 NS/NS 对话比较起来，NS/NNS 对话中出现更多的互动性修饰。Long（1986）把这些互动性修饰进行分类并举例说明。例如，对话者用证实查问来证实自己是否正确地理解了对方意图；在对话中，当对话者怀疑对方没有理解自己的想法时，就利用理解查问来确认自己的判断；当对话双方中的一方明显发现自己没有理解对方的意图时，就利用说明请求对方进一步明确意图。除了这三种修饰之外，还有用"或者"引导的修饰，用以帮助非本族语对话者在不理解操本族语对话者的问题时，用提供另一种说法的办法帮助对话顺利进行。在另外一种修饰中，一个问句包括一个主题和一个问题，于是操本族语的对话者首先帮助对方理解这个主题，然后再问同这一主题相关的问题重铸是一个备受研究者青睐的修饰方式，当非本族语对话者在对话中出现语法错误时，对方用正确的语法重复非本族语对话者的话语，这种修饰就叫作重铸。

在对话互动结构的研究中，研究焦点是协商性互动在二语发展中所起的作用。早期以及现在的研究一直坚持一个观点，那就是互动不仅是对话得以进行的媒介，而且是习得发生的方式。换句话说，用二语进行的对话互动不仅是联系某种语言形式的方式，更是为二语发展奠定了基础。这个观点在 Long（1986）的互动假设中表达得非常清楚。

意义协商，尤其是引起操本族语对话者或更高水平对话者进行互动调整的协商对语言习得具有促进作用，因为这种协商把输入、习得者自身能力（尤其是选择性注意）和输出以一种有效的方式结合在一起。

环境对习得的影响是通过习得者的选择性注意以及习得者发展着的二语加工能力进行作用的意义协商虽然不是唯一的途径，但在意义协商过程中，这些资源得以最好的整合利用在协商或其他过程中的负面反馈对于二语发展具有协助作用，可以促进词汇、形态、句法的发展，对于了解母语同二语的对比至关重要。

通过集中的协商努力，习得者的注意力资源就会集中在：自己关于二语的了解同二语的真正面貌的区别；自己不知道的有关二语的信息。在互动中进行了习得，协商是习得的前奏，起到一个提供信息的作用，因此，协商不是习得的场所，而是为习得提供背景——在互动假设框架下的研究中，研究者们也经常涉及反馈的研究内容，例如，校正、重铸、领会等。在语言互动中，经常会出现理解问题，而且问题也需要通过某种方式校正。校正可以是由正在讲话的人进行的，叫作自发式校正，也可以是别人提醒下进行的，叫作启发式校正。这两种都是由讲话人自己进行的校正，因此统一叫作自身校正。和自身校正对应的就是别人进行的校正，叫作他人校正。前面所提到的重铸就是一种隐形的他人校正形式。

（二）交际策略

语言互动的另一个研究领域就是交际策略。交际策略是二语习得者在缺少交际中需要的二语知识或无法使用相关二语知识时采用的弥补性措施虽然研究者们从不同的范畴体系框架下定义交际策略，但是，大多数交际策略都同词汇相关。其实，交际策略间接地和语言的各个层次（语音、语法或语用）存在一定的联系。典型的交际策略包括回避（语言习得者放弃一个话题或者故意忽视一个特定的信息）、释义（用近义词替代）、故意迁移（故意使用母语，例如在直译母语的表达方式时采用的策略）、寻求帮助、模拟等成就型策略。所有的这些策略分类都是数据驱使的，是在分析数据时自然产生的，而不是在某一理论框架的支持下划分的。

一些研究者把交际策略看作一个言语输出模式的一部分。Faereh and Kasper 把交际策略看作计划阶段的一部分，当初始计划中出现问题而不能实施时，讲话者就会采用交际策略。Bialystok 用心理语言学的观点分析交际策略，她认为交际策略分为知识型和控制型。前者是指讲话者通过对概念的理解调整信息内容的方法，例如下定义或释义。后者是指保持原信息内容，而去控制表达方式的方法，例如使用母语或者模拟。

当探究二语习得者使用交际策略的动机时，Poulisse 提出，习得者试图遵循两个交际原则：明确性原则和简洁性原则。明确性原则要求讲话者表达得清楚、明了；简洁性原则要求讲话者简短、高效。在互动中，二语习得者并不总是能够成功地使用二语达到明确和简洁的要求，于是就会通过交际策略解决问题。

意义协商对二语习得的促进作用基本被接受，而对交际策略在二语习得中的作用还是众说纷纭。一般说来，研究者们认为成就型策略能够对二语习得产生积极意义，而像回避这样的策略最多能够协助理解，而对习得没有帮助。即使交际策略无法促进语言发展，至少还可以培养二语习得者的策略能力，因此，研究者们仍然把交际策略作为互动分析中的一个重要课题进行研究。

（三）对话分析

在二语习得领域，以互动假设为基本框架的互动分析主要目的是研究促进二语习得的互动特征。对话分析在二语习得领域的研究具有相同的目的。对话分析起源于社会学，一般用于语用学、言语行为、互动社会语言学、交际人类学、语言变体分析、交际理论和社会心理学方面的研究。现在，越来越多的对话形式都采用这种研究方法进行分析，但无论对话种类如何不同，在所有的对话中，讲话者为了顺利完成对话，都会按顺序讲话，或者说遵循话轮的规律；遵循话语行为的一定顺序；通过对话实施行为。如果在对话中出现问题，讲话者还会及时进行校正。因此，话轮、对话顺序和校正是对话分析的主要研究焦点。

Crooks（1990）在 1990 年的时候就为话轮做过定义。他认为，话轮就是在对话中，一个或多个在对方讲话之前的话语流。Crooks 的定义具有两个优点，一个是便于理解，另外一个是操作性强，容易量化。但是，在实际对话中，对正在讲话的对话者的帮助或者挑战，另一方往往会在讲话人结束之间插话，形成两者之间的重合。当这种情况发生时，Crooks 的定义就失去了意义。于是，Markee 就重新定义了话轮：一个话轮就是由一个或多个话轮构成单位组成的、由对话双方共同构建的话语流。话轮具有明确性，让对话双方都能够明了正在讲话的对话者在何时结束讲话。对于话轮和话轮转换的研究包罗万象，例如，Sacksetal 确定了平等身份对话者话轮转换的 13 个特征：对话中，话轮反复转换，或至少发生一次话轮转换；一般来说，每次只有一个对话者讲话；超过一个对话者同时讲话的情况虽然常见，但是这种话轮维持的时间较短；没有停顿或重合的过渡虽然较常见，但多数在过渡过程中出现短暂的停顿或者重合；话轮顺序呈现多样化；话轮长度呈现多样化；对话的长短不是事先计划好的；哪一个对话者占据第一个话轮不是事先计划好的；话轮在对话各方的分配不是事先计划好的；对话中讲话者的数量呈现多样化；对话中讲话者都会明显使用话轮分配技巧，可以是正在讲话的人选择下一个讲话者，也可以是下一个讲话者自行开始下一个话轮；话轮构成单位可以是一个单词那么短，也可以是一句话那么长；当话轮转换出现问题时，校正机制开始发挥作用，例如，如果对话双方发现两个人同时讲话，其中的一个会暂时停止没有完成的话题，从而补救转换问题。

一般来说，研究者认为操本族语的对话者会遵守上述以及其他的一些规律，但是，一些研究（例如，Firth 的研究）表明二语习得者尤其是水平较高的习得者在对话中也遵循这样的原则。

校正在互动假设框架下的研究中已经介绍过，进行对话分析的研究者对校正的描述和作用的评价有所不同，对话分析研究者更多强调校正是对话者保持社会关系的手段（Markee），于是，尽管校正非常必要，却是对话活动中对话者避免的一个步骤。从社会学的角度讲，学习某个语言形式远没有建立和保持对话各方的自我重要。如果二语习得研究要考虑情感因素，或者认为情感因素会影响二语习得，那么校正的必要性就要重新商榷。互动分析研究设计中互动假设研究和对话研究之间存在的理论基础差异以及不同的假设和研究结果是推动这个领域研究蓬勃发展的一个动力，同时，也为我们提供了一个具有较高价值的研究课题。

对话分析领域的另一个议题就是对话的序列结构。对话分析的中心目的就是揭示社会互动中的社会能力，具体地说，就是语言互动交换中遵循的程序和原则。对话分析中的互动能力包括话语中的对话结构能力、非语言的社会文化交际能力以及所有的交际策略能力。对话分析研究者虽然承认句界语言能力的重要性，但是一般认为交际能力包括讲话者抽象的语言能力，因此，并不把语言、语法研究作为直接的研究对象。

人们进行对话时，他们会集中表现同某个时刻的某个对话相关的对于世界的背景知识，以确保对话顺利完成。对话者同时应用设计对话序列结构、话轮转换和校正的互动知识，交际策略在进行这些活动时也得以采用。另外，语言行为和手势或眼神这样的非言语行为互相产生影响。因此，在这个领域中的研究者致力于对话中互动知识的研究，更确切地说，研究不同言语交换体系中的顺序的组织原则。

在对话研究中，语言互动的组织方式被定义为顺序，最基本的顺序在相邻语对中得以体现。相邻语对具有以下特征：实际位置上毗邻；由两个讲话者输出；可分为一对中的第一部分和第二部分；一个相邻语对中第一个对话者的第一部分同第二个对话者的第二部分紧密相关。

第一部分设定第二部分的回应方式是对话研究中结构种类的一种，也被叫作对话的偏向设定组织方式。例如，在日常对话中，邀请就会设定回答为接受或拒绝邀请，问候就会设定对方也回应问候，一个问题就会设定对方回答这个问题。相邻语对规律具有普及性，因此二语习得者即使在最初不能理解对话的具体内容时，也可以根据这方面的知识帮助推断遵循规律的对话者讲话时进行的社会行为。

虽然同其他互动分析研究具有共同之处，但是，对话分析具有独有的特征。Markee 概括了对话分析的四个特征。首先，对话分析对用语言理论解释社会行为抱有无定论的态度，因为这些解释本身并不是来自自然发生的行为。第二，根据第一个特征，对话分析研究者一般不把结论建立在对数据频次的定量分析的基础上，因为这样的分析不能揭示对话的内在结构。对话分析研究者试图证明普遍适用的互动资源（例如校正和话轮转换）的必要性。第三，为了证明互动资源的必要性，对话分析研究者利用原型对语言现象进行描述性、定性的分析。为了提高研究结论的客观性，研究者们通过结合相关研究结果，避免研究结果的片面性。最后，对话分析必须具有证伪性，也就是说，研究者必须表明，对同样的数据可能存在潜在的反例或者不同的解释方法，其他研究者可以用不同的预料数据重现研究结果。

四、互动分析研究方法

尽管已经经历了 30 年的发展，互动分析仍然处于初级阶段，最典型的例子就是互动中的组成部分没有统一的定义。因此，互动分析研究并不像语法分析那样具有统一、确定的元语言术语，也没有固定的、统一的研究步骤，研究者仍然采用不同的范畴体系对互动进行分析。

从另一个角度讲，互动分析的研究方法又可以分为数据驱使方法和理论驱使方法。在采用数据驱使方法时，研究者通过观察数据来辨别同某一研究问题相关的互动结构和功能特征。在这种方法的使用中，可以以 Ellis and Barkhuizen 列举的任何一种方法作为理论根据在数据驱使的互动分析研究中，规律和结论来自对话语的分析。在理论驱使方法中，研究者利用预先存在的描述性框架来分析数据，如果可能，可以适当调整理论框架，以达到和数据吻合的目的。

五、互动分析研究步骤

不同的研究者从不同的理论角度对互动分析采用不同的步骤。本部分以两个在不同理论框架下的研究程序为例，探讨互动分析的基本步骤：

（一）以互动假设为理论框架的、理论驱使的演绎性研究

第一步，定义研究目标，一般以研究问题的形式体现。例如，研究目标可以是协商序列。

第二步，确定数据中研究目标，例如，列出所有意义协商序列。在这个步骤中，研究者要利用语言学知识对研究目标做操作性的定义，比如，必须

以概念的方式确定意义协商的一些判断标准。

第三步，为分析研究目标建立描述性框架体系。在理论驱使的研究中，第三步可能会采用已经存在的理论，但是，也可能对已存在理论稍做调整，使其适用于具体研究数据的分析。描述性框架中的每一个范畴都应该具有可操作性，以便于准确分析数据，如果想要提高范畴的可操作性，就应该提供其功能性定义和具体实现其功能的语言形式。Varonis and Gass 概括了意义协商序列结构的四个范畴：起因，即引起交流问题的话语；标志，即表明交流问题出现的话语；反应，即试图解决交流问题的话语；反响，即表明讲话者已经接收到反应的话语。

除此之外，Ellis and Barkhuizen 还总结了六条一般性规律，为语言互动的结构和功能特征建立解释框架体系做出指导。

1. 尽量使用已经存在的描述性理论体系，若相关描述理论与数据不相适应，可以适当调整理论框架。这样做的优点就是可以把研究结果同以往的相关研究进行比较。

2. 尽量建立一个体系，而不是列一个清单。一个完整的体系包含不同等级的范畴，这样可以用底层范畴解释上层范畴。

3. 确保所有互动范畴都具有操作性。这就需要提供范畴的形式和概念性定义。形式定义包括确定每个范畴的分布和列举这个范畴的典型例子。

4. 确保这个体系中拥有全部能解释所有数据的范畴，每一个互动中的语言现象都应该在这个体系中得到定义、描述。

5. 根据语言学描述的常规，每个范畴之间不应该有交叉，也就是说，一个语言现象不应该用超过一个的体系内的范畴去定义。

6. 确保描述范畴体系的简洁，避免冗述。这就涉及决定对范畴的分类细致到什么程度。

第四步，量化数据。描述性体系为数据的量化奠定了基础，范畴的划分决定了这个体系中进行量化的层次。对于意义协商序列进行量化研究非常普遍，这个领域的研究便于比较不同情况下进行的协商。但是，值得注意的是，并非所有的研究者都认为量化是进行互动研究的最佳方式，很多研究者更愿意定性地描述重点特征，并用数据中的语言现象举例说明。

（二）对话分析研究步骤

对话分析的第一步被定义为"无目的性寻找"，意指用开放的眼光寻找新的语言现象作为研究对象，而不是带着假设收集数据。在归纳性的数据库建立之后，第二步要在语言现象中寻找规律和模式，并且证明规律和模式是对话参与者作为语言行为结构的标准，有系统、有条理地形成的。为了阐明发现的模式和规律的逻辑性和合理性，下一步就要对单个的语言现象进行详细的分析。最后，产生一个概括性的结论，把本次具体的研究结果纳入到更大的互动分析的框架中。

Seedhouse 总结了多位研究者的观点，把对话分析的步骤归纳为以下几点：

1. 在录音、誊写、无目的性寻找之后，确定一个或几个行动序列。

2. 定义、描述序列中的行为。一个行动序列可以是一个相邻语对，也可能长达数小时。这种对序列中行为的定义被叫作形式—功能匹配、言语行为分析或话语分析。

3. 从话轮转换的角度分析行为序列，尤其要注意打破这个体系规律的现象。

4. 从序列结构的角度分析行为序列，目的在于研究相邻语对和偏向设定组织方式，更重要的是要探究一种行为会带来哪一种另外的行为。

5. 从校正结构的角度分析行动序列。

6. 从语言形式的角度分析讲话者如何选择适当的语言结构来完成相应的言语行为。这里着重分析用来完成一定功能的语言结构。

7. 揭示互动中的角色、角色身份以及相互关系。对话分析的一个特点是在研究初始阶段避免考虑研究目标、对象的背景和环境因素，而在一定阶段才能对这些细节问题进行分析，目的在于把例外、特殊现象纳入到研究范围内。

8. 在对互动结构和参与者取向的前期分析结束之后，可以继续研究这个特殊的序列在更大的一个背景中的地位。这一步骤的具体操作要视具体情况而定。我们想要寻求的是对这个序列的理性说明，这个说明不仅能够揭示产生这个语言互动的内在逻辑和机制，而且还可以说明这个序列在更大的互动矩阵中的位置。

第七章 二语习得研究数据处理

第一节 数据收集

在二语习得领域，收集、分析、研究数据的目的，一方面是描述习得者在不同发展阶段的语言系统，即中介语，另一方面是解释二语习得过程以及影响因素为了达到这两个目的，二语习得研究者收集二语习得者在使用二语时的输出数据和二语习得者关于自己习得过程、感受的报告（Ellis and Barkhuizen）。

由于研究目的、研究对象、研究环境和研究条件的不同，即使在同样的理论框架支撑下的不同研究也会采用不同的数据收集方法。数据收集的方法多种多样，且层次不一。有些研究者以有意义、目的的语言使用背景作为分类标准，有些以使用语言的方式（理解／输出）为分类标准。例如，Chaudron 把数据收集方法归纳为自然法、诱出法和实验法；Ellis and Barkhuizen 则区分了非语言输出法、习得者语言输出收集法和口头报告；Mackey and Gass 进行了更详细的划分，区分了语言形式模式数据、处理过程数据、互动数据、策略和认知过程数据、社会语言学／语用数据等数据收集方法；Perry 把数据收集方法归纳为观察法和工具法，并且列表概括了各种方法的利弊。

表 7-1 Perry 的数据收集方法

方法			潜在的优势	潜在的弊端
观察法			有利于发现新现象，比较灵活。	耗时，受到观察者因素的影响。
	自我观察		有利于收集第一手信息和内心思想。	可能受到偏见影响。
		内省法	可以直接了解内心状态。	具有干扰性，难于保证效度。
		回溯法	不具干扰性。	受到记忆流失的影响。
	他人观察			
		参与式	不具干扰性，有利于诱出自然行为。	受偏见、记忆流失影响，观察者身在其中，不够客观。
		部分参与式	不具有观察者身在其中的主观性。	受偏见影响。
		非参与式	客观。	具有干扰性。
	访谈		可以追问、监督访谈对象理解情况，得到 100% 反馈。	研究者需要培训，访谈过程需要一致，信息整理比较烦琐。
	专家评价		可以得到专家的观点。	受到主观性、疲劳、halo 效应以及有歧义判断标准的影响。
工具法			覆盖面大，省时。	不够灵活。
	问卷			
		封闭式	客观，覆盖面大，容易分析。	对研究对象的回答有限制性，回收问卷率低。
		开放式	可以获得有意义的信息。	主观。
	测试			
		分列式测试	评分客观、简单，覆盖面广。	不能避免研究对象的猜测，设计困难。
		综合性测试	个性化，避免研究对象猜测答案。	覆盖面有限，评分主观，评分者需要培训。

　　本节采用 Bennett-Kastor 和 Nunan 的系统框架（Chaudron），把数据分为自然数据和诱出数据。虽然研究者对数据收集方法的分类各不相同，但是这种自然 / 诱出两分法同其他研究者不同命名的分类法殊途同归。例如，Cook 把数据分为真实数据和非真实数据，Van Lier 采用干预性数据和非干预性数据两分法，Seliger and Shohamy 采用隐性 / 启发性和显性 / 演绎性数据两分法，Larsen-Freeman and Long 采用定性 / 定量连续体的方法。从某种意义上说，二语习得者的自然 / 诱出数据的划分同中介语的连续体有些联系，因为中介语连续体的一端是自然语言使用，另一端是控制语言使用。

一、自然数据收集

　　自然数据收集方法是收集真实环境中的语言数据的方法。真实环境中的语言就是研究对象为了进行交流在真实语言环境中输出的语言，例如，写给朋友的信件、饭桌边的对话或者为了美学的需求而写的诗歌（Ellis and Barkhuizen）。

自然数据收集方法就是在不干预研究对象的活动的情况下，通过记录、录音、录像等方式采集语言现象和同语言习得相关的行为的数据收集方法。收集自然数据，需要系统地、详尽地记录语言和环境背景，目的在于记录和获取能够影响语用意义和诠释的指示词、限定和非限定性从句的背景以及具有社会互动性的事件。讲话者、话题、地点、时间以及研究对象同对话者之间的关系都会对研究对象的语言产生影响。另外，研究对象语言输出的具体条件，如是否有足够的时间准备等，决定研究对象语言输出的差异性，因此，无论是美国心理学会还是一些二语习得研究者（Ellis and Barkhuizen；Yuan and Ellis）都倡导对自然数据收集的环境条件进行具体描述。

典型的自然数据收集是通过观察得到的，例如，观察双语环境和语言课堂两种背景中的语言习得者的语言输出及同习得相关的活动。

自然数据收集方法的优势分为两个方面首先，通过这种方法收集的数据是最真实的习得者中介语样本，既可以避免诱出方法对数据产生的人为影响，也可以避免研究对象使用输出策略，对中介语的输出进行监控。其次，研究者可以避免烦琐的数据收集方法设计，用自然的方法收集大量的自然数据。但是，自然数据收集方法的缺陷也有目共睹。录音、录像的质量会直接影响数据的效度，记录的数据可能会因为遗漏有关的背景描写而在一定程度上被扭曲。另外，这种自然的方法无法解决研究对象回避某些语言结构的问题。自然数据收集方法的另一个问题是耗时费力，因为研究者不仅要进行专业培训，而且要花费大量时间进行观察、誊写和整理。因此，一般来说，自然数据收集方法只用于研究对象数量较少的研究，如用于个案研究。

社会语言学家把自然环境中收集的数据叫作"随意的语言风格"当研究对象同他们熟悉的人进行轻松的交谈，并不注意自己的语言时，他们的语言输出就是随意的。由于在这种条件下他们并不监控自己的语言形式，所以他们的语言输出才最能反映对二语隐性知识的掌握。但是，如果研究对象在知晓研究者对自己进行研究时，就会产生"观察者悖论"，也就不能正常输出二语。要解决这个问题，不能通过向研究对象隐瞒研究目的的方式，因为这种方式不符合道德法则，在一些国家也是违法的。一种办法是设计历时研究，和研究对象建立起长期友好、信任的关系，并且讨论一些研究对象认为有趣、有意义或者重要的话题。

二、诱出数据收集

虽然通过自然数据收集方法可以得到大量的、信息含量巨大的数据，但是，当研究更具体的语言结构或者形式的时候，研究者就会采用诱出式的方法收集数据。

诱出数据收集方法得到广泛使用是因为其具有非常明显的优势。首先，诱出方法可以根据一项研究的理论焦点量身定做具体诱出某些语言形式的任务。虽然在一些任务中，研究对象会选择性地使用作为研究焦点的语言形式，但是，一些任务，如图片描述，会非常具体、有效地限制研究对象的选择，使其不得不使用目标语言形式，这就为研究者提供了方便。诱出方法的第二个优点是其记载工具的机械性。研究者对不同的研究对象可以采用预先设计、准备充分的记载工具，而不用过多考虑记载信度问题。第三，诱出方法可以采用翻译或者解释的方法向研究对象呈现研究说明，因此，研究者可以采用这种方法对各种年龄段、具有各种语言水平的研究对象进行数据采集。第四，虽然诱出方法采集数据的誊写和整理也需要对信度进行注意和评估，但是，这种方法采集的数据便于分析和量化。第五，如果设计合理，诱出方法也可以收集到自然的、没有研究对象进行自我监控的语言输出数据。

尽管如此，诱出方法仍然无法对数据收集环境进行完全的控制，因此，也无法解决研究对象避免或者拒绝回答问题这样的难题，从而无法成功诱出目标语言形式。另外，面对诱出方法工具产生的社会、心理压力，研究对象很可能不能完全顺利地同研究者合作，这会对有效数据的采集产生巨大影响。

Ellis and Barkhuizen 指出，诱出二语习得者的语言输出数据可以采用不同的工具，所有的工具都涉及某种任务。也就是说，研究者是通过设计任务作为工具诱出研究对象的语言输出数据的。

Nunan（2004）把任务划分为现实任务和教学任务。现实任务是指教室之外的现实世界中的语言使用，而教学任务是指教室中的语言使用。Long（1985）认为，现实任务就是为自己或其他人承担的、可能有回报也可能没有回报的一项工作。比如说，粉刷栅栏、给孩子穿衣服、填一个表格、买一双鞋……换句话说，现实任务就是人们在日常生活中、在工作岗位上、在休闲时所做的事情。Ellis（2003）认为，任务就是一项工作计划，它要求学习者用语用学的观点处理语言。衡量完成任务的结果的方法是看是否表达了正确的、合理的主题内容。为达到这一目的，学习者要突出注意意义。虽然任务的设计可能会预先安排学习者要使用的语言形式，但仍然要利用自己已有的语言资源。任务设计的目的在于直接或间接地引出类似现实世界的语言。和其他语言活动一样，任务可以是输出的或接收的、口头的或书面的各种认知过程。

那么任务和传统教学法中的练习有什么区别呢？Skehan 认为，任务有四个标准：意义是首要的；有一个工作目标；活动用结果来衡量；和现实世界有一定关系。Widdowson 则认为，练习和任务的区别在于他们的意义、目标和结果不同：练习是以发展语言技巧的需要为前提，把发展语言技巧作为交流能力的先决条件而任务建立在一个假设之上，语言能力通过交际活动得到发展。Willis 把任务型教学的目标总结为八点：在学习者使用语言的过程中增强他们的自信；学习者丰富自然交流的经验；为学习者提供机会，让他们受益于注意其他人表达相似意义的方式；为学习者提供机会协商话轮；帮助学习者在为达到一定目标的合作中使用语言；让学习者参与完整的交流而不局限于一次性的句子的练习；为学习者提供实用交际策略的机会；为学习者增强达到交际目标的信心。

任务设计者可以根据不同的研究目的设计不同的任务，任务是多维度的，因此，在任意一个维度的任意一个变化都会形成不同的任务。

下面我们逐一描述不同的诱出方法。不同的方法具有不同的功能，适合不同的研究对象。研究者可以通过对不同方法具体的描述以及每种方法的使用实例，根据自己的研究目的和情况，选择合适的方法收集数据。

（一）访谈

根据使用的语言的不同，访谈可以分为用目标语进行的访谈和用研究对象的母语进行的访谈。用目标语进行的访谈，无论是结构型的还是非结构型的，都属于诱出收集方法，是通过研究者的引导，诱出研究对象的语言输出。而用研究对象母语进行的访谈是为了调查研究对象的态度、观点等数据，属于非习得者语言输出数据，这里就不再重复介绍。

（二）图片描述

图片描述任务和下面要介绍的差别识别、拼图任务、一致观点任务都属于交际任务，交际任务以二语习得者同他人（教师、操母语者或其他二语习得者）的语言互动作为焦点。交际任务既可以作为一种教学手段，在二语或者外语教学中直接使用，也可以作为一种数据收集方法，用来研究互动对二语习得者语言发展的影响。例如，通过调节互动方式、二语习得者接受的反馈、二语习得者的输出，研究者可以探究互动中的因素同二语习得之间的关系。

一种常用的使用交际任务诱出研究对象数据的方法是信息缺口方法。信息缺口交际任务可以是单向的，也可以是双向的。在单向信息缺口交际任务中，信息从一个对话者流向另一个对话者，也就是说，一个人讲话，讲话的内容和信息由一个人掌握。例如，一个研究对象向他的对话者描述一幅图片。而在双向信息缺口交际任务中，对话双方或者超过两个人的对话者都掌握对解决问题非常重要的信息，所有对话者都需要参与到互动中。例如，在完成故事的任务中，每个人都掌握故事信息的一部分，每个人都必须把自己掌握的信息传递给其他人。

同信息缺口方法不同的是观点缺口方法。在信息缺口任务中，只要求研究对象进行信息的交流，而观点缺口任务除了提供信息，还要提供个人观点。另外，信息缺口任务中，每个对话者掌握信息的一部分，而在观点缺口任务中，每个人都拥有所有的信息。因此，信息缺口任务是"强制性"的，如果缺乏一个参与者的信息，则信息不完全，不能完成任务，于是，要求每个人必须提供属于自己的那部分信息。而观点缺口任务中，每个参与者提供的观点是选择性的，即使某个参与者不提供自己的观点，也有可能不影响任务的完成。

交际任务不仅可以按照信息、观点缺口方式来划分，还可以分为封闭式和开放式交际任务。如果一个交际任务要求参与者提供唯一正确的答案，那么，这个任务就是封闭式的，例如，两个参与者按照要求描述两幅图片的五个区别。开放式交际任务允许参与者提供一种解决问题的方案，也可以提供各自不同的解决方案。

在通过交际任务收集数据之前，进行小规模试验非常重要。例如，如果一个研究者对否定这个语言结构非常感兴趣，想要调查互动性反馈对否定习得的影响，那么，他需要通过设计操作，对研究对象不规则的否定形式的输出进行反馈，然后收集得到反馈后研究对象的含有否定形式的输出数据。在小规模试验中，研究者可以充分考虑和考察如何选择正确的方法和工具诱出研究对象否定形式输出，确保对不规则输出进行反馈，然后及时调整不合理的设计，以保证数据收集的成功进行。

图片描述是一种常用的收集数据的任务方式教师提供任务说明，其中的一个参与者拥有图片，并且根据任务说明向其他人描述手中的图片。其他人可以简单接收描述情况，也可以根据描述画图。多数图片描述任务都属于信息缺口任务。是否能成功完成任务取决于参与者信息分享的程度进行图片描述任务时，应该注意几点：首先，持有图片的参与者是唯一能够看到图片的人，为了保证其他人只能听到持有图片的参与者的描述，一般可以在参与者中间建立简单的隔断，例如，可以用纸板挡住参与者视线。其次，为了保证输入的一致性，采用录制的说明或者把说明誊写在纸上，确保每个研究对象听到或者读到相同的指令。

（三）差别识别

差别识别任务也是一种交际任务这种任务根据研究要求和所要收集的数据，使用不同的图片，让研究对象进行区别。同图片描述一样，参与者不能向其他参与者展示自己手中的图片，而只能通过语言描述，共同找出不同参与者手中图片之间的差别。研究者可以向研究对象说明差别的数量，让研究对象有明确的目标。差别识别任务可以由 2～3 个研究对象完成。研究者除了需要考虑自己的研究目标之外，还应该根据研究对象二语水平的不同，选择不同的图片，避免涉及的词汇超过研究对象的二语水平。例如，澳大利亚国际语言文化研究所的语言习得研究中心在 1995 年进行的研究中采用了两幅公园的图片，用来诱出研究对象有关方位词、复数和疑问句的输出。如果研究者意识到某些词汇过难，那么，可以在任务之前给出一个词汇表。

（四）拼图任务

拼图任务是双向信息缺口交际任务。在拼图任务中，每个不同的参与者具有不同的信息。为了完成任务，参与者必须通过语言互动，把零散的信息组装到一起拼接地图任务是一种典型的拼图任务。研究者可以为不同的参与者提供不同的有关街道在何时关闭的信息。参与者首先通过互动交流，把所有街道关闭的信息组织完整，然后在此基础上，找出一条从一个位置到另一个位置的路线。研究者也可以发给每个参与者一张完整的地图，不同的参与者的地图上标出不同的封闭的街道。每个参与者可以设计一条路线，但是，需要不时同其他参与者协商，取得其他封闭街道的信息，来完成任务。完成故事任务也属于拼图任务，在任务中，研究者发给不同的参与者故事的一部分内容，通过交流，共同完成任务。无论是拼接地图还是完成故事任务，参与者之间的交流和互动都是进行信息交换、完成任务的基本条件。

（五）一致观点任务

一致观点任务是一种观点缺口、双向或者多向的交际任务。在这种任务中，所有参与者需要就某一话题达成一致观点。例如，可以用优先选择话题作为任务的材料，让参与者在众多备选项中选择，并且同其他参与者达成一致。这种任务设计的目的是为了让参与者进行不受限制的讨论，用任意的语言形式表达自己的观点。但是，在进行一致观点任务设计时，研究者需要注意，这种不受限制的讨论并不一定诱出足够的数据，因为，某些参与者可以在不发表自己观点的情况下，让其他参与者形成最后的解决方案，或者参与者之间没有进行研究者预想的协商，没有足够的论证就得出最后结论。为了解决这些问题，研究者可以微调任务，例如，可以要求不同的参与者为不同的备选项进行论证，在任务内容清晰的情况下，参与者有可能输出更多的数据。

（六）故事复述

故事复述任务中，研究者向研究对象讲述一个故事（或者放录音），讲述用目标语的正常语速进行，研究对象只可能记录要点，然后研究者要求研究对象复述故事。在故事复述任务中，研究对象一般只能在记忆中存储故事的主题内容，而不能完全记录所使用的语言。于是，在复述的过程中，研究对象只能根据有限的笔记，用自己的方式表达记忆中的故事情节。故事复述可以是口头的，也可以是书面的。故事复述任务可以用来诱出研究对象输出数据，从而比较研究对象的词汇发展、时态、体等语法结构，Ellis and Barkhuizen 的文本重建任务同故事复述的设计、步骤相似，只不过文本重建任务可以采用不同体裁的文本作为研究材料，比较研究对象针对不同体裁材料的输出区别。

（七）图片作文任务

图片作文任务要求研究对象观看一段视频输入或者图片之后，描述图片或者视频中的内容。图片作文任务可以诱出口头输出数据，也可以诱出书面输出数据。同故事复述相似，研究对象在图片作文任务中要输出一段连续的、有意义的、同视频或图片相关的目标语数据。但是，图片作文任务中研究者在提供图片和视频输入的同时，并不为研究对象提供语言输入，研究对象用个性化的词汇和相对较自由的方式输出目标语。因此，研究者可以根据自己具体的研究目的，选择合适的任务类型。图片作文任务也可以设计成不同的形式，可以要求研究对象做即时的讲述，也可以观看后讲述。通过对研究对象输出准备时间的调节，研究者可以采集研究对象自身监控和没有监控的情况下的数据。

需要注意的是，如果视频输入是一个电影片段，研究者可以采用无声电影片段或者把电影中的声音关掉；电影片段的选材应该适合不同母语的二语习得者，片长不要太短，因为太短的电影无法诱出足够的数据，但是也不能太长，因为太长的片段会给研究对象的记忆增添额外的负担。另外，如果告知研究对象他们的听众没有看过这个电影，就会提高诱出数据的真实性，避免研究对象心理负担对输出产生影响。

（八）语法听写

语法听写（也被称作合作听写）也是要求研究对象根据听到的短文进行重述的任务。为了区分语法听写、图片作文和故事复述，我们有必要了解 Loschky and Bley-Vroman 提出的三个概念：任务自然语言形式、任务促进语言形式和任务必需语言形式。Loschky and Bley-Vroman 用这三个概念区分不同的语言结构形式在一项任务中出现的必要性。任务自然语言形式是指在一项任务中可能频繁出现（被使用）的语言结构形式。例如，在信息缺口任务中，一个旅游日程安排就为一般现在时表示将来发生的动作这个语言结构提供了自然的语境。但是，这种语言结构在这个语境中不是必需的，因为研究对象完全可以用 will 和 be going to 结构正确表达将来发生的动作。任务促进语言形式在任务自然语言形式的基础上更进一步，不仅可以自然地应用到一项任务的语境中，而且使用这些语言形式会促进这项任务的完成，或者使任务完成得更加顺利。例如，在厨房差别识别任务中，表示方位的语言形式就属于任务促进语言形式。任务必需语言形式是指在完成一项任务时必须使用的语言形式。

无论是故事复述，还是图片作文，都不能保证研究对象的输出中包含研究者需要调查的语言形式。语法听写任务能够弥补这方面的不足。语法听写是一种篇章的听写，在作为听写材料的篇章中包含 2 至 3 个目标语言形式的范例，研究对象记录笔记，然后通过小组合作，从词的选择、意义的完整性、语法的准确性等各方面尽量地还原原文。语法听写也被广泛应用到语言教学课堂中，一般来说，语法听写分为四个具体步骤：准备、听写、重写、分析及纠正。准备阶段通过听前预备练习让研究对象对即将听到的话题、背景有所了解，从而可以预见所听内容；根据需要，让研究对象对有关词汇有所了解；然后将研究对象分成小组在听写阶段，教师以正常速度、以句子为意群朗读两遍文章。朗读第一遍，让学生对课文总体内容有所了解；朗读第二遍，要求研究对象迅速记录实词或信息词汇。在重写阶段，研究对象以小组为单位，根据各自的笔记和记忆，重组篇章

（九）角色扮演

角色扮演分为开放式和封闭式角色扮演封闭式角色扮演任务同话语完成任务相仿，研究对象在被告知具体的语言场景后，进行一个话轮的回答但是，两者的区别在于封闭式角色扮演任务采用口头表达的方式，开放式角色扮演是在一定的场景下，两个或者多个研究对象进行的互动。虽然也是在假设的场景中而不是在自然的场景中进行互动，开放式角色扮演能在一定程度上改

善收集到的研究对象的语言输出的真实性。

开放式的角色扮演任务包括有关一个特定场景的信息和注明研究对象之间的相互关系以及他们进行对话的目的。开放式的角色扮演任务并不规定研究对象需要得出什么具体的结论，这无疑会给研究者更多的空间，提高这个任务类型的真实性，角色扮演任务一般被用来收集研究对象语用方面的语言数据，它的优点在于能够在完整的语境中对研究对象的语言输出数据进行收集研究者采用这种数据收集方式采集有关言语行为，尤其是要求和道歉的数据（Ellis and Barkhuizen；Chaudron），对这两种言语行为的话语长度、种类变化和直接程度进行分析。

（十）话语完成

在语用习得研究中，话语完成任务是最为重要的一种任务形式。话语完成被用来研究道歉、邀请、拒绝、要求等言语行为。话语完成任务是书面形式的任务，研究者首先提供对一个发生某种言语行为的语境的具体描述，然后要求研究对象在接下来的空格里填上合适的回答。如果研究者只是提供了语境和一些空格，那么研究对象拥有相对宽松的条件进行回答，但是，如果研究者想要诱出具体的语言形式或者言语行为，那么，研究者可以采用三明治式设计方法，也就是说，把研究对象需要作答的部分夹在两个话轮中间，更加明确研究对象需要提供的答案范围。研究者的另一个选择是首先提供一个场景的详细描述，然后给出一些选项，让研究对象进行语境适合性判断。选项可以是是非形式的，也就是说，有两个不同的极端选项，也可以是程度性的多个选项。

（十一）引导性回述

引导性回述和接下来介绍的有声思维、即时回述、日记、学习史叙述、自我评价，以及用母语进行的访谈和问卷具有共同的特征。这些收集数据方法采集的不再是研究对象的中介语数据，而是研究对象有关二语习得的观点和"主观理论"研究者利用这些方法调查研究对象习得、交际策略、解决交际障碍的方法、词汇推断、输入中二语习得者注意的形式、写作中的各个方面、二语习得者的任务前准备工作、母语的使用情况、生活的环境和像动机、焦虑这样的情感因素。由于其他方法无法收集这种数据，而这种数据对解释二语习得具有重要意义，因此，研究者经常会采用这些数据收集方法。但是，这些方法也不是没有缺陷，Cohen这个研究对象口头报告的倡导者提醒研究者注意以下几点：这样收集的数据无法囊括无意识的能力学习；为了收集、提供数据而简化了原本的认知过程；为了进行报告，可能会扭曲原来的过程，从而远离原本经历的事件；由于社会—情感因素的影响，研究者可能会有所保留；可能会干扰原来的认知过程；如果用二语作为工作语言的话，可能会扭曲认知过程的真正面貌。

引导性回述是一种内省式的方法，用来激励研究对象汇报他们参与具体学习事件时产生的思想和感情。研究者可以采用这种方法探索通过观察无法得到的研究对象的思想过程或者策略。这种回述叫作引导性的回述是因为研究对象是在一定程度的支持下进行的。例如，研究对象可以通过观看自己参与二语任务的录像或者自己的书面目标语输出，可以观察到自己的行为，对自己的动机和思想过程进行评价引导性回述中用来诱出研究对象评价的工具可以是封闭式的，也可以是开放式的由于记忆、存储信息、计时等因素都会影响到引导性回述的信度，Mackey and Gass（2005，78～79）提出了具体的建议：应该在作为研究焦点的事件发生之后马上进行回述，以保证从短期记忆中提取数据结构。如果事件已经过去很久，研究对象从长期记忆中提取相关信息，就会受到一定程度的干扰。如果这个研究对象对这个事件的记忆有些模糊了，就更可能受到 halo 效应的影响。作为激发研究对象记忆的引导刺激应该尽可能强烈，以最大程度激活研究对象的记忆。如果间隔时间不长，研究对象可以观看自己进行语言互动的录像，如果时间间隔较长，研究对象可以在观看录像的时候阅读自己的（被研究者誊写下来的）语言输出数据。研究对象应该尽可能少地接受收集数据过程的训练，也就是说，他们应该刚刚能够同研究者进行成功合作，而又不具备任何不必要或者过多的了解。这个程度通过小规模试验就能把握，通常来说，研究者提供一个简单的说明和一个直观的例子就可以了。回述的结构性程度取决于研究问题。如果研究问题对研究对象的回述没有约束和要求，那么研究者就可以较少介入。在研究对象参与评价的时段，研究者也不用过多介入。但是，非结构性的引导性回述不一定会有效采集到需要的数据

（十二）有声思维

有声思维又叫在线任务。研究对象在解决问题或者完成一项任务的时候报告自己的思考过程，进行有声思维和完成任务是同时发生的。有声思维可以在研究者关注某些信息时揭示思想过程的意识流有声思维方法的理论基础是信息处理模型。根据信息处理模型理论，注意力最近所及的信息储存在短期记忆中，可以提取，进行报告。有声思维方法具有前提条件，无论研究对象是否进行有声思维，他们注意力所及的信息和短期记忆中存储的信息不应该受到影响，或者说，要求研究对象进行有声思维，对思想活动进行口头报

告，不会影响研究对象任务的完成情况。这种前提条件或者假设受到一些研究者的质疑，因为语言活动（即有声思维的口头报告）本身就是一种认知资源的组织方式，它势必会影响研究者试图探索的心理过程。但是，有声思维仍然因为无法用其他方式替代而被研究者广泛使用。例如，在研究二语习得者写作、注意力、解决语法问题、推断词汇意义中，可以使用有声思维。

有声思维任务有四个步骤：进行任务前培训；为研究对象提供说明，明确当时进行有声思维的重要性，避免事后解释的行为；进行热身活动，研究对象练习有声思维，但是不被计入收集的数据中；进行有声思维的录音阶段，不时提醒研究对象继续报告，避免陷于沉默。（Ellis and Barkhuizen）

Macaro 对有声思维提出一些基本建议：让研究对象进行一项具体的任务，阅读和写作任务最佳；确保研究对象了解自己需要完成的工作，并对此没有抵触，般来说，研究者会告知研究对象说他们想要了解研究对象在进行任务时的心理活动；用熟悉的任务讲解有声思维过程，或者让研究对象用另一项任务进行练习，避免研究对象只模仿和采用研究者演示的具体策略和方法；准备好录音机，及时录音；当研究者没有足够的内容汇报时，避免用"你确定吗"进行质疑，或者用"这样就行"表示结束，应该用启发的方式对其进行提醒和鼓励；收集数据之后整理录音，使用完整、合理的体系梳理、总结研究对象采用的所有策略。

Seliger and Shohamy 认为，在实施有声思维任务时，可能会遇到下列影响数据真实性的问题：研究对象所提供的信息处理过程可能是对曾经经历过的相似任务的描述，而不是对当前正在进行的任务的直接表达；研究对象受到同研究者互动中的社会、心理因素影响；研究者不一定愿意合作；实验环境产生影响；研究对象可能无法同时胜任两种任务（有声思维和参与为收集数据设计的任务）；研究对象可能揣测研究目的，提供的数据并非是真实的；在无法收集足够数据时无从知晓原因；有声思维活动本身对正在进行的任务产生影响。

Seliger and Shohamy 也提出了对有声思维数据收集的建议：在收集数据之前，研究者有必要同每一个研究对象见面，熟悉彼此、解释研究目的、演示有声思维方法、进行练习；研究对象在进行任务时，出声说出他们的思考过程，研究者应该鼓励研究对象说出遇到的理解问题和困惑、不解和犹豫，如果研究对象不能完成这样的任务，不要勉强；一般用研究对象的母语对每个研究对象进行有声录音，研究对象在完成任务时没有时间限制，研究者应尽量少地进行干预。如果出现长时间的停顿，研究者可以用"你正在想什么"这样的问题对研究对象进行启发；对于研究对象明显的动作进行记载（例如，回头在文中查找或者对某些单词画线）；录音的材料在誊写下来后进行分析。

（十三）即时回述

即时回述是处于引导性回述和有声思维时间段中间的一种方法，也就是说，引导性回述是在研究对象完成任务之后，间隔了一段时间进行的，有声思维是在进行任务同时进行的，而即时回述是在完成任务之后马上进行的。有些研究者并不区分即时回述和引导性回述（Ellis and Barkhuizen；Chaudron），但是，即时回述中一般不使用唤起研究对象记忆的录像或者其他手段，只是依靠研究对象的短期记忆，因此，我们这里把它作为一种不同的诱出方法进行介绍，即时回述也会同引导性回述一样，存在记忆流失的问题，但它的价值在于能够在不能使用有声思维的任务时发挥作用。例如，在互动任务中，由于研究对象需要用目标语进行口头的互动和交流，不可能同时进行有声思维，于是，这种互动任务就不适合用有声思维收集数据。那么，在任务完成之后，研究者可以马上对自己的思想过程进行评价和报告，为研究者提供观察所收集不到的数据

（十四）日记

在二语习得研究领域，日记被用来记载二语习得者的语言习得进程日记的内容主要取决于二语习得者自己的选择。日记有结构日记和非结构日记之分。也就是说，研究者可以概括地指导或者具体地规定日记内容和方式。研究者具体的指导可以保证研究者收集到预想的数据，但同时也存在问题。如果研究对象严格按照研究者的指导说明记录日记，记录的内容就不一定是研究对象首先想到的、最重要的、最有感想的内容，这就在一定程度上影响了数据的信度。在二语习得领域，日记方法主要用来收集情感变量，如焦虑、动机等。

（十五）学习史叙述

学习史叙述是研究对象对自己学习二语的过程进行的叙事性描述和日记相似，学习史叙述不是通过研究者和研究对象之间的互动收集数据，而是通过研究对象对以前发生的、同语言习得相关的事件的叙述取得研究数据。学习史叙述可以是自发的，一些研究对象会记录自己习得一门二语的过程。学习史叙述也可以是诱出的。例如 Schumann 在给学生讲述二语习得课程时，要求学生完成五页的二语学习历史，在学期末，Schumann 要求学生重新写一份五页的二语学习史，但是，这次要用某一种理论分析自己的学习经历。

（十六）自我评价

自我评价是研究对象对自己的二语知识的评价。引导研究对象进行评价的问题方式在一定程度上决定了研究对象的回答方式。调查研究对象的语言水平，提问研究对象对二语的使用情况、需求和语境等问题会比让研究对象评价自己的语言能力更有意义调查研究对象在二语应用各个方面的难度比直接询问二语使用程度更有效。虽然自我评价方式在二语习得研究中被用来收集数据，但是，这种方法的效度有时受到研究者的质疑。

（十七）语法判断测试

二语习得者对目标语的语法具有直觉。虽然他们的直觉不同于本族语使用者的直觉，但是，如果说二语习得者的直觉反映了他们的中介语的现状也不无道理（Ellis and Barkhuizen）因此，二语习得研究者通过二语习得者对目标语的语法的直觉，或者说，对语法的掌握来探索有关二语习得过程以及习得者的中介语的研究问题。

Mackey and Gass（2005）把通过对二语习得者语法知识的考察探索二语习得相关问题的理论基础归结为 Chomsky 的普遍语法。普遍语法观点认为，世界上所有的人类语言的核心语法都受到一整套抽象的原则的限制。除了不变的、适用于所有语言的原则之外，还存在一些随语言变化而变化的参数。坚持普遍语法理论的研究者试图研究二语习得者的抽象语法规则在多大程度上等同于本族语使用者的规则。语法判断测试就是收集这种数据的方法。在语法判断测试中，研究对象按照要求判断某些目标语句子是否符合语法规范，或者说，在目标语中是否可以接受这样的句子。这种数据收集方法一方面能够和其他诱出方法一样，节省大量时间，在短期内收集研究者所需要的数据，另一方面，语法判断测试还可以收集在自然输出中无法获得的数据。例如，在一个二语习得者的自然输出中，能够收集到正确使用第三人称单数标记的数据，还不足以说明他对这个语法结构的掌握，因为研究对象在其他场合可能会错误地使用这个语法结构，或者，若研究对象避免输出同这个语法结构相关的句子，那么，也无从考证研究对象对这个语法结构的掌握情况。虽然语法判断测试具有上述优势，但是仍然不能回避这种方法的缺陷。二语习得者同本族语使用者不同，他们有时即使了解一项语法，但是在实际输出时仍然不能正确使用。这也就是所谓的显性知识和隐性知识的区别。研究者在应用语法判断测试时，应该注意这种局限性。

语法判断测试有不同的设计和操作程序。最基本的形式是让研究对象对一组句子进行判断，选项可以是"是否"形式，可以添加"不确定"选项，也可以是多个选项，例如"明显符合语法""可能符合语法""可能不符合语法""明显不符合语法"等。Sorace 倡导一种"量化测评"方法，要求研究对象为一组句子提供数量的评估值。在这样的操作中，研究对象对第一个句子给出一个可接受性的分数，然后，在这个分数的基础上，对接下来的一组句子进行评估。这样的方法对研究对象的回答没有限制，因此，可以更真实地反映研究对象的判断研究者也可以让研究对象比较成对的句子，或者为几个句子按照可接受的程度排序，或者要求研究对象具体说明不符合语法的句子的问题等。量化测评有两个好处：首先，研究者没有把事先规定好的范畴强加给研究对象，研究对象可以自己为判断目标赋值因此，这样的数据信息量更大，因为研究对象不仅自主建立了答案的全距，而且决定了答案的分布。其次，研究者可以根据通过这种方式取得的数据，推断反映研究对象对不同语言形式的不同印象的区别。为了简化程序研究者一般建议研究对象从 10 分左右开始，无论第一个句子是否属于极端，都给自己留有余地。

（十八）诱出模仿

在诱出模仿任务中，研究对象会听到一组句子，然后按照要求在每个句子结束后的停顿中重复这个句子。诱出模仿和语法判断测试一样，都可以用来测试研究对象对语法的掌握。在任务中所用的句子都含有一个或者几个目标语言结构诱出模仿的原理是，如果一个句子是一个二语习得者的语法知识体系中的一部分的话，那么他就很容易重复这个句子，就如同这个句子在研究对象的语法体系中被过滤了一下，没有阻力。用于进行模仿的句子应该超过研究对象短期记忆所能控制的长度，这样，研究对象只能首先对句子的内容进行处理，在重复时，使用自己的语言资源对句子进行重组由于不同二语水平的研究对象的短期记忆容量不同，研究者应该根据具体的研究对象的情况决定句子的长度 Ellis（1997）曾经使用一个改进的方式，保证研究对象无法根据短期记忆进行模仿。Ellis（1997）选择带有观点倾向的句子，研究对象首先按照要求说明自己是否同意句子中的观点，然后再模仿句子。

（十九）真值判断

真值判断用来研究二语习得者对句子的理解。在二语习得研究领域，真值判断方法一般用来研究反身代词。研究对象首先了解一个包含反身代词结构的句子的背景，然后判断这个句子的正误。

（二十）句子匹配

句子匹配任务是通过测量研究对象的反应时间实现的，用来研究二语习得者对语言的某个角度的处理方式。句子匹配任务基于一个前提假设：对一个句子反应的时间越长，就需要越多的处理资源。例如，结构复杂的句子经常需要研究对象用更多的时间做出反应，句子匹配任务经常在计算机的协助下进行。研究对象坐在计算机前，显示屏上首先显示一个句子，然后，在第一个句子仍然保留的情况下显示第二个句子，研究对象要在很短的时间内决定第二个句子是否和第一个句子相同，研究者按键表明自己的判断，从第二个句子出现到研究对象按键的时间作为数据进行分析。第一个句子可以是符合语法规则的，也可以是不符合语法规则的。在实际的研究中，这种方法有很多操作方式，研究者根据自己的研究目的进行选择。

（二十一）句子理解

在研究二语习得者对句子的理解时，研究者有时采用解释二语习得者如何处理信息的竞争模式。竞争模式的核心问题是研究在理解句子中的单词与单词之间的关系时，二语习得者运用哪种信息。例如，在我们读到玛丽喝了咖啡（Mary drunk the coffee）的时候，如何判断是谁喝了谁。汉语和英语中，我们根据语序以及词汇的意义和是否具有生命、是否能够发出动作等进行判断，因此能够判断咖啡喝了玛丽（The coffee drunk Mary）是不能接受的句子。不同的语言使用不同的标准，不同的标准赋予不同的重要性。

基于竞争模式的二语习得研究使用含有不同线索的句子。一般情况下，研究者会使用含有相互矛盾的线索句子，让研究对象找出主语或者发出动作的主体。通过这种方式，研究者能够判断研究对象在理解目标语时采用什么样的线索以及这些线索同母语知识的关系。当然，不同的研究者根据不同的研究目的会采用灵活的方式运用句子理解这种数据收集方法。

（二十二）移动窗任务

移动窗任务是一种应用计算机诱出数据的方法，这种方法也是源自心理语言学。在移动窗任务中，句子中的每一个词分别出现在显示屏上。研究对象示意之后，出现下一个单词，或者说，研究对象自己控制单词移动的速度。当新的单词出现时，上一个单词消失。当一个句子中的所有单词都显示完毕之后，研究对象按照要求回答这个句子是否符合语法规范。移动窗任务可以收集反应时间数据和语言知识数据。移动窗任务和其他通过测量反应时间取得数据的任务不同，它可以用来收集针对句子中任何一个部分的反应时间数据，由于是研究对象控制是否显示下一个单词，因此，研究者可以了解句子中的哪一个部分需要更多的时间。

（二十三）明晰意识任务

明晰意识任务旨在通过提高对某些语言领域或者语言结构的意识，协助二语习得者的认知。在任务中，研究对象在解决问题的过程中说出自己对语言的想法。从一定意义上说，明晰意识任务和语言课堂上的小组讨论相似。研究对象以组为单位，通过谈论语法规则和具体的问题，回答具体问题、总结语法规则。

诱出方法还可以采用传统测试中使用的一些方法，例如填空、句型转换、翻译、补充句子、简答等。

（二十四）问卷法

问卷法是社会科学研究中最重要的调查方法之一问卷法在二语习得研究中也得到非常广泛的应用。

1. 观察法

观察法是指在研究对象处于自然状态下，研究者通过感官（视觉和听觉），对研究对象的行为进行记载和描述的收集数据方法。Mason 认为观察法是研究者深入到研究对象的自然环境中，对其背景、互动、关系、行为、事件等进行系统的观察的方法观察法收集的数据一般是实地笔记（包括研究者对观察对象行为的记录和研究者的直觉、印象或是问题）和录音、录像（以备观察者日后做深入的研究或者为其他研究者提供有关本研究的资料）相结合的数据。刘润清认为观察法是其他收集数据方法的基础。观察法的历史同科学研究的历史一样长（Perry）。在二语习得领域，观察法也被大量应用到自然习得研究和语言课堂研究中。

（1）优势和缺点

观察法备受研究者的青睐，首先因为通过这种方法得到的数据是在自然状态下收集的，也就是说，作为研究对象的语言现象没有受到诱出工具的影响，也可以避免研究对象监控自己的语言输出，从而获得更加真实、有效的数据。观察法的另一个优点就是可以收集到有关语言习得者语言行为的大量、细节性的数据，除此之外，在应用观察法收集数据时，可以探索新的、未曾预料的信息，可以更加灵活地收集数据，这也是研究者把观察法作为产生研究假设的方法的原因。但是，观察法也不可避免地具有一些局限性。第一，观察的录音、记录效果可能会有不尽如人意的地方，录音、录像工具可能出故障，或者音响效果、影像效果不佳等。其次，由于不加任何干涉、不使用任何诱出工具，所以观察法无法收集研究对象避免输出的语言形式或现象。因此，在某种意义上说，收集的数据应和其他方法收集的数据共同使用，才能获得最佳效果。第三，观察法需要研究者付出巨大的努力来进行观察，并整理观察获得的数据，而且，一般需要长时间的观察，才能获得有效数据，所以，观察法比较耗时。第四，观察法一般限于对少数研究对象的研究（Chaudron）。另外，在利用观察法收集数据时，存在所谓的"观察者悖论"问题（Labov），也就是说，虽然观察法的宗旨是在自然状态下收集数据，但是由于观察者的出现，被观察对象的语言行为会受到影响，从而影响数据的信度。另外一个问题是"霍桑效应"的作用，如果观察对象意识到自己被观察，或者成为研究对象，就会优化自己的行为。例如，在二语习得研究中，被观察对象或研究对象会由于意识到自己成为研究对象而提高学习动机、优化语言输出。因此，在霍桑效应的影响下，被观察对象的行为改变有可能不是其他变量的结果。Richards 认为，虽然进行非结构性观察的研究者需要尽量拓宽观察的范围，但是仍然受到具体的研究目的的影响，预定的研究目的会在不知不觉中影响研究者的观察范围。Lareen-Freeman 认为，观察法收集的数据质量受到研究者的主观意识、是否持有偏见、是否具有专业经验等因素的影响不仅如此，在参与性观察中，研究者既要观察自己和其他参与者的行为，还要参与到活动中，因此观察结果会受到注意力分散的影响。

（2）分类

观察法的形式多种多样，分类的依据和方法也各不相同。陈坚林列举了自然观察法、实验观察法、结构性观察法、非结构性观察法、正式观察法、非正式观察法、参与性观察法、非参与性观察法、描述性观察法和取样性观察法。Perry 则区分了自我观察和他人观察。在二语习得研究中，研究者主要区分参与性观察和非参与性观察，以及结构性观察和非结构性观察。

在参与性观察中，研究者自身参与到作为研究目标的活动中去。一般来说，研究者都会采用录音和录像的方式记录数据，这样才能真正投入到活动中去。而在非参与性观察中，研究者并不直接参与到活动中，通过记笔记、录音、录像等方式采集信息。在二语习得研究中，非参与性观察经常被叫作历时案例研究，用来收集描述习得者外部表现数据在非参与性观察中，研究者不仅可以收集连贯的、少数几个研究对象的语言发展过程数据，而且可以在自然状态下收集的数据中寻求规律、产生研究假设和问题。

非结构性观察是指研究者遵循人类学研究设计的理论观点，在没有任何研究假设和问题的前提下，对研究对象进行随机的、非计划性的观察结构性观察一般是在具有一定的研究假设和问题的情况下，针对具体研究对象和具体观察语言现象，应用一定的观察工具，进行有计划的观察和记录的收集数据方法

（3）非结构性观察

①步骤

陈坚林通过回答 who，what，why，where，how 和 when 等问题的方式确定观察法的步骤首先，确定观察对象，包括观察的总体范围、客体对象和观察的具体项目。第二步，确定观察内容，决定需要的材料、研究问题和观察围绕的主题。第三步，编制观察目录，其中包括观察目的、主题、范围，要了解的问题、要收集的材料，要采用的方法、观察过程、观察次数、每次观察的时间以及如何保证观察对象的自然状态等。第四步，设计和确定记录方式。如果想要准确地记录数据，需要统一、一致的记录方法，其中包括格式、符号和统一的文字阐述。第五步，观察问题，围绕研究课题，有针对性地对具体的语言现象进行观察。

对研究对象的观察，可以通过记笔记、录音和录像的方式进行。在分析之前，录音、录像的数据需要誊写。誊写全部数据还是部分数据，这个问题取决于研究问题。如果研究者的研究目的是对具体的语言形式进行调查，那么，就可以有选择地誊写部分数据，也就是说，可以根据研究问题涉及的范围决定誊写数据的范围。由于誊写非常费时、耗力，因此，选择性地誊写异常重要。另外誊写详细程度取决于研究问题和研究目的，最宽泛的誊写只包括语言输出的书面形式，或者包括主要的停顿，而详细的誊写可能会记录停顿时长、对话者话语的重叠部分、语音、语调、音量、突然停顿，甚至是可辨认的深呼吸的声音。誊写可以是剧本形式的，叫作"标准排版"，也可以是列在表格中的。

观察法并不是步骤简单的机械方法，而是需要全面、有深度地了解研究对象的方法。观察的步骤不仅包括核心的观察和记录，也包括在观察之前、之后进行的、必要的、提高收集数据的真实可靠性的一些步骤。因此，一些研究者（Richards；Berg；Geer；Angrosino and Perez）强调了观察准备工作的必要性。其中，Richards 把这些准备工作统称为接近、进入观察群体。虽然这项准备工作并没有受到大多数研究者的重视，至少没有很多人在总结研究方法时，把进行观察的准备进行详细描述，但是，它确实非常重要。这项工作如果失败，那么就会损失收集观察研究数据的机会；如果准备时各项关系理顺得不够得当，那么即使可以进行观察，得到的数据也并不能保证质量。因此，准备工作看似琐碎，但是必须认真对待。接近、进入观察群体的工作可以归纳为：联络；征得同意；说明研究目的；确立研究者身份；同观察对象建立关系；离开观察群体。

一般来说，确定研究对象是所有研究的最初阶段需要进行的工作。很多研究者都会详细说明选择一定的研究对象的原因以及研究对象的具体情况其实，在确定一定的研究对象之前，还存在一个非常现实但容易被人忽视的步骤，就是设法联系到研究者想要进行观察的研究对象由于观察的内容既包括观察对象意识到和意识不到的细节，又包括他们想被别人观察和不想被别人观察的内容，因此，大多数人都会为了保护隐私而拒绝成为观察对象。在二语习得研究中，观察对象还存在着另外一种顾虑，害怕研究者的存在会影响二语习得者习得的效果，包括语言课堂教学效果，因此，联络到同研究相关的观察对象的工作并不像想象的那样容易。官方的联系有时候可以为研究者提供很多方便，但是，通过个人的联系有时候更加有效，因为这样可以避免官方联系可能造成的观察对象或其他相关人员的反感和顾虑。

征得同意包括两个方面的同意，一方面是相关管理人员的同意，另一方面是观察对象的同意。有些研究者（Dingwall）用"阶梯协商"来概括同各层次的相关人员进行协商的过程。研究者在协商取得同意的过程中应该注意观察，如果管理人员不仅友好，而且受到被管理的观察对象的拥护，那么研究工作的顺利进行就多了一份保障。另外，进行协商时研究者的衣着、态度等都可能会影响协商的结果如果可能，可以为进入的群体提供某些方面的服务或者便利，作为同意研究者进行观察的回报。有些研究中，研究者本身就是语言教师，那么，他可以为观察对象或群体提供讲座或者讲授一些课程。

在进行协商、征得同意的过程中，研究者应该说明研究目的。研究者应该认真考虑，如何阐述研究目的，才能让研究对象接受，并且不影响他们的行为，不影响收集到的数据的真实性，避免"观察者悖论"影响，缩小"霍桑效应"的作用。由于一些国家和地区（如美国）有明确规定，观察对象有权知晓自己被观察的事实，而且在研究结果发表之前，必须取得研究对象的同意，尤其是在研究结果中提及具体观察对象身份的研究。另外，即使没有法律规定，研究者和观察对象之间也存在着道义关系，知情权和保持观察结果的真实性之间存在着一定的矛盾。解决这个问题的办法就是选择较"中庸"的方式。虽然对观察对象进行诚实的研究目的的描述、解释，但是这种解释只停留在概括的层面，并不泄露可能会影响观察结果的信息。例如，在二语习得研究中，研究者可能会向观察对象解释自己的研究目的是观察什么。层次的习得者的习得过程，但并不详细到告知对方观察哪些语言形式和哪些语言行为。另外，在协商过程中，还应该确定数据使用方法的范围等事宜。

表面上看，研究者的身份在研究初始阶段就已经确立，而且界限清晰，但是实际上，研究者身份的确立是一个在研究过程中逐渐协商形成的过程。对于一个研究者来说，从研究的开始阶段，就应该考虑自己的身份，并且通过不断学习和进步，优化自己出现在研究群体中的形式，以便收集最为有效的数据。在非参与性观察中，研究者的出现一定会影响观察对象的行为方式，那么减小这种影响的方法就是通过长时间的熟悉过程，让观察对象慢慢淡化对研究者的注意，并且放弃最初收集的数据。而在参与性观察中，除了需要消除观察对象的顾虑，还要避免研究者过度参与，从而丧失观察者的洞察力，而与观察对象同化的问题。

同观察对象建立良好的关系非常重要，观察对象对研究者以及研究者的存在的反应影响他们在研究者收集数据时的表现，尤其是对持续时间较长的研究来说，研究者和观察对象的关系非常重要由于多数研究者具有一定的教学经验，因此容易在研究的过程中受到一些先入为主的成见的影响当具有相关知识的研究者带着评价和判断的目的坐在一个语言教室中时，观察对象很难摆脱这些转移注意力的因素的影响。因此，同观察对象之间建立彼此信任的友好关系是收集到有效数据的必要条件。但是，在处理这种关系时，研究者还需注意，不能同观察对象的关系融洽到具有认同感的程度那样就会影响研究者采取客观的角度进行观察。所以，这种关系的处理有一个"度"的问题，研究者应该寻找一种既能从观察对象角度看问题，又能避免过于认同，从而忽略应该注意的现象。

离开观察群体的时机取决于两个因素，最重要的因素是已经收集到需要的数据，另一个是研究者适应、认同了这个观察群体，从而失去了观察者应该具有的视野和观点。无论是像前者那样主动离开，还是像后者那样被动离开，研究者都应该简单设计一下离开的方式和时机，因为双方之间已经建立了良好的关系，不合时宜地突然离开可能会对将来的研究有所影响，至少在感情上，研究者应该对观察对象有一个让人满意的交代。

②观察训练

通过观察法收集数据能够收集到大量有价值的信息，但是，观察同时又是一个耗时、费力，甚至是枯燥的工作。为了能够收集到需要的数据，研究者要训练自己的眼睛、耳朵和头脑，根据系统的标准程序进行观察，用开放的视野去捕捉意外的收获。

在进行观察训练时，首先应解决的问题是如何集中注意力的问题。注意力的集中需要训练注意力不能集中时可以采取一些方式避免，例如，在观察时，如果能够及时做笔记，那么就可以在一定程度上帮助自己集中注意力。另外，可以通过经验的积累和内在机制的控制集中注意力。需要注意的是，重新集中注意力要比坚持不分散注意力更加具有挑战性，也就是说，在注意力分散后，重新集中注意力还是非常关键的。第二个需要解决的问题就是观察什么的问题。观察内容不应该是从开始就拟定的，也不应该是顾此失彼的选择，应该是在观察过程中逐渐成熟和完美起来的研究焦点。有经验的研究者尽量避免先入为主的观察内容，因为那样容易错过观察到其他更有价值的内容的机会。第三个需要解决的问题是无法发现值得观察的内容的问题刚刚接触观察法的研究者会苦于所观察的环境中没有发生什么事件。一般来说，观察的环境都是常规的，而成功的观察者就会在这个常规的、看似没有什么特殊之处的地方观察到其他人所忽视的现象。Richards 建议通过训练观察者对环境和人物的敏感度来解决这个问题为了训练自己，研究者可以选择一个熟悉的环境，对自己感兴趣的方面进行长时间的观察，并且对观察结果进行详细的记载。环境和活动之间的关系至关重要，因此，在具有一定的位置感之后，着重对环境中的人、人的活动、人的活动与环境的关系进行观察和思考。通过刻苦的训练，新手就会逐渐学会注意到其他未经训练的人容易忽视的问题和现象。

③观察结构

采用观察法的研究者如果没有预先设定的观察内容，那么，经常遵循一个观察内容的结构规律，进行系统的观察。Spradley 的观察结构具有代表性，一直是研究者们借鉴的典范 Spradley 把观察的主要内容总结为空间、行为者、活动、物体、行为、事件、时间、目标和背景。Richards 在此基础上，总结了一个观察内容的主要条目：场景（空间、物体）、人物（行为者、关系、互动、情感）、系统体制（正式、非正式）、行为（时间、惯例、过程、事件）。

场景的重要性不言而喻，行为和背景之间存在着密切的关系，因此，空间的分配、领地所属、活动的背景以及空间赋予人的角色（如，一个人坐在酒店大堂中间的桌子后面意味着他就是大堂经理）都具有重要的观察意义。而空间中的物体同样能说明问题，例如，物品的所属可能就是一种地位的象征，或者一个物体就会让人联想起某一个活动。

系统体制包括正式的体制和非正式体制，正式的体制是人们明确遵守的行为准则，而非正式体制是具有一定社会约束力，但并不能明确约束的体制。观察者可以首先确定一个群体的系统体制，然后详细观察这个群体中的人遵循这些体制规律的细节。

研究者需要观察行为者的行为，从而了解他们的世界。首先，研究者应该清楚行为者的身份和一些背景，观察他们的表现。其次，研究者应该注意观察行为者是如何分成不同的群体的，各个群体之间的关系如何，怎样定义这些群体，观察行为者是否有等级、研究者还需要观察通过什么样的互动建立彼此关系，行为者的情感无法直接观察得到，但是，研究者可以通过观察行为者的行为和谈吐来记录行为者可能流露出的情感。

对于观察对象的行为，不应该草率地进行定义。对一些行为的解释是经过长时间发展、变化才产生的，是在观察对象之间以及观察对象和环境之间的各种联系衬托下才能够进行描述的。注意活动发生的时间是可以发现问题的。例如，如果一个经常在课堂开始时进行的活动被安排在最后，那么，这种安排可能是为了突出其重要性行为惯例是有关行为的另一个观测点。惯例可以是个人的，也可以是某一个群体的研究者应该对惯例提高敏感度，捕捉同其有关的一切现象行为过程非常重要，不同的行为过程以及行为过程所具有的共同特点都能够从一定程度上体现行为的特点。Spradley 区分了行为（单次的行动）、活动（一系列相关行为）和事件（系列的相关活动）。而 Richards 只强调了事件，因为确定了具体的事件及其特征会有利于清晰地辨别规律和准则。

④观察策略

为了真实、客观地采集观察数据，研究者一般在观察时采用一些策略：

首先，观察、记录每件事。普通人观察事物时，容易观察一个侧面而忽略其他所有细节，而对一个采用观察法收集数据的研究者来说，培养好的观察习惯、拓宽视野、注意细节至关重要。例如，一个研究者在观察之前的位置感、对环境的敏感度非常重要。

第二，观察、寻求不定的目标。如果不事先决定观察的内容，那么，值得观察的东西就会自己浮出水面这个策略尤其适用于观察特别复杂或者特别熟悉的情形。

第四，寻找矛盾。这个策略能够帮助研究者迅速锁定观察目标，尤其适用于矛盾较多的教学环境第四，寻找一个群体面临的问题，一个群体面临的问题有时候为观察提供有用的观察主题。

第五，提出假设性问题。研究者经常只注意发生的事情，但是，一个有经验的研究者应该对自己提出"如果不是这样会如何"的问题。

第六，使用地图。Whyte 介绍了在他的研究中如何利用地图观察和记载观察对象的行动，他积累了大量地图，为他提供信息，不仅可以描述观察对象的行动，还可以对其行动进行一定程度的预测。

第七，在观察对象对研究者的存在已经习惯之后进行数据收集。由于研究者的出现会一定程度地影响观察对象的行为，因此，研究者应该同观察对象建立信任、友好的关系，在适应一段时间后，再采集数据，避免"观察者悖论"和"霍桑效应"的影响。

第八，避免记录对观察对象的影响。虽然研究者的职业道德要求其对研究目的进行解释、说明，但是，为了避免研究对象在明确观察内容后严格监控自己的行为，影响收集真实的数据，研究者一方面避免细节性地说明自己的观察内容，另一方面，应该用含蓄的方式记录笔记。Richards 曾经介绍自己的经验，把笔记记在教案中，避免即时记录笔记对观察对象产生影响。

⑤笔记的形式

笔记的形式多种多样，对笔记进行分类的标准也不同。Emersonetal 把笔记分为即时笔记和后期笔记。即时笔记是在观察活动没有完成之前的随时记录，而后期笔记是在对观察内容等的了解充分之后记录的笔记。由于记载的时间段不同，对观察对象、观察内容的了解不同，两种笔记之间是局部视角和总体视角的关系，是从最初的观点逐渐变化为最终的观点的关系 Richards 把笔记分为四类。第一类是最基础的实地笔记，翔实地记录观察到的数据。这种笔记提供最核心、最重要的数据备忘录式笔记具有分析的特点，包括研究者的见解、同理论的联系、方法论问题等内容。日记式笔记是研究者个人对研究过程和观察对象的思考和反应，这种笔记不是简单地记录日程，而是对整个研究过程以及研究者自身定位等的思考日记式笔记有助于产生新的见解，并且能够对观察过程的进展起到提示作用。研究者最后呈献给他人的是文本形式的笔记文本形式的笔记在空间上也存在很大的区别，因为研究者有时需要对实地笔记进行整理、润色，因此，研究者对文本形式笔记修饰、编辑到什么程度需要慎重考虑。

Emersonetal 的另一种划分笔记类型的方法是素描和片段式笔记。素描式笔记是通过细节性的、丰富的语言描述进行印象派的记录，而片段式笔记是对不同时间段的活动进行的记录素描式笔记强调对某个观察内容的详尽的描述，而片段性笔记强调随着时间的推移不同活动的连续性和延续性。

Abrams 把笔记分为使用第一人称和第三人称的笔记。第一人称笔记从一个参与者的有限的视角记录观察内容，而第三人称笔记从一个非参与性的观察者的角度记录笔记。

（4）结构性观察

非结构性观察经常被研究者用来收集定性数据信息。这种观察方式通过培养观察能力、敏感度和心智毅力去捕捉陌生的或者熟悉情形下的现象。非结构性观察的性质决定了数据整理的难度。根据不同的研究目的，研究者有时采用结构性观察方法，可以运用已经设计好的系统或工具，轻车熟路地快速收集材料。为了避免在研究后期，即在无法挽救的时候才发现问题，研究者在采用结构性观察时应该在看待问题的视角、定义系统、整理和阐释方面尤其要加以注意。

①注意事项

结构性观察的优点是研究者可以把研究缩小到自己感兴趣的范围之内。但是，如果在研究开始阶段，研究者没有认真考虑选定研究问题的价值或者研究问题对整个项目的影响，那么，通过结构性观察获得的数据就会具有一定的片面性和局限性。因此，在设计结构性观察工具时，确定正确的研究范围，采取正确、科学的视角至关重要结构性观察设计的第一步是定义研究现象。任何一个范畴体系首先都需要为每一个可能出现的现象进行定义和描述，定义的系统应该能够用来描述整个观察的现象。如果研究者只是进行小规模的研究，研究目的仅限于了解一种行为的某些特征，那么这种研究的定义系统还比较容易建立但是，如果研究目标涉及教学活动的各个方面，那么这个定义系统是非常庞大的，因此，研究者在结构性观察设计阶段，首先考虑这个实际的问题。由于在结构性观察中可以采集大量的数据，因此，整理数据也是一项巨大的工程。研究者应该能够静心分析和总结大量数据中的规律，在看似混乱的数据中寻找逻辑关系。同样道理，对如此巨大的数据进行阐述也是非常艰难的，研究者应该随时明确研究目的，随时对收集的数据进行分析，而且在通过积累数据增加对研究目标的理解时，避免急于对数据进行阐释。

另外，鉴于结构性观察使用的观察工具的"标准化"性质，研究者经常在进行结构性观察之前进行非结构性的、开放式的观察。在确定了具体的研究目标之后，再采用结构性观察收集某一范围之内的数据。不仅如此，结构性观察也应该具有一定的灵活性，应该在进行的过程中不断完善、不断发展。

在观察方法的使用中应该注意道德问题，具体地说，道德问题涉及取得观察对象的允许、诚实告知研究目的、保守个人信息秘密、诚信使用取得的数据等方面。

②观察目录

结构性观察具有较固定的观察目录 Seliger & Shoharay 列举了观察清单、数据等级、评价等级和开放性观察目录。

观察清单是在确定观察目的和任务以及观察内容后，把观察内容列出一个清单表格，然后在观察过程中确定是否有清单中的项目出现例如，在课堂观察中，被观察对象，即二语习得者，是否具有同教师间的、用第二语言进行的对话数据等级设计是用数字形式表达观察结果的一种方法。在设计时，研究者先要确定观察问题中表示程度区别的几个等级，并以此为基础记录下被观察现象在各程度上的不同次数，例如，某一被观察现象的出现频率可以用"总是""经常""有时""偶尔""从不"来描述。评价等级的设计是根据观察目的和任务，设计出一个相关的水平等级，用数字表示或者用英文字母表示。观察目录中的开放式观察同非结构性观察相似，没有任何条框限制，把观察到的同研究目的相关的情况用文字形式记录下来。

在设计观察清单时，需要对观察对象、观察现象等进行定义，形成一个完整的范畴体系。一般来说，研究者会首先定义上限范畴，然后再定义、决定下限范畴。虽然为了设计一个完整、合理、科学的范畴体系需要一步一步进行试验和探索，但是，设计范畴体系还是有一定的规律可循的，对于一个范畴，首先应该定义清晰，容易用来解释课堂中的活动或者现象；其次，一个范畴的定义应该是具体的，通过观察就可以得到，而不需要推测；第三，范畴的定义应该尽量准确，容易量化，例如，"大量"就不是一个容易量化的准确定义；第四，一个范畴的定义不应该包含一个以上的意义。另外，范畴之间应该没有交集、没有漏洞，如果一个范畴的定义包括太多的现象，那么应该考虑继续细化这个范畴。

为了观察不同的对象、达到不同的研究目的，不同的研究者采用不同的观察清单。但是，很多观察清单具有共性，例如，很多观察清单具有身份这一范畴，注明观察对象的身份和他们的分组情况。大部分清单具有授课内容或者主题、活动种类和使用的材料、进行活动使用的语言和涉及的技能（听说读写译）。根据研究者不同的目的和研究问题，观察清单还可能包括记录活动或行为的频次以及持续时间的项目。观察清单既可以用来记录有关课堂授课的宽泛范畴，也可以记录一种教学环境中的现象的具体特征。

2. 访谈法

Oaldey 曾经说过，访谈如同婚姻，每个人都知道它，很多人都做这件事，但是，在每一扇关着的门后都是一个秘密的世界（Richards）。

我们生活在一个访谈的世界里。访谈已经不再是政治家和名人的专利，普通人的生活中也到处有访谈的声音。用 Richards 的话说，这是一个充满 Oakley 的秘密和乌云的世界。一个人的名誉通过访谈里的断章取义就可以被毁掉，一个人，无论是普通人与否，他的个人思想或目标可能通过访谈就成为公众讨论的话题和批判的对象。但是，访谈并没有因为这些消极的作用而被人们忽视，尤其是对社会科学和语言研究者来说，访谈是必不可少的数据收集方法。例如，Benney and Hughes 认为，现代社会学就是访谈科学。Rossman and Rallis 认为深层次访谈是定性研究的标志。

访谈是通过问问题，要求访谈对象回答的收集数据方式。在语言测试中，访谈是评估语言水平的方式。在社会语言学访谈中，研究者利用这种收集数据的方式研究语言变体，进行对话分析、语用学分析和跨文化分析。在二语习得领域，研究者采用访谈方法收集习得过程、中介语等数据。

（1）访谈类型

从访谈的目的和使用的语言方面进行划分，访谈可以分为观点访谈和口语输出访谈，所谓观点访谈就是以探究访谈对象的观点为研究目的的访谈，比如说，观点访谈可以帮助研究者了解访谈对象的语言习得过程、对语言学习的信念以及他们同目标语群体之间的社会、心理距离等。一般来说，观点访谈的语言是访谈对象的母语，以避免由于二语语言水平而带来的理解或者叙述问题。当然，在二语习得领域，访谈的对象不一定都是二语习得者，也有可能是语言教师，或其他同二语习得者有关、同习得环境有关的人员。口语输出访谈是以获得习得者中介语语料为目的的访谈。口语输出访谈是用目标语进行的、接近于自由交谈的数据收集方式。但是同自由交谈不同的是，口语输出访谈并不是真正的自由交谈，而是在访谈者引领下的、按照一定的顺序回答问题的交谈。这种"计划性"的优点在于研究者可以在短时间内收集到同研究对象相关的语料，同时还保证了语言输出的真实性。在二语习得领域，一些研究者曾经利用口语输出访谈收集数据，例如词语顺序、否定用法、过去式表达法、词汇发展、时态和体等。在进行口语输出访谈时，研究者有时候会辅以其他的方法，以便最快、最准确地采集数据。

从访谈的程序化程度方面进行划分，访谈可以分为结构访谈、半结构访谈和非结构访谈。结构访谈又称标准化访谈，访谈者按照事先定好的顺序，要求所有的访谈对象回答一系列同样的问题。结构访谈是最正式的访谈形式，可以通过这种形式比较所有访谈对象的回答内容，在进行半结构访谈时，研究者事先具有总体的思路，预期了访谈的内容和结果，也有可能准备了一些想要调查的问题。但是在访谈过程中，访谈者对方向和内容没有更多的控制，而是在大体框架下，尽可能多地获取有效的信息。在非结构访谈中，访谈者没有提前准备要问的问题，访谈过程中遵循访谈对象的表达方向。非结构访谈最接近自由谈话，访谈者并没有期待任何方式的结果。在这三种访谈中，半结构访谈最受研究者的青睐。首先，半结构访问使访谈对象具有一定的控制对话的权力；其次，半结构访谈增强了访谈者的灵活性；最重要的，半结构访谈更人性化地拉近了访谈双方的距离，从而能够获得更加准确、有效的数据，挖掘访谈对象的潜力，在预期调查的内容之外，收集没有预期的、有利于解决研究问题的重要数据。

按照访谈对象数量的不同，访谈还可以分为集体访谈和个别访谈。所谓集体访谈，就是访谈者同超过一个人的访谈对象，通过座谈的方式收集资料。个别访谈就是通过访谈者和对象一对一地单独交谈收集资料。集体访谈和个别访谈具有不同的特点，例如访谈内容有所不同。针对敏感性问题或涉及访谈对象个人隐私或面子问题一般通过个别访谈调查，而类似征集观点的一般性问题一般通过集体访谈调查在两种类型的访谈中，有一些注意事项值得关注。陈坚林列举了集体访谈和个别访谈的注意事项：对于集体访谈，首先应该注意访谈的规模，关于外语教学的集体访谈一般以 6 ～ 8 人为宜，访谈对象的代表性也不容忽视。其次，准备要充分。虽然集体访谈采用座谈的方式，形式比较灵活，但是访谈者一定要事先准备好访谈问题，围绕主题展开讨论，避免偏题。第三，讨论要放松。和其他类型的访谈一样，访谈者的姿态、语气等会严重影响访谈收集数据的有效性，因此，访谈者应尽量创造轻松、友好的氛围，让访谈对象自由地发表意见。关于个别访谈，首先同访谈对象建立起友好的关系，取得他们的信任；其次，访谈者要耐心，避免急于求成，尤其是针对敏感问题，更不要开门见山，直接切入主题；第三，要平等相待，尽量避免一问一答、权威质问式的提问方式。

（2）优势和缺点

访谈可以帮助研究者收集不能直接观察到的现象的数据，例如二语习得者自己表达的对二语习得的感知和态度。因为访谈具有互动性，即使访谈对象最初的回答是模糊的、不完整的、偏题的或者不够具体的，访谈者也可以利用这种互动性，进一步获取需要的信息。访谈的另一个优势在于它可以帮助访谈者获取访谈对象不想通过其他方式提供的信息。例如，有些访谈对象不喜欢书面的形式表达，而是更愿意用对话的方式提供最真实和具体的信息。

当然，访谈同其他数据收集方法一样，不可避免地存在一些缺陷。Hall and Rist 认为，访谈方法缺陷可能会体现在访谈对象的选择性复述、自我欺骗、认知扭曲、记忆丧失以及访谈者在记录、阐释数据时体现的主观性。另外，由于约请访谈对象、鼓励其直言不讳以及收集到研究领域内的有价值的数据并非易事，因此，对于访谈者的要求很高，也为采用这种数据收集方法带来了难度。访谈的另一个缺点就是不能有效防止 halo 效应的发生。halo 效应是指访谈对象利用访谈者那里的信息推断出研究者的意图，从而在访谈中按照他们推断的研究者的意图回答所有问题的现象。

（3）遵循的原则

针对访谈的特点及其容易引起的问题，研究者们提供了一些应对措施。例如，Mackey and Gass（2005，174）提出六点建议：留意访谈对象的年龄、性别和文化背景；鼓励开放式的讨论，比如说，访谈者保持沉默或者鼓励访谈对象敞开心扉，而不是把访谈对象对自己的回答作为一个问题的完整的、最后的回应；培养预见和处理交流问题技巧；尽量让访谈对象放松，可以采用的具体方法有在访谈对象熟悉的地方进行访谈、用轻松的会谈作为开场白或使用访谈对象的母语；把焦点问题放在访谈的中间阶段来问，避免访谈对象在开始时太紧张，而在后来又会有疲倦的感觉；不加评论地重复访谈对象的反应，作为下一步访谈的开始。

Richards 也从几个方面提出了访谈的原则。首先，从访谈的定位来说，访谈不是一问一答，而是一个互动活动，是一个带有目的的谈话。访谈的目的不只是为了收集数据，而且要和访谈对象建立一种信任关系，从而使访谈者能够和访谈对象一起分享他的世界。因此，在访谈过程中，访谈者不是想表达自己的想法，而是在双方的共同努力之下，让访谈对象提供真实、丰富和全面的数据资料。访谈不应该是证实假设，而是探索性的研究，所以访谈者的任务就是创造最好的环境和条件，以发掘访谈对象同研究目的相关的观点、态度等数据另外，Richards 认为访谈的原则是寻求不一样的东西，一个好的访谈具有丰富的细节，一个好的访谈者会鼓励访谈对象提供与众不同的信息。比如说，访谈者有时候对某个事件的细节特别关注，于是，在对话过程中，访谈对象的态度、信念等潜在的内容就会被发掘出来。另一个访谈技巧就是访谈者学会成为倾听者，尤其在定性研究中，访谈的目的不在于收集多大数量的数据，也不在于项目的要求，访谈的焦点应该是访谈对象本人，访谈的目的应该是增进理解。因此，没有倾听的问题是空洞的，没有意义的。Richards 在强调倾听的重要性的同时，也指出，倾听对访谈者来说不是一件容易的事，因为访谈者会受到他目前任务压力的影响。例如，考虑如何插入想要提问的问题，或者考虑下一步骤。鉴于开放式问题和非开放式问题的各自特点，好的访谈应该避免过多的、抽象的、泛泛的、喋喋不休的、漫无目的的交谈，也应该避免采用详细追究具体问题的信息积累的方式。

（4）问题类型

Richards 把访谈中的问题分为开场白式问题、澄清类问题、追踪性问题、探索性问题和衔接性问题。

开场白式问题，就是起到一个把话轮交给访谈对象的作用的问题，这类问题需要的回答可长可短。但是，在正式的访谈中，需要做较长回答的问题经常被用作开场白，因为这样的问题可以为下面的问题做好铺垫，起到跳板的作用。

澄清类问题，当访谈者没有弄清楚访谈对象的意图时，会问问题，要求访谈对象做澄清。有时候，澄清类问题不仅能帮助访谈者弄清楚访谈对象的意图，还可以提示访谈对象展开讨论自己的观点或提供新的观点。

追踪性问题，当访谈对象提及某话题，或者暗示围绕这个话题有更多的故事，访谈者会顺势提出追踪性问题。如果访谈者在后来研究访谈录音时才注意到访谈对象的暗示，那么可以在将来的访谈中提出这些问题。追踪性问题有时是含蓄地鼓励，但有时候必须清晰地提出问题，邀请访谈对象对此进行回答、拓展。

探索性问题，在访谈中，访谈者有时候不可避免地需要对具体的细节进行探寻，以建立一个比较完整的框架。探索性问题可以是直接的请求，或者是直接的问题。直接的问题通常以 wh 问题形式出现，但是，太多这样的问题会让整个访谈显得凌乱。因此，可以采用事件性问题，来诱出时间顺序的叙述、关系、反应等，利用观点性问题诱出解释和观点等。在访谈中，了解访谈对象的世界观非常重要，因此，可以设计专题问题了解他们的范畴和等级观念。含蓄的探索性问题用来调查敏感一些的话题。如果询问访谈对象"你认为人们如何看待……"就比"你如何看待……"更加合适。用假设的方式或者提供两种选择的方式就减少了访谈对象感受到的那种挑战的感觉，更容易让对方接受和回答。

衔接性问题，在正式的访谈中，访谈者经常会用衔接性问题保持访谈的正常进行。但是，访谈者一定慎用类似于"我们下一个要谈的是……"这样的衔接性问题。恰当地使用衔接性问题，访谈对象会继续提供更多的信息，否则，可能会打断访谈对象的思路或者破坏其继续上一个话题的情绪，从而影响整个访谈过程。在访谈中，访谈者不一定都用问题的形式鼓励访谈对象提供信息，Whyte 对访谈者对访谈对象做出的反应进行了总结，按照从非指示性到指示性的顺序，分别是呼应或点头、重复、探寻访谈对象刚刚讲过的内容、探寻上个话轮中的观点、探寻前期介绍的观点和引入一个新话题。

呼应或者点头可以鼓励访谈对象继续他的话题。重复是把访谈对象说过的内容重新复述，其目的是为了间接、含蓄地鼓励访谈对象对重复的部分进行进一步的说明或细节性的解释。有些时候，访谈者不是简单重复访谈对象刚才的陈述，而是用评价或者询问的方式对访谈对象刚才的陈述做出回应。除此之外，访谈者有时针对上个话轮中或是前期提及的观点提出询问。当然，为了调查同研究目标一致的问题，访谈者会主动引入从未谈论过的话题。

访谈者提问题时，可以采用一些技巧。首先，问题可以循序渐进，从一般性问题入手，逐渐具体到一个关键话题。其次，问具体问题时，不一定采用封闭式的形式，有时候，开放式的形式不仅可以帮助收集需要的数据，可能还会有意外的收获。最后，关于问题的形式，有些研究者（Johnson and Weller）建议访谈者鼓励访谈对象定义一些构建、提供一些诠释，或者让访谈对象进行自由回述，用清单的方式或头脑风暴的方式提供有关一个话题的所有观点。另外，访谈者可以采用讲故事、打比喻、引用名言或展示图片等方式提出问题。

（5）步骤

进行访谈的步骤因不同的理论背景、研究目的、研究条件和研究者个人观点而不同。以下是二语习得研究常采用的步骤研究者可以通过分析，选择性地利用其中的步骤。另外，通过访谈收集数据有时不可能一蹴而就，访谈者必须增加追踪性的后续访谈，以收集全面的数据，对数据进行澄清或比较。

最初应该确定的就是访谈的目的。在进行研究设计时就应该形成非常明确的研究问题。当研究问题明确后，应该决定通过什么样的方式使研究问题中的构建具有操作性。

在确定了访谈的目的之后，还需要确定一系列的问题。决定问题时访谈者应该注意从访谈对象的角度来考虑问题，访谈者认为重要的问题并不一定能够引起访谈对象的兴趣或重视，而访谈对象的动机、意图和兴趣对访谈结果来说却是至关重要的。因此，在这个步骤中，访谈者应该多下些功夫，进行换位思考，形成有意义、能够引起访谈对象共鸣的问题。另外，这些研究问题可能是不同层次的问题形成的一个系统。主打问题不一定能够收到预想的效果，而从属的、更低层次的问题却有可能挖掘访谈对象更多的潜力，因此，访谈问题应该是不同层次、不同角度的问题的组合。

针对具体的访谈问题，访谈者要进一步决定的就是访谈对象、时间、地点、持续时间等一些问题。因为访谈比其他方法更加需要时间，所以，合理决定访谈对象的数量、保证访谈对象的代表性及收集数据的全面性都需要加以慎重考虑。访谈时间的选择也对访谈的结果影响比较大，访谈者一般遵守的规则就是越新鲜越好，也就是说，如果想要调查学生对教师的第一印象，那么就应该在双方刚开始接触时进行访谈。另外，时间的选择还受到访谈对象的经历的影响，例如，在学习了一个较难的语言形式之后和在学习了一个较容易的语言形式之后，访谈对象对二语学习的难度的理解偏差应该很大，所以，访谈时间的选择对收集到有效的访谈数据至关重要。访谈地点的选择也很重要，除了要考虑保护访谈对象隐私、让访谈对象放松的因素以外，访谈地点的具体环境，以及访谈者选择什么样的座位方式也是应该加以认真考虑的重要因素。一般来说，并排坐的方式要比面对面坐的方式更能体现双方的平等，从而消除访谈对象感觉受到挑战的顾虑；坐在酒吧中、听着轻柔的背景音乐肯定会比在办公室中更容易让人放松。访谈持续的时间受到访谈者需要和访谈对象时间安排的影响。如果访谈对象只有一个小时的时间，而访谈需要40分钟，那么，这个访谈的结果基本应该是不理想的，因为除了访谈问题，访谈者和访谈对象之间需要有相互熟悉的过程和热身的过程。如果时间过于紧迫，访谈对象则很难集中注意力来回答问题，所以要考虑访谈对象能够允许的时间。关于访谈最佳持续时间，研究者有各自不同的看法（Richards；Burgess；Ortiz）。一般来说，60 分钟至 90 分钟既可以全面展开访谈，同时又可以避免访谈对象过于疲劳。

进行小规模、实验性质的访谈，因为访谈的设计有可能会存在一些问题，为了节省时间、减少浪费、保证数据的质量，小规模、实验性的访谈是非常必要的。在这样的"试运行"的访谈中，访谈者可以总结出访谈问题是否能够引出需要调查的问题、某些问题是否存在歧义、某些访谈问题问法是否清楚等。

做访谈之前的准备。访谈之前必要的准备包括收拾房间、准备水、调试录音机、准备笔记本和笔等。访谈者应该给自己留出足够的准备时间，避免匆匆忙忙。如果在访谈之前就和访谈对象建立友好、信任的关系最好，否则，在访谈之初要准备好如何建立和访谈对象的关系。访谈者的装束和姿态不要太正式，因为那样容易让访谈对象产生距离感；访谈也不能太随意，因为那样访谈对象可能就会得到暗示，对访谈不抱有严肃、认真的态度。另外，准备一个热身问题，就像前面提到的那样，这个问题可以让访谈对象进行大篇幅的回答，而不是一个概念，或者是一个用"是"或"不是"就可以回答的问题。

进行访谈。访谈的开场白非常重要，好的开始就是成功的一半。因此，开始可以和访谈对象建立良好的关系，告知其访谈的目的、肯定其贡献、协商访谈持续时间、介绍主要内容并保证为其保守秘密。除了通过保守秘密来消除访谈对象的顾虑外，访谈者也可以介绍收集的数据的用途和使用范围。另外，也可以和访谈对象协商记录方式。用录音机和记笔记是访谈中两种最常用的记录方式虽然一些人认为访谈者记笔记会引起访谈对象的不安，但是，双方可以经过协商，确定使用哪一种方式。如果访谈对象不倾向于记笔记的方式，访谈者可以在访谈结束之后，在最短的时间内记下访谈内容。

结束访谈。研究者很少讨论如何结束访谈，但是，一个好的结尾不仅是一个礼貌问题，而且涉及将来后续访谈的效果因此，访谈者应该重视结尾首先应该表示感谢，然后可以邀情访谈对象做出评价或者问相关问题。

3. 问卷法

问卷法是社科等领域使用最多的数据收集方法。但是，为问卷定义却并非易事。问卷名为问卷，但是很多问卷上其实没有问句，没有问号。很多研究者对问卷冠以其他名称，如 Aiken 列举了"明细表（inventories）""表格

（forms）""观点问卷（opinionaires）""测试（tests）""工具箱（batteries）""清单（checklists）""量表（scales）""调查（surveys）""目录（schedules）""研究（studies）""观点调查（profiles）""指数（indexes/indicators）""单子（sheets）"等。

（1）定义

问卷法是以书面的形式，不记名地调查研究对象的态度、观点、信念的数据收集方法。"问卷法是通过书面形式，以严格设计的题目向研究对象进行调查，收集相关的数据资料的方法，它是外语教学研究中推广最快、应用最广的收集数据资料的方法之一（陈坚林）。"由于通过问卷收集的数据既可以进行量化分析，也可以进行定性分析，因此，问卷法在定性研究、描述性研究和定量研究中都得到广泛使用（刘润清）。

Brown 把问卷定义为一种以书面的形式提供题目或者陈述，期待研究对象选择已经提供的答案或者自己作答的调查工具。Domyei 则通过比较问卷和书写型测试来体现问卷的定义性特征。虽然两者都是书面形式，但测试是抽样调查研究对象的行为或知识，然后通过这个样本，推断研究对象潜在的能力和水平程度，通常叫作二语水平。因此，测试是测量一个人能够完成一种任务的程度，而问卷不存在好或者坏的答案问卷法不是通过比照一系列的标准对研究对象的回答进行评价的方法。

由于问卷法是收集大量研究对象态度、观点的方法，因此，在二语习得研究领域经常被用来收集二语习得者对自身的看法的数据，例如，二语习得者对语言习得的信念和动机，对习得、课堂教授和课堂活动的反应等，这些信息是在语言习得者输出数据中无法获得的，因此，问卷法在二语习得研究领域占有重要的地位。

（2）问卷题目内容

问卷可以用来调查三种信息：

参事实题目。事实题目有时也叫分类题目或者研究对象描述题目，用来调查研究对象的身份，一般包括年龄、性别、种族等人口统计特征、住所、婚姻状况、社会经济身份、受教育程度、宗教、职业和其他有可能影响问卷数据分析结果的背景知识问题。在二语习得研究领域，还可能包括习得者二语学习史、二语学习投入时间、父母的二语水平或者使用的二语学习教材等。

行为题目。行为题目是调查研究对象现在或者过去的行为特点和4惯的题目。例如，研究对象的行为、生活方式、习惯或个人历史。二语习得研究中，经常设计这种题目调查研究对象过去的学习策略，这类题目可以分为调查研究对象本人行为方面的问题和他人有关行为的问题（陈坚林）。

态度题目。态度题目是用来调查研究对象观点的题目，涉及研究对象的态度、观点、信念、兴趣、价值观等方面。态度是根深蒂固的、不容易改变的观点，经常是由一个人的历史、经历的事或者周围重要的人的影响形成的，可能是一个人对一个具体的目标（人、机构、环境）的评价性的反应。观点同态度一样，都是主观的，但是同态度比较起来更容易改变。人们一般会意识到自己表面的观点，但对深层次的态度并没有清楚的意识。信念是一个人对一种事物正确或者错误的判断兴趣是对具体活动的关注程度。价值观一方面是对生活目标或生活方式的理解，一方面是对特定活动、概念或者事物重要性或者价值的态度

（3）优势和缺点

问卷最大的优点在于其无与伦比的高效性（Domyei）。问卷的高效性体现在操作时间短、节省研究者的精力和节省经济资源方面。由于问卷可以同时发给很多研究对象，因此在短时间内就可以收集到大量的数据，不仅节省了时间，也节省了研究者的精力。问卷的第二个优势是其匿名的特点。因为不记名，所以研究对象对敏感题目敢于做真实回答，收集的数据比较可信。问卷的第三个优势是其格式统一，收回的回答也格式统一，符合标准，便于统计，便于比较（刘润清）。问卷的第四个优势是其在时间段方面的准确性。由于问卷在同一时间发到所有研究对象的手中，收回的数据没有时间造成的差异，所以比较准确。问卷的第五个优势是它的多用性，如果设计合理，问卷可以在各种环境、对各种研究对象、针对各种研究问题进行调查。因此，在行为社会科学领域，大部分研究都会至少在某一个阶段利用问卷收集数据。

但是，问卷也具有值得注意的局限性。

刘润清认为，问卷最大的问题是回收率低。原因是填写问卷没有报酬，有些题目不易回答，填写问卷会消耗很多时间，或者研究对象不具有按要求用二语填写问卷的能力。

Domyei 总结了问卷存在的几个问题。

首先，问卷一般都被限定在调查简单问题，而不适合探究深层次的研究问题。由于问卷需要研究对象独立完成，因此，问卷中的题目设计要通俗易懂。另外，由于研究对象愿意投入到完成问卷的时间有限，于是，这两个原因致使问卷不适合深入调查复杂的研究问题。

其次，与刘润清提出的问题相似，由于问卷填写没有任何方式的报酬，因此，不能保证研究对象都能够认真对待问卷中的题目。有些研究对象拒绝回答其中一些问题，有些会误解题目的宗旨，有些研究对象干脆放弃回答题目。这些因素会破坏在进行问卷设计时采用的取样方式的科学性，因此，可

能不能为研究者提供预期的研究数据或者降低数据的信度和效度。

第三，研究对象的文化程度会影响问卷的回答，即使在发达国家，也会有 5～7% 的人口不识字，不具有书写文字能力的人的数字会更大一些，问卷所要求的书写回答方式会对这种方法有一定的影响。

第四，由于问卷调查对象人数众多，研究者不可能随时检查或者纠正研究对象出现的错误。虽然故意提供错误回答的可能性不大，但是，研究对象完全有可能因为误解或者记忆缺失而提供不正确的答案。而令问题更加严重的是，有时候，根据研究对象的回答无法判断研究对象对题目有没有了解，因此，研究者无法监督问卷回答的严肃性和正确性，也无从保证收集的数据的信度。

第五，问卷收集的数据受到社会偏见的影响。研究对象在回答问卷题目时，不一定真实地描述自己的思想、态度和感受。有些问卷题目比较透明，研究对象大致可以猜测理想的回答方式是什么，于是会按照理想的方式回答，从而降低了问卷数据的效度 Oppenheim 曾经说过，这种社会偏见影响不仅降低态度题目的效度，而且会严重影响一些事实题目。例如，人们可能会声称自己读过更多的书、花更多的时间陪孩子或者做了比实际更多的慈善之举等。事实上，涉及年龄、性别、种族、收入、健康状况、婚姻状况、教育背景、运动成就、社会身份、犯罪史、吸烟或者酗酒等坏毛病的题目都容易受到社会偏见的影响。有时候，研究对象在问卷中体现的社会偏见并不是有意识的，也就是说，他们自身也被自己的想法欺骗，人类具有一种保护机制来缓冲失败、缩小失误、最大化自己的优点，从而保持一种个人成就感。

第六，问卷受到默许偏见的影响。默许偏见是指研究对象对一个题目模棱两可时默许问卷题目的陈述方式的现象。这些研究对象包括一些没有主见、同意任何听起来还可以的观点的人，同时也包括不愿意面对事物消极的方面或者不愿意说"不"的人群。

第七，"整体印象效应"影响问卷的信度"整体印象效应"是指人类过度概括的趋势。如果我们对一个人或者一件事物的总体印象是积极的，那么，我们就趋向于对其细节的评价也是积极的，其实，这影响了收集的数据的正确性。

最后，如果问卷过长或者比较单调，研究对象可能会由于疲劳或者不感兴趣而无法提供有效、真实的数据，这就是所谓的"疲劳效应"。"疲劳效应"会在问卷的结束部分影响较大

Domyei 详细地描述问卷中可能会存在的问题的目的是为了提醒采用问卷法收集数据的研究者，通过在设计问卷中对细节的注意，最终"减少，而不

是消除不真实、不认真的信息提供"。

设计一个好的问卷一般包括几个必要的步骤。首先，决定问卷的长度、格式和基本组成部分；其次，设计有效的问卷题目；第三步，选择并且为问卷题目排序；第四步，列出合适的指令，并举例说明；第五步，进行小规模实验性的问卷调查并且对问卷题目进行分析。

（4）问卷设计注意事项

这部分包括对问卷内容选择、题目数量、问卷长度、版面布局以及匿名题目和敏感题目的处理。

明确表述问卷调查内容非常重要。在决定问卷内容时，研究者容易犯两个方面的错误。一是事先没有一定的规划，更没有一定的理论框架支撑，想到哪里就写到哪里地设计问卷题目。这样的做法无疑会漏掉许多重要的方面，再有效的分析手段都无法阐释问卷中没有涉及的内容。另一个是怕遗漏任何问题而撒下大网，全面地调查所有能够想到的问题，这样做的结果是产生一个特别冗长的问卷，即使题目全面，研究对象也不一定有足够的耐心真诚地填写每一项，因而不一定会取得真实、可信的研究数据解决这两个问题的方法就是明晰调查内容、规定题目范围，有计划、有层次地设计问卷框架（陈坚林），按照框架的结构顺序设计问卷题目。Domyei 建议通过定性研究来取得合适的研究题目。

研究问题、研究内容决定之后，应该从研究主题出发，根据研究的重点方向，找出研究的中心变量，再将这些变量由抽象转变为可操作概念（操作性定义）（陈坚林）。换句话说，研究内容可以分解为几个小的题目进行调查。在设计问卷题目时，经常使用多题目设计的方法。在使用多题目设计时，研究者用根据不同方式陈述的几个题目一起来调查同一问题。在进行数据分析时，调查同一问题的多个题目的分置累加，算作这一问题的分值。Gillham 在分析多题目设计的必要性时指出，当调查态度、信念、观点、兴趣、价值观、信心、期望和其他个人变量时，题目的措辞会对研究对象产生意想不到的巨大影响，措辞的小小差别可能会产生截然不同的反馈。Oppenheim 的一项研究表明，不同的措辞对同一组研究对象的影响巨大，同一题目用不同的方式陈述可能导致高达 20% 的区别率。多题目设计就是针对这一问题设计的，其宗旨就是要避免某种陈述对研究对象反馈的影响，因为在多题目设计中，一个题目不会承载过多的分量，于是一个不客观的回答只会产生有限的影响。问卷设计专家达成的一种共识就是设计不同的题目来调查同一问题，每个题目的侧重点可能稍有不同，但是调查的宗旨是统一的。有些研究者设计的问卷，设计多达 10 个题目用来调查一个问题（Gardner）。虽然不一定要求每个问卷都要设计如此之多的题目来调查同一问题，但是如果针对同一个问题的题目少于 4 个，而且后期分析表明 4 个题目都有效，那么这纯属幸运。可是如果后期分析表明其中的一个或者几个题目无法有效地调查这个问题，那么，排除了无效的题目之后，用于同一问题的题目就显得过于单薄。但是，也不是说调查同一问题的题目越多就越好，因为问卷受到严格的篇幅限制，这种题目越多，可能调查的问题就会越少，而且，研究对象也会对过多的题目反感，可能会有不被信任、被反复追问的感觉。

因此，数量合理的多题目设计非常重要。

在设计问卷的时候，研究者经常会急切地想要调查所有能够调查的问题，因此，不知不觉中就会设计出篇幅巨大的问卷。太长的问卷会带来副作用，所以问卷设计的一个准则是少而精。那么，合适的长度应该是什么呢？问卷的长短应该取决于问卷内容对研究对象的重要性，或者说吸引力。如果研究对象动机较强，对问卷题目非常感兴趣，那么就会愿意花费很长的时间来填写问卷，否则，再短的问卷都会让研究对象有腻烦的感觉。在二语习得研究领域，一般的研究对象对问卷内容都不会特别感兴趣，于是，Domyei 建议问卷的长度应该少于 4 页，填写问卷需要的时间一般不超过 30 分钟。

Sanchez 曾经指出，在进行问卷设计时，研究者经常忽视问卷的版面布局设计。由于人类受到第一印象的影响较大，尤其是在研究对象对研究内容没有较强烈的兴趣的时候，展现给研究对象的问卷版面布局就更为重要。Domyei 也强调了问卷版面设计的重要性，由于问卷需要分发给大量的调查对象，很有可能研究者和研究对象之间没有其他的任何交叉点，因此，问卷的版面设计在很大程度上包含了研究者对研究对象的考虑，影响着研究对象对研究者产生的印象。

Domyei 建议从五个方面提升问卷外观的专业性和吸引力。首先，问卷可以采用小册子的方式，由于小册子是两面打印，于是，从外观上可以给人以短小的印象，小册子不仅便于翻页，而且不易丢页。第二，关于问卷页面的密度问题，需要解决一个矛盾，一方面要增加每页的密度，不给研究对象留下问卷冗长的印象，另一方面，行距不能太小，避免过分拥挤。Sudman & Bradburnye 也认为为了让问卷看起来较短而把题目挤在一起是不明智的选择，长度纵然重要，研究对象对填写问卷难度的认识更加重要，只有合理的页面设置才能够让研究对象更加合作一些小小的改变就可以帮助解决这个问题，例如，可以在页面设置的时候充分利用每页的页边空白，可以省略各部分题目前后的空格，或者把题目选项安排在题目之后，而不是另起一行。

层次清晰的版面设计是问卷外观的第三个要求。如果系统、清晰地使用不同的字体，并且用斜体或者黑体提醒注意，那么即使页面排版比较紧密，也不会影响研究对象对问卷的第一印象。另外，问卷的印刷质量也至关重要，尽量使用激光打印机和印刷质量好的复印机。

打印纸的质量和颜色也会产生影响。一些研究者（Newwell；Robson）也曾指出用质量好的、不同颜色的打印纸会产生较好的效果。他们有的采用厚实、米黄色的纸张，让研究对象对问卷更感兴趣，甚至觉得在使用这样的纸张的时候有一种满足感，更让人不忍丢掉用这样的纸张打印的问卷。有的研究者用不同的颜色的纸张来打印封面和说明。

最后，注意一些细节，提升问卷的次序感。例如，用一整套的标数体系（用罗马数字、阿拉伯数字、英文字母或者汉语数字标出不同层次的标题），并且一直沿用这个体系，让人觉得层次清楚、结构规范。另外，在双面打印的问卷的底部标出"下页待续"等字样，注意一个题目不要打印到两页上。

不同的研究目的和不同的问卷具有不同程度的敏感题目，敏感题目不仅包括有关违法、尴尬的题目，还可能包括年龄、婚姻状况等方面的题目。我们曾经讨论过人类的核心价值观会影响其对题。的回答，研究对象会对积极的方面进行夸张的报告，而对他们认为消极的方面进行轻描淡写的报告，从而受到"社会偏见效应"的影响。于是，除非必要，敏感题目应该尽量避免，这样才能够提高问卷数据的信度，如果这样的敏感题目缺之不可，那么一定通过明确指出问卷信息绝对保密的方式保证问卷的质量。Oppenheim 认为，当涉及敏感题目时，问卷上一定要体现这样的字样："此问卷内容绝对保密，在任何情况下不会泄露回答问卷人员的信息。"Gliksman，Gardner and Snythe 不仅向研究对象保证信息的保密性，而且用大量的篇幅说明保密的程序。这样的措施虽然看起来烦琐，有些夸张，但是，却可以有效地提高问卷数据的真实性和可靠性。按照一些国家、地区的法律和法令要求，为了提高问卷数据的真实性，研究者经常采用匿名的方式进行问卷调查。在匿名的问卷回答方式中，有两种特殊情况需要特殊处理，一种是研究者要进行针对同一组研究对象不同层次的调查，然后对不同情况下采集的数据进行相关性研究；另一种情况是研究者要对研究对象进行历时研究。那么，研究者需要把每次采集的数据进行匹配，完全匿名无法实现匹配，于是，可以采用匿名、代号的方式解决这两个问题。

三、收集数据方法的选择

在二语习得研究领域研究者数据收集主要有二种选择方式：第一种是使

用别人已经设计好的、试验过的现成方法；第二种是修改已经存在的数据收集方法，使之适合自己的具体要求；第三种是设计全新的方法。

一般来说，研究者第一个选择应该是采用其他研究者曾经使用的方法。由于曾经使用的方法的信度和效度都得到过验证，因此，如果已经存在的方法适合研究者自己的研究，那么进行这样的选择的优势显而易见。采用其他人使用过的方法，就应该首先查找到这样的资源。数据收集方法来源的查找方式和查找相关文献相似，研究者可以通过查阅文献的方法寻找适合自己研究的数据收集方法。

如果无法找到这种适合自己研究的数据收集方法，研究者可以通过修改、润色，使之适合自己的研究。具体的修改包括缩短、延长、替换成相似的研究对象、增加或减少问题或者范畴、转换成另一种语言或者重新修改一种问题的提法等。

如果没有现成的数据收集方法好用，而且也没有修改的可能性，那么，研究者只能自己设计适合具体研究的方法了。一般来说，设计数据收集方法首先要把一些抽象、复杂的构建转换成具体的、简单的可操作概念、操作化过程就是选择具体的能够代表复杂变量或者构建的行为。只有确定这样的行为之后，才能寻求方法进行测量。设计新的收集数据方法的第二步，根据理论，为具体的行为确定判断标准，决定好坏、高低、适合不适合，量化行为，从而能够阐释收集的数据第三步，选择合适的、衡量这些具体行为的步骤，选择时注意，具体的步骤应该适合具体的设计、目的和环境。不同的行为应该通过设计不同的步骤进行衡量。第四步，研究者把选择好的步骤题目或者任务进行整理，准备进行数据收集。第五步，进行小规模试验，在对真正的研究对象进行数据收集之前，对工具进行修改和完善，确保其质量。小规模试验涉及工具、评分标准等内容。小规模试验不仅可以反馈数据收集中出现的问题，例如时间、指导说明的清晰度等，还可以验证工具的信度和效度。最后一步，修改工具，进行数据采集。在删除或者修改某些题目、缩短或延长时间、澄清一些说明之后，就可以实施这种工具了。

第二节 数据分析

根据研究目的进行数据收集之后，需要对数据进行整理、编码、描述和分析。本节首先介绍数据分析之前必须进行的誊写和编码过程，然后从语言描述和数字描述两个方面介绍不同的数据分析方法。

一、誊写

在二语习得研究领域，研究者有时候需要收集口头数据研究者收集这种数据的时候，经常采用录音或者录像的方式。在收集到口头数据后，不能马上进行整理、分析，而应先有选择地把录音或录像的声音文件转化为书面文件，这就是誊写。

根据不同的研究目的，研究者可以决定誊写有关研究目标的片段，或者在编码清单上标注是否出现了某个具体内容根据不同的要求，誊写需要的时间也不同。例如，如果誊写部分口头数据，那么，录制一个小时的内容可以用 1～2 个小时完成誊写。但是，如果需要详细地记载口头数据的内容，尤其是在誊写有交叉的小组讨论数据时，研究者可能需要用 20 甚至 40 个小时的时间来誊写一个小时录制的数据。

二语习得研究者进行誊写时遵照一些惯例。誊写惯例能够在把口头数据转化成书面数据时起到辅助作用。例如，在一项研究中，研究者需要对教师或者二语习得者输出中的重读单词进行研究，那么，可以采用下划线、粗体、大写的方式进行标注，几种方式的综合可以用来表明不同程度的重读。无论研究者采用什么样的管理系统，都应该适合自己的研究目的，并在誊写数据之后对使用的惯例系统进行说明。

Allwright and Bailey 在研究语言课堂话语的时候，对誊写的整体排版做了如下建议：誊写纸上留下大量的边缘部分，以便在润色誊写内容时进行清楚的注释；为了以上原因，双倍行距；如果没有使用自动标注行数的文字处理系统，在左侧每五行进行数字标注，在誊写全部完成之前，用铅笔进行这一步骤；在每页誊写纸的上方用简易的方式标注誊写内容；在每页誊写纸右上角标注页码；用单独一页纸注明研究对象身份、日期和地点；用数字符号或者其他方式为研究对象编号；用单独一页纸注明每个研究对象的性别、班级情况；如果使用数字代号，用单独一页纸表明数字和研究对象的真实姓名、性别等信息；在誊写纸上，使用的符号列在左侧，注释放在右侧。

二、编码

书面形式的数据和誊写之后的口头数据需做进一步的整理，或者说进行编码，以便对数据的规律进行分析。不同数据的类型要进行不同的编码。

定性数据或者叫作称名数据是表示类别而不是数量的数据，例如，性别、词性、本族语使用者和非本族语使用者等。当定性数据具有两分法的特性时，可以用"+"或者表示两个类别。但是，如果定性数据具有超过两个值的时候，一般采用数字形式编码，这样有利于用 SPSS 等统计软件对数据进行分析。

定序数据是按照次序进行排列的数据，例如，学生考试成绩排序就是定序数据。定序数据按照变量值的次序进行排列，不考虑变量值之间的间距，定序数据可以从头至尾排列，也可以分为几组，例如，可以把 60 个学生的成绩分为三个组，前 20 名、中间 20 名和后 20 名。按照定序方式进行编码可以在研究者确定变量具体值的意义时，通过分组的形式宏观地衡量变量值，例如，我们经常听说教师把学生分为快班和慢班。学生的二语水平也有高低，学生考试成绩并不都用具体分值表示，有时可采用优良中差的方式表达。

定距数据和定序数据有相似之处，都可以表明排列顺序，但是，定距数据能够进一步说明量值之间的具体距离，例如，学生的考试分数，不仅说明名次，还可以表明彼此之间的具体差距。

在进行了上述的分类之后，仍然需要用具体的编码系统对数据进行整理，例如，在衡量二语习得者输出的复杂性、正确性和流利度时，可以以句子为单位，计算句子数量或者句子中包含的单词数量等。在这种数据中，句子就是其编码系统中的一个单位。编码系统的确定也取决于研究目的，是研究者针对不同研究焦点、根据不同研究目的进行研究时探索出来的一些惯例。虽然有些编码方式具有普遍意义，但是，不同的研究具有自己领域的常用编码系统。在一般情况下，研究者应该尽量使用本领域中常用的编码系统，这样做一方面有利于保证研究的信度和效度，另一方面可以比较方便地进行研究之间的比较，提高研究的外在效度。

三、数据分析

无论是旨在探索变量的重要性、具体现象出现的环境或者是现象之间关系的"是什么"的研究，还是旨在回答"为什么"的研究，一般的数据，可以是文字方式，也可以是数字方式，或者两者兼而有之。

研究问题决定研究者采用什么样的研究设计，研究设计决定数据收集的方式，数据收集的方式以及数据呈现的形式决定采用什么方法分析数据。我们在第一章讨论研究范式的时候曾经谈到定性研究和定量研究的连续体，那么在研究范式的指导下，数据分析方法仍然是一个从文字到数字分析的连续体。

（一）文字数据分析

在自然科学研究的影响下，人们比较青睐实验研究，认为数字数据比较能够说明问题。这是人们对文字数据具有的偏见，至少没有把文字数据重视到应有的程度。其实，数字不可能比它所表达的构建更加重要，数字是构建进行具体化、操作化处理的结果。把构建转化为数字分析是为了方便，只有把数字再次转化为文字，才能说明意义。于是，在分析文字数据之前，首先要明了这种数据的重要性。

文字数据一般是通过非结构性观察、开放式访谈、录音和录像、日记等方式收集的，通过书面或者口头文字表现的数据。有些文字数据是语言的结构片段，例如单个音素、词素、词汇或语法成分、单词、词组、句子或者段落，有些是像日记这样具有更长篇幅的分析单位。

由于文字数据是根据不同的研究设计收集得到的，无法通过归纳和总结形成如同数字数据那样的标准的、容易比较的呈现形式，于是，对文字数据分析的步骤，没有统一的规定。研究者收集文字数据一般遵循一个循环的规律：收集、反思、记笔记、再收集、整理、编码、梳理、寻求关系和主题、检验产生的系统的效度、总结。Richards 列出了分析的因素，同时强调这些分析因素并不是固定的步骤。收集文字数据的研究通过三种方式向读者展示研究成果：描述、分析和阐释描述是回答"什么"的问题，向读者呈现研究者观察到的或者别人向研究者报告的内容。分析是为了总结基本特征和系统地描述变量关系，分析用来回答"事物是如何运转"的问题，评价行不通的原因以及如何使其运转得更好。阐释是回答"这意味着什么"的问题。

分析文字数据的目的是寻求共同点、规律性。有时候，范畴是在分析数据中自然产生的，但有时候，研究者在进行研究之前就形成了一定的范畴，并且根据这些范畴收集数据。无论属于哪种情况，研究者都会根据范畴对数据进行组织和概括，最终得出结论。对在数据中产生的归纳性程序，研究者可以把产生的范畴应用到其他数据中，完成对范畴的润色和完善，寻找新的共性和规律。这种程序的分析方法是描述性和探索性的。而在另一种使用已经存在的范畴的分析程序时，研究者根据现存的系统对数据进行选择和分类，进行验证和解释。无论通过哪种方式对数据进行范畴化处理，范畴都应该具有一些必要的特征。Richards 把这些特征总结为概念一致性、实证相关性、分析有用性和实际操作性。

Seliger and Shohamy 用研究实例说明了上述两种分析的步骤。在一项研究中，研究者收集了正在习得二语的移民儿童同本族语使用者之间的互动数据。研究者的研究目标有两个：一个是二语习得者的形态学和句法学错误，另一个是本族语使用者在对话中对这些错误的反应。二语习得者在教室中被分为小组，研究者用录音的方式收集他们同本族语使用者的对话数据。研究者在收集了两种数据之后，对其分别进行整理和分析。虽然两组数据都属于文字数据，但是研究者采用了不同的分析步骤。二语习得者的错误是通过已经存在的范畴和组织形式进行分析，而本族语使用者对错误的反应是在整理数据的过程中产生范畴，然后把这些范畴应用到剩余的数据中进行验证。具体步骤如下：对二语习得者错误的分析；研究者首先誊写口头数据，以便进行分析；由于相关研究中已经对正在习得二语的移民儿童的形态学和句法学错误进行了分类，于是研究者选用了一种，应用到自己的研究中，然后计算属于现存的体系中每个范畴的错误的频次；这种分析得出了研究结果：一个组织体系中属于每个范畴的错误的频次清单，然后，研究者提出了假设，解释为什么这个具体的二语习得者群体会犯某些类型的错误，为什么这些范畴不同于其他文献中的范畴等；研究者采用了检验信度的方法，证实了在这项研究数据中组织体系的正确应用并没有受到自身可能存在的偏见的影响研究者邀请另外的审核者重复自己的分析过程，也把组织体系应用到这组数据中，只有那些研究者和审核者共同认定的范畴才可以作为本项研究的研究结果。

关于本族语使用者对错误的反应的分析，研究者对录音磁带的一部分进行了详细的回顾，并且对本族语使用者的反应类型进行笔记记载；把数据中产生的反应类型列在一个清单上；形成不同层次的规律概括；把已经形成的范畴和概括出的规律应用到其余的数据中，做进一步的完善；为了检验分析的信度，另一位审核者遵循同样的程序对反应范畴进行概括，研究者和审核者共同认定的范畴和规律在本项研究中视为有效。

总而言之，在上面的例子中使用了两种方法分析文字数据一种是使用已经存在的范畴体系，而第二种是在分析数据的过程中产生范畴体系，无论使用哪一种方法，在研究结束之前都应该采取一定的步骤检验研究结果的信度，避免在结果分析和阐释过程中主观因素的影响。

数据分析既不是一个特殊的阶段，也不是一个单独的过程，它贯穿于定性研究的始终文字数据的分析一般从收集数据的时候就已经开始了，所以，很难划分具体研究的步骤。尽管如此，一些研究者概括了文字数据分析的特点以及检验文字数据信度和效度的方法（Richards；Perry；Seliger and Shohamy）。

Richards 把定性分析的基本标准概括为技巧性、创建性、灵活性、反思性、系统性、学术性和严密性。成功的文字数据分析是巧妙的技术，这种技术不是固定不变的，而是时刻需要根据情况进行完善和改进的。数据分析不是机械的过程，研究者必须不时从局外人的角度审视数据，以便透过现象看本质。在必要的时候，研究者需要采用不同的方法组织和阐释数据，而不能刻板地遵循一成不变的固定方式。为了抓住最好的发现机会，研究者还应该不断反思数据，分析和阐释数据之间的相互关系。虽然在分析的过程中需要依靠研究者的感觉和直觉，但是采用适当的方法并不断思考方法的使用是非常必要的。无论是进行分析还是阐释，研究者都应该把自己的研究置于一个更大的相关背景之中，把自己的研究同有关文献和相关研究联系起来研究者应该使用分析一段研究所有的数据，包括一些不一致的数据。这就意味着研究者需要克服和抵制用简单的方式解释、概括一切数据的倾向。

Tesch 列举了 10 条定性研究中文字数据分析的特点：

定性数据的分析具有系统性和条理性，但是并不教条，分析需要规则、研究者清醒的头脑和坚持。

利用的主要手段是比较，寻求相似性和区别，共性或者规律非常重要。

为了进行有效的对比，数据经常按照某种方式进行"翻译"或转换，转换是对文本片段的概括和浓缩。

"翻译"的结果是产生一些范畴，文本片段按照这些范畴进行分类：

这些范畴开始阶段是初级的、实验性的在数据分析的过程中，范畴一直存在，并逐渐被修改和润色。

在分析过程中，研究者一直结合数据背景。

数据分析不是一个研究项目最后的阶段。数据分析和数据收集同时进行，每一轮数据分析的结果都会提出新的问题，通过下一轮数据收集进行回答，而且，在下一轮数据收集的过程中，研究者还可以检验自己分析的效度，在需要的时候，对采用的范畴系统进行修改。这个过程一直持续，直到收集新的数据已经无法带来新的见解，也就是说，当分析程序已经对数据进行完全彻底地分析之后，这个分析程序就可以停止了。

分析结果应该是更高层面的综合和概括。

研究者在整个分析过程中都应保持反思状态，记载同研究相关的任何思想和观点。研究者应该按照时间顺序记录分析事件并把它作为备忘录，在这种二级层面的数据文件中得到的信息可以帮助阐释数据、提供分析方法线索、指导分析数据的方向。

研究者是研究过程中应用的工具的一种。虽然应该尽量避免研究者主观偏见的影响，但是，定性研究中的数据分析是建立在研究者的背景和独特环境之上的，研究者的创造力和直觉经常是见解的来源。有时候，重要的结论是研究者在分析过程中突然意识到的定性分析是一个要求研究者深入参与和发挥个人能力的过程。

分析定性数据没有正确与不正确之分，可以从不同的角度分析同一个现象，因此，分析过程不应该是标准化的固定模式。

（二）数字数据分析

许多研究者在回答研究问题过程中，首先把自己的想法和构建以数字数据的形式呈现出来，然后进行数据分析。数字数据分析具有文字数据分析所不具有的优势，数字数据让分析工作更加容易，通过使用一些统计程序，研究者可以快速确定大量数据之间的关系和数据中存在的规律。

分析数字数据，至少需要浅显的统计学知识。为了了解统计学中的基本概念，我们首先要清楚什么是总体和样本。在统计学中，研究对象的全体叫作总体，总体是研究者结论所适用的所有人；样本是全体中的一部分，是为了节省人力、物力和财力，按照一定规律抽取的研究对象。从总体中得出的、反映总体特征的量数叫作总体参数或者参数；从样本中得出的、反映样本数据特征的量数叫作样本统计量或者统计量。统计方法主要可以分为描述性统计方法和推断性统计方法，而推断性统计方法又可以继续分为不同的种类。

1. 描述性统计分析

描述性统计分析是用数字对样本特征进行描述的分析方式。描述性统计量数包括频次、集中量数和离散量数。

频次用来表示一种现象出现的频率，即这种现象出现的次数。二语习得研究领域中，有关频次的信息非常重要，因为研究者经常致力于研究不同的环境中、不同的研究对象使用不同的语言结构的频次，而且，频次也用来分析二语习得测试和问卷调查结果，帮助研究者形成对数据的见解。频次可以用文字的形式表示，也可以采用百分比、表格和图表的形式表示。

集中量数是反映研究对象针对一种现象的平均或者典型行为的信息，集中量数反映了数据的集中趋势。常用的集中量数有平均数、中位数和众数。平均数是用一组数据的个数去除每个数据相加和得到的值。由于其具有稳定性，平均数是描述集中趋势最常用的一个量数。把一组数据按照大小排列，位于这组数据中间位置的数据值就是这组数据的中位数。如果这组数据的个数是奇数，那么中位数就是中间位置的数据值，如果这组数据的个数是偶数，那么这组数据的中位数是中间位置的两个数据值的平均数。当一组数据中出现极端数据时，平均数不能完全客观反映这组数据的特征，这时往往采用中位数进行描述。众数是一组数据中出现次数最多的那个数据值，当一组数据中出现极端数据时，可以用众数粗略估计该组数据的集中趋势。

离散量数是描述研究对象的行为或者现象在研究中分布的量数，离散量数能够说明研究对象之间某种行为的一致性。例如，即使两组数据值具有相同的平均数，但是一组中的数据值可能比较接近，而另一组中的数据值可能比较分散，那么，前面一组数据离散性较小，而第二组具有更大的离散性。

常用的表示数据离散趋势的统计量有全距、四分位区间距、平均差、方差和标准差。全距是说明数据离散程度的最简单统计量，一组数据中的最高值减去最低值所得到的结果就是全距。全距大，说明数据的分布相对分散；全距小，说明数据的分布比较集中。全距的优点是计算方便，易于理解，但是全距不能考虑中间数据值的差异情况，因此描述数据时不太稳定（韩宝成）。中位数把一组数据一分为二，如果我们再把中位数左右的两组数据分成两个部分，就可以得到四个相等的分位，用第三个四分位的值减去第一个四分位的值，所得到的就是四分位区间距。统计学上把四分位区间距作为表示数据离散的情况平均差是所有数据同平均数的差异的和除以这组数据的个数得到的值由于平均差考察了每个数据同平均数的偏离程度，把全部数据的分布都考虑在内，因此具有更大的稳定性但是，由于计算平均差时会出现负数的情况，如果想要得到离散的总体情况，还需要对负数取绝对值，于是，研究者采用方差进行数据的离散描述。取每个数据同平均数的差的平方，然后把所有平方后的值相加，除以数据的个数，得到的值就是方差标准差就是方差的平方根，由于方差的值相对较大，所以，使用标准差描述数据的离散情况更加方便。一般来说，标准差越小，表明数据的离散程度越小，数据集中、整齐、分布范围小。标准差越大，表明数据离散程度越大，数据参差不齐、分布范围广。

2. 推断性统计分析

一些二语习得研究的目的不局限于对一组研究对象的分析，研究者想要把研究结果应用到更多的二语习得者中，或者说，研究者希望通过对样本的分析推断总体的特征，由于收集总体的数据是不现实的，因此，研究者应用推断性统计方法，把从样本中得出的结论应用到总体中去。

在使用推断性统计分析之前，我们有必要了解正态分布、标准分、概率、参数统计量、非参数统计量、显著性、原假设、单侧检验和双侧检验。

正态分布描述数据值分布的情况。在正态分布中，数据值集中在中心点两端。在中心点的左右方向，数据值均匀地、递减地分布在正态分布中，描述集中趋势的三个集中量数（平均数、中位数、众数）重合，因此，50%的数据高于平均数，50%的数据低于平均数在正态分布中，中心点左右各有34%的数据位于一个标准差之内，也就是说共有68%的数据落在一个标准差内。在两个标准差内，有95%的数据。也就是说，只有5%的数据位于两个标准差之外，那么，如果我们知道正态分布的一组数据的平均数和标准差，我们就能够了解这组数据中不同的数据位于什么样的位置。

进行统计测试的目的是为了提供一个事件随机发生的可能性概率值是某

种事件稳定出现的频率，表示随机事件发生的可能性的大小，一般通过百分比的方式表示。例如，在科学研究中，0.05 的概率值表明有 5% 的可能性研究结果是随机的结果，而不表示变量之间的关系产生的结果。

在研究中，研究者经常需要对两个样本统计量数进行比较，查看两者之间是否存在真实差异差异的显著性是指比较双方的差异超过了统计学上规定的某一误差限度，该差异是由两个统计量的总体之间存在的真正差异导致的，而不是随机误差造成的，于是，我们说这两个统计量数之间存在显著差异。

假设检验就是对这种差异显著性的检验。假设检验基于统计学中小概率事件不可能在一次抽样中发生的原理。如果在一次抽样中小概率事件居然发生了，就有充分的理由怀疑小概率事件的假设前提是不正确的。统计学上把概率小于或等于 0.05（或 0.01）的事件叫作小概率事件，说明这个事件只有 5%（或 1%）发生的可能性。在比较两个统计量的差异时，首先建立原假设，内容是假定两个量数的差异是小概率事件，即两者之间不存在显著差异。如果在 0.05 的水平上对假设进行检验时，样本统计量值在抽样分布上出现的概率等于或小于 0.05，那么，小概率事件发生了，也就是说，假定量值的差异是小概率事件的假设前提不正确，应该拒绝该假设（原假设 h 当两个统计量值没有显著性差异的假设被推翻之后，说明两者之间存在显著性差异。我们把小概率事件的概率（0.05）称为显著性水平。

标准分是每个数据的值和平均数的差除以标准差的值。在统计学中，标准分用 Z 表示。标准分能够反映一个数据在一组数据中所占的地位，因此可以用来进行比较。

不同的统计方法具有不同的前提要求，不同的数据用不同的方法进行分析，参数统计方法和非参数统计方法用来分析不同的数据。虽然参数统计具有更多的前提假设，但却具有较强的分析功能。参数分析的第一个前提是数据总体呈正态分布。在二语习得研究领域，数据的总体一般满足正态分布的条件。第二个前提是分析定距和定比变量。由于二语习得研究经常使用定距变量，因此这一条件也能满足。第三个前提是研究对象的独立选择，一个研究对象的选择不影响其他的选择。如果进行随机取样，那么这个条件也可以满足。第四个前提是比较组之间具有齐方差的总体，或者至少各组的方差已知。

检验假设可以是单侧检验也可以是双侧检验，只强调差异而不强调方向性的检验称为双侧检验，在强调差异的同时也强调方向性的检验称为单侧检验简单地说，如果只是检验比较双方的差异具有显著性时，利用双侧检验。但是，如果除了检测差异的显著性，还要强调比较双方的高低、好坏，那么就要采用单侧检验。双侧检验的原假设是两者无显著性差异，例如，A 组成绩和 B 组成绩没有显著差异，而单侧检验的原假设是：A 组成绩显著高于 B 组成绩；或者：A 组成绩显著低于 B 组成绩。那么，双侧检验的被择假设就是两组成绩具有显著差异，而单侧检验的被择假设是：A 组成绩同 B 组成绩没有显著差别或者 A 组成绩显著低于 B 组成绩；或者 A 组成绩同 B 组成绩没有显著差别或者 A 组成绩显著高于 B 组成绩。从单侧、双侧检验的提法、原假设和被择假设的区别来看，选择哪一种要根据具体的情况和具体的研究目的。

（1）相关分析

事物之间存在着各种各样的关系，相关是其中的一种。相关性不同于因果关系，因果关系是事物之间原因直接导致结果的关系。而相关是事物之间存在着一定的联系，而这种联系是无法辨别的间接的联系。例如，一个人歌唱的好坏同他的英语发音存在一定的联系，我们无法判断两个事物中谁是原因、谁是结果，但是两者之间存在一定联系，这种联系就是相关关系。

相关关系有三种：正相关、负相关和零相关。如果两个变量变化的方向一致，即一个变大时另一个也变大，一个变小时另一个也变小，那么这两个变量之间存在正相关关系。如果两个变量变化方向相反，即一个变大时另一个变小，或者一个变小时另一个变大，那么这两个变量之间存在负相关关系。如果两个变量的变化之间没有关系，即一个变量变大或者变小时，另一个变量的变化没有规律，那么，这两个变量之间是零相关关系。

为了进行相关性的计算，必须从同一组研究对象中收集两组一一对应的数据，例如一组研究对象的口语成绩和笔试成绩。如果两列变量是等距或等比数据，而且两列变量的总体是正态分布或接近正态分布，那么，这两列变量之间的相关性可以利用皮尔逊相关系数进行计算。

在实际工作中，为了节省人力、物力和财力，我们一般采用抽样的方法通过对统计量的计算推断总体的相关情况。简单地说，推断总体的方法就是根据两组抽样数据计算相关系数，再通过自由度（df=n-2）和显著水平查阅皮尔逊相关系数表，找出临界值，然后比较相关系数和临界值。如果相关系数大于临界值，落在拒绝域内，就可以推翻原假设，证明在这个显著水平上，两个变量存在相关关系。检验时还应该根据研究问题，考虑使用双侧还是单侧检验，分别检验是否存在相关关系和是否存在正负相关关系。

相关性除了有正负相关和零相关之分，还有高低之分。相关系数是 1 到 -1 之间的数值。例如，如果两列数据之间存在显著相关，相关系数是 0.4，那么，除了这种相关具有显著性之外，0.4 的相关水平是高还是低呢？这种判断是建立在分析情况的基础上的，如果研究者没有根据相应的理论基础或者原理假设两个变量之间的紧密关系，那么这个相关系数应该是很高，至少是值得关注的。但是，如果研究者根据一定的理论基础和原理建立两个变量之间具有紧密关系的假设，那么，这个相关系数就算不上高了。

在二语习得研究中测两列数据还会有其他情况例如，总体为非正态的等距、等比数据，或者收集的数据不是等距或者等比数据，而是有等级顺序的数据（例如，教师给学生作文评的等级），那么就需要使用斯皮尔曼相关系数相关分析不仅可以用来研究两个变量之间的相关性，用来检验数据收集的信度和效度，而且可以为更复杂的推断统计分析奠定基础。

（2）多元数据分析

在分析两列数据的相关关系时，如果相关系数很高，在坐标上画出的散点图就会呈现一条直线，确切地说，这些散点的分布呈现直线的趋势这条直线准确地描述了两列数据之间的线性关系，叫作回归线有了回归线，如果已知两列变量中的一列变量，就可以预测另一列变量的值由于在两列变量的回归分析中，只有一个自变量，因此，这种分析叫作一元回归分析当分析两个或者两个以上的自变量对因变量的影响时，我们可以用多元数据分析方法，多元回归就是其中的一种。

利用多元回归分析，我们可以检验多个自变量对因变量的预测力以及自变量和因变量之间的关系此外，多元回归可以用来估计和预测几个自变量为因变量带来的离散情况，即自变量分别为因变量带来多大的差别。

区别分析是另一种多元数据分析方法。区别分析用来分析哪种自变量的组合能够最大程度区分称名变量形式的因变量。例如，如果我们想要研究语言能力、态度、母语、正式教授情况、社会经济地位这组变量中，哪种组合能够在男、女两个类别的二语习得者中造成最大区别，我们就可以使用区别分析在这个研究中，男、女两个类型的二语习得者是称名变量形式的因变量。在二语习得研究领域，适于这种分析的其他称名变量包括单语/双语、正式教授/非正式教授等。

因素分析也是一种多元数据分析因素分析能够帮助研究者在大量的数据中找出潜在的因素范畴，从而使数据更加容易处理在多元回归和区别分析中，研究者研究自变量和因变量之间的关系，而在因素分析中，研究者是在一系列的自变量中进行分析进行因素分析的目的在于通过验证自变量之间的关系，寻求数据中存在的自变量的维度、范畴，或者叫作因素，描述研究数据的潜在特征。因素分析具有一个前提假设，测量同一因素的自变量具有较高的相关性，而测量不同因素的自变量之间的相关性很低在。二语习得研究领域，因素分析非常重要，因为这个领域中经常会涉及一些高参照性的构建，如语言水平、语言能力、态度、动机等因素分析经常被用来验证理论上体现不同构建的因素另外，在测试中，因素分析也非常重要，因为研究者经常需要验证语言测试的效度例如，如果研究者设计了一个测试研究对象口语听力理解能力，那么，研究者可以采用因素分析的方法验证是否测试中的每一个题目都是针对听力理解能力的因素负载系数表明了不同的因素同研究中不同变量的相关水平。具有最高负载系数水平的变量被用来定义相关的因素，因素的定义需要研究者对其所代表的特征进行诠释和理解。

（3）t- 检验

t- 检验用来检验总体正态分布时两组平均数差异的显著性当检验样本平均数和总体平均数的显著性差异时，可以通过证明两者间是否存在显著性差异推测样本平均数是否来自另一个总体，或者样本与总体平均数是否是抽样造成的。例如，在水平测试中，我们经常使用 t- 检验来推断一个班同参加考试的总体平均数的差异是否显著。当利用 t- 检验对两个样本平均数的差异显著性进行检验时，我们期望通过样本平均数的差异显著性测试推断样本所代表的总体的差异例如，在试验设计中，研究者经常需要测试实验组和控制组的数据平均数的显著性差异，从而判断试验手段的有效性 t- 检验不仅可以用在独立样本的平均数差异显著性测试中，还可以用在相关样本的差异显著性测试中相关样本可以是一组研究对象在采取试验处理前后两个测试中收集的数据，也可以是根据某些条件基本相同的原则——配对的两组研究对象在实验前后取得的数据。

在总体成正态分布时，为了证明样本与总体或者代表两个总体的样本的差异显著性，可以采用 t- 检验，也可以采用 Z 检验。当总体方差已知时，采用 Z 检验，当总体方差未知时，采用 t- 检验。

（4）单向方差分析

t- 检验和 Z 检验用于两组数据的比较，但是在二语习得研究中经常会出现多于两组数据进行比较的情况，这时，就应该采用单向方差分析的方法。在单向方差分析中取得的 F 值是组间差异和组内差异的比值。当 F 值显著时，组间差异大于组内差异；当组间差异小于组内差异时，F 值不具有显著性，把单向方差分析的结果，即 F 值输入到 F 值表中，既可判断在一定的样本容量条件下，F 值是否具有显著性。当 F 值具有显著性时，研究者可以推翻不存在组间显著差异的原假设，但是仍然不知道显著性差异存在的具体位置，因此，继续采用 Turkey 测试、Sheffe 测试等方法具体确定显著性差异的位置。

（5）双向方差分析

当研究中存在两个自变量的时候，为了进行方差分析，我们就应该采用双向方差分析。一个独立的自变量对因变量的影响在统计学上叫作主效应，而自变量之间的相互作用对于因变量产生的影响叫作交互效应。通过双向方差分析，我们可以了解各个自变量对因变量的作用，估计出这些自变量的主效应的大小，同时对这些自变量共同的作用结果，即交互效应做出判断。

（6）协方差分析

在二语习得研究中，有时候需要比较存在显著性差异的两组数据在试验之后是否具有显著性差异，这时候，我们需要采用协方差分析，在分析时需要进行控制的差异叫作协变量。例如，在实验设计中，研究者首先进行前测，如果在前测中没有体现出组间的显著性差异，研究者继续对实验组采用实验处理，然后进行后测，后测中出现的显著性差异可以证明实验处理的有效性。但是，如果在前测时出现组间显著性差异，那么就应该通过协方差分析矫正差异，然后再比较后测结果。

（7）卡方检验

卡方检验用来分析按照称名统计的数据。称名数据或者计数数据同测量数据不同，测量数据（如定比、定距数据）是连续的，而称名数据是非连续的，是按照类别划分的频次或者数量。卡方检验主要用来检验比率差异的显著性，包括样本比率与总体比率差异的显著性、两个或者多个代表不同总体的样本差异的显著性。例如，研究者通过发放 100 份问卷调查四种学习方法在学生中的使用情况，这四种方法就是称名变量，通过称名变量取得的数据（选择不同方法的人数）就是称名数据。根据选择四种方法的人数，利用卡方检验，研究者就可以分析这几种方法受学生欢迎程度的差异性。如果检验出显著性差异，可以继续使用其他方法，如 Haberman 残差检验，确定显著性差异的具体位置。卡方检验的另一种用途是检验两个或者两个以上自变量是否具有独立性或者有无关联、交互作用。

（8）非参数检验方法

我们已经概括了满足参数检验方法的一些前提条件，如果不满足这些前提，那么只能采用非参数检验方法有时候，研究数据满足参数检验和非参数检验的不同条件，研究者想要调查相似的问题或者进行相似的测试，那么，就必须根据不同的条件采用不同的检验方法。

对于二语习得研究数据的分析当然还有更多、更复杂的方法。在不熟悉统计学的情况下，二语习得研究者可以充分利用已经开发的各种统计学分析软件。虽然使用这些软件不再需要我们用公式去计算，但是，研究者仍然需要根据收集的数据类型、分析的目的、取样的种类、样本大小、总体的特征等因素确定分析方法，然后，在统计软件中输入数据，根据分析结果得出结论。

第三节 信度和效度

信度和效度是衡量研究设计和数据分析的重要指标。信度是一项研究中结果的前后一致性，是测量或者观察主体采用一定研究方法后取得结果的相似程度。效度是一项研究中调查研究者真正所要调查的内容的程度。效度的高低取决于研究中的测量工具或者观察手段正确捕捉、回答研究问题的能力。

Kirk and Miller 用生动的比喻说明了信度和效度所衡量的内容。如果一个温度计每次插入沸水中，刻度都显示 82 度，那么这是一种信度较高但没有效度的测量。如果一个温度计每次插入沸水中，读数都围绕 100 度不等，那么，这支温度计虽然信度不高，但具有较高的效度。因此，效度是我们测量或者观察到的读数是否同事物客观现实一致的问题，事关现象的阐释，信度是我们采用同样的方法能否得到相同的读数的问题，事关研究的程序。

一、信度的分类

二语习得研究者对信度的分类各不相同一些研究者（Mackey and Gass；Peiry）认为信度可以分为评估人之间信度、评估人内在信度、测试—再测试信度、相似测试信度和测试内在信度。而 Nunan（2002）则区分了内在信度和外在信度。

在二语习得研究中，经常需要研究者对数据进行评估评估人之间信度衡量不同的研究者或者评估人对同一组数据是否用同样的方式进行评估。如果评估人信度较高，那么，我们就可以更加相信评估者能够按照现象的原来面目进行评估，评估人内在信度是衡量一个研究者或者评估人在不同的时间对同一组数据评估的一致性。

测试—再测试信度、相似测试信度和测试内在信度不同于上述两种信度，因为这三种信度不用来衡量研究者的一致性，而是衡量观察、测量工具的一致性。测试—再测试信度是通过对同一组研究对象在不同的时间进行同一个测试来决定这种测试工具的信度的方法在测试—再测试信度的检验中，应该注意两个测试之间的时间差。一方面，时间应该足够长，让研究对象无法机械记忆第一次测试的内容；另一方面，时间不能过长，因为二语习得研究的研究对象一直处于发展阶段，语言能力会有所变化，在研究对象的语言水平和能力发生质的变化后进行的再测试就失去了原有的意义。因此，选择合适的时间差非常重要。为了检验测试—再测试信度，可以计算两次测试结果的相关性。

在二语习得研究中，有很多时候需要对研究对象进行相似的测试，例如前测和后测。这种相似不仅涉及题型、内容，而且还涉及难度水平。为了保障两次测试的相似性，需要进行相似测试信度的测定。相似测试不同于测试—再测试，因为相似测试是不同内容的测试，而测试—再测试是使用同样的测试内容在相似测试中，考察同一内容的题目配对，在实施测试之后计算两次测试的相关性。

测试内在信度衡量一个测试的所有题目是否测量同一特征。测量测试内在信度可以采用分半信度法、库德·理查逊系数（Kutler-Richardson 20/21）和克伦巴赫 α 系数三种方法。

split-half 把研究对象在测试中一半题目的分数同另一半进行比较，从而确定两半之间的相关性、一致性。一般来说，采用 split-half 时，把测试中奇数题目作为其中的一半，而偶数题目作为比较的另一半。split-half 是最容易计算的一种方法。Kuder-Richardson 20/21 一般用于含有大量题目的测试的一致性检验中，Kuder-Richartlson 20/21 可以检验两分法回答的题目，如"是 / 不是""正确 / 错误"等。Cronbachalpha 用于检验题目答案超过两个的测试。

在 Numm（2002）对信度的分类中，内在信度指数据收集、分析和阐释的一致性，外在信度指不同的研究者在重复同一个研究时获得同样的结果的程度。

计算信度可以采用简单的百分率，也可以计算双方的相关性。

二、效度的分类

一项研究的效度可以分为内在效度、外在效度、构建效度、内容效度、表面效度、标准关联效度和预测效度。内在效度和外在效度是最常使用的衡量研究的两个标准。

（一）内在效度

内在效度是指研究结果反映研究者想要调查的因素的作用的程度。换句话说，内在效度用来衡量因变量的变化在多大程度上取决于自变量，研究结果是否能够有效地说明研究中自变量的作用。

由于内在效度是研究中应该保障的基本指标，所以，研究者应该尽量避免影响内在效度的因素出现。了解这些因素，有利于有效地防止它们影响研究的内在效度。Mackey and Gass（2005，109）列举了几个方面的影响因素：研究对象特点、研究对象损失、研究对象态度、研究对象成熟、数据收集（地点和收集者）、研究工具使用和测试效应。

研究对象特点影响因素。在二语习得研究领域，对内在效度影响最大的研究对象特征包括研究对象的语言背景、语言学习经历和语言水平。当具有不同的母语的研究对象接受同样的试验处理或者面对同样的二语输入时，由于正负迁移等因素的影响，研究对象会有不同的处理信息过程，会经历不同的习得过程。因此，研究者不能武断地判断研究对象中产生的差异源于自变量的影响。同样道理，研究对象的学习经历和语言水平也是影响测量研究自变量的影响的因素。于是，可以通过科学选择研究对象（如按照条件基本相似的原则匹配）提高内在效度。

参究对象损失影响因素。由于历时研究在二语习得研究领域中使用广泛，研究者调查研究对象在一段时期内的中介语发展时，会不可避免地遇到研究对象损失的问题。研究者对这个问题应该具有预见性，而不应该遇到问题时再解决问题。对这个问题，没有固定的解决方法。研究者可以通过衡量损失的研究对象的重要性等因素采取适当的办法。另外，也可以在可能的条件下，增加研究对象的数量，以防研究对象损失对研究产生太大的影响。

究对象态度影响因素。在研究者对研究对象进行调查时，经常会假设研究对象会最大限度地、诚实地汇报自己的有关研究问题的行为，但事实上，研究对象的行为会受到"霍桑效应"和"halo 效应"的影响。研究者可以通过一段时间的"热身"和熟悉过程来避免这样的问题。另外，由于研究对象的疲劳或者其他因素，排列在前面的题目和后面的题目会得到研究对象不同程度的重视，因此，可以通过采用不同题目顺序的方法避免这个问题。

究对象成熟影响因素。研究对象成熟是二语习得研究中的另一个问题。由于在历时研究中，研究对象不仅在中介语发展方面发生变化，也在其他方面发生变化，尤其当研究对象是儿童时，一段时期内认知能力等变化都会影响对自变量的作用的测量，从而降低研究的内在效度。因此，在研究中，如果需要比较实验组和控制组，研究者应该根据研究对象的基本条件进行合适的匹配，尽量减小研究对象不同的经历在成熟过程中对研究结果的影响。

数据收集（地点和收集者）影响因素。数据收集地点和收集数据的人都会影响研究的内在效度，例如，对两组研究对象的测试分别在嘈杂的环境和舒适的环境中进行，在对研究对象进行访谈时选择使用研究对象的母语或二语，这些选择都会影响数据的收集。

研究工具使用和测试效应影响因素。对研究对象的测试也会受到测试工具的影响。工具产生的影响主要体现在前测—后测一致性、研究目的的透明性和指令说明几个方面。在前测—后测设计中，研究者的目的在于比较试验处理产生的作用，一个前提条件就是前测和后测的难易度应该相同或者相似。例如，如果研究目的是调查研究对象语法方面的进步，那么，两个测试的语言结构应该是一样的，即使用不同的词汇词来构建这些语法结构，这些词汇词也应该选择在同一难易水平上前测—后测一致性还可以通过对所有研究对象使用同一组的语言结构（如句子）来加以实现例如，研究者设计了有关研究目的的 100 个句子，每个研究对象在这组句子中随机选择 30 个通过这种方式可以抵消工具不对等对内在效度的影响为了收集自然的、研究对象不予监控的数据，研究者有时需要不让研究对象知道研究的具体内容。在前测—后测设计中，为了避免研究对象猜测出研究内容，影响自然数据的收集，研究者可以通过足够的间隔让研究对象遗忘测试内容但是这种办法也具有某些弊端，因为我们已经说明前测和后测的时间间隔不宜过长。一种更好的办法是把研究焦点内容镶嵌在更大的一个测试中，或者把几个测试焦点的内容混杂在一起，研究对象无法推测研究目的。由于二语习得研究对象经常是儿童，或者访谈的工作语言是第二语言，因此，研究者应该注意使用清晰的指令说明，提高研究的内在效度。

（二）外在效度

外在效度指一项研究的推广性和普及性。换句话说，外在效度涉及一项研究的结果从样本推广到总体的程度外在效度是建立在内在效度基础上的一种衡量指标，内在效度是外在效度的前提条件，如果不能保证研究结果的内在效度，外在效度也就失去了意义。

研究结果推广性的基础是抽样方法在选择样本时，研究者应该注意到这个样本的代表性，如果样本是随机选取的，也就是说，总体中的任何一个个体都具有相同的机会被选择为样本，那么就可以说这个样本具有代表性。这种随机的选择样本的方式就是我们经常说的随机抽样。

随机抽样是从总体中抽取可以代表总体的样本的方式。某一特定总体中抽取样本时，如果采取随机抽样的方法，总体中的每一个个体被抽取的可能性是相等的，而且任何个体之间被抽取的机会是独立的（韩宝成）。

简单随机抽样是抽取代表总体的样本的最佳方法。当样本容量很大时，简单随机抽样可以最大限度地保障研究结果的外在效度。在进行简单随机抽样时，研究者需要把总体中的每一个个体标上号码，然后查阅随机抽样表或者用计算机进行抽样。

简单随机抽样虽然有效，但是，如果研究者想要确保总体中不同类别的个体的代表性（如不同性别中的个体），那么，简单随机抽样就不能满足这种研究需要，研究者就需要采用分层抽样了，分层抽样是按照总体的已有特征，将总体分成几个不同的层次，然后再在每一个层次中进行简单随机抽样。分层抽样有一个总的原则：层内的变异越小越好，而层与层之间的变异越大越好（韩宝成），分层抽样充分利用了总体的已有信息，是一种既简单又实用的抽样方法。

系统抽样是抽取第 n 个个体的抽样方法。在系统抽样之前，为总体中每个个体标号，然后根据总体和样本大小求出间距，按照这个间距抽取样本。例如，研究者想在 100 个人中通过系统抽样抽出 10 个人作为样本，那么，研究者先为总体中的所有人标号，然后抽取第 10、20、30……100。系统抽样虽然不是随机抽样，但是简单方便，而且样本均匀分布在总体中，代表性也很好。

便利抽样是选择有机会、愿意参与的研究对象的方法。在二语习得研究中，尤其是在行动研究中，教师经常选择自己教授的学生作为研究对象，这种选择方法就是便利抽样。另外，有些研究者也会通过选择志愿者的方式进行研究，这也是便利抽样。便利抽样虽然方法简单，但是研究结果的推广性不大，适合于特殊的研究目的。

目的性抽样是研究者通过对总体的了解，选择性地抽取感兴趣的样本的方法。一般情况下，这种方法适合于个案研究。例如，二语习得领域中的高水平习得者研究就需要选择二语水平达到一定程度的研究对象，这种研究对象无法通过随机抽样得到，因此只能选择目的性抽样方法。另外，在语言石化研究中，研究者需要选择具有一定背景、一定特征的研究对象（如 Shumann 对 Alberto 的研究），这样的研究对象也不能通过随机抽样获得。

在二语习得研究中，如果随机抽样不可能实现，或者随机抽样不适合特定的研究目的，研究结果的推广性和代表性还可以通过研究者详细描述研究对象特征的方式解决。如果研究者能够详细描述研究对象的相关特征，那么读者就可以根据这些信息推断研究结果使用的环境。

（三）构建效度

构建是一种心理特征，如智力、水平、动机、能力等构建是无法观察和测量到的。但是，我们能够通过设想构建的存在来解释我们观察、测量到的行为（Nunan，2002，15）。构建效度是指在多大程度上一项研究能够捕捉到作为研究焦点的构建，或者说研究程序在多大程度上正确地测量作为研究焦

点的特征构建效度取决于对构建的定义。因此，在二语习得研究中，把抽象的构建转换为可操作的变量对研究的效度至关重要

（四）内容效度

内容效度衡量对作为研究焦点的现象的测量是否具有代表性例如，如果研究者想要研究介词的习得，那么就应该在对研究对象的测量中，收集有关所有介词的数据，以保证内容效度。

（五）表面效度

表面效度是研究对象的主观判断，主要用来衡量本项研究是否能够测量预期测量的目标。一般来说，表面效度涉及研究对象对测量工具的熟悉程度和对研究测量有效性的判断。表面效度影响研究对象进行参与的态度和动机，因此会对研究产生影响。

（六）标准关联效度

标准关联效度主要用来衡量一种测试同测量同一构建的其他成功测试之间的关系。如果一项研究的测试同经过验证的测试之间存在较高的相关性，我们就可以说，这项研究的标准关联效度较高。

（七）预测效度

预测效度是衡量一种测量手段的用途的指标，主要用来看一种测试是否能够预测使用其他测试取得的结果例如，研究者利用一种测试的预测效度来决定其是否能够准确地预测将来的学习成绩。

三、提高信度和效度的方法

提高一项研究的信度和效度是一个浩大的工程，这个工程的成功取决于这项研究的各个细节。了解信度和效度的种类本身就是一种提高信度和效度的手段，因为各种信度和效度所衡量的维度会影响研究者的研究设计、数据整理、数据分析等各个环节，从而排除威胁信度和效度的因素。研究者们也从不同的方面提供提高信度和效度的手段和方法。

例如，Domyei 概括了提高问卷调查这种数据收集方法内在信度的方式。首先，在可能的情况下使用多题目量表，避免使用单个题目。多题目量表只有在多个题目测试同一研究问题的时候才有效，通过一些统计软件，我们不仅可以测试出多题目量表中各个题目之间的相关系数，而且还可以看出删除每一个题目之后的相关系数。通过删除相关性最低的题目，就可以达到提升

整个量表内在信度的目的另外，也可以通过因素分析的方法删除相关性较低的题目，以保证题目具有内在信度。

对于定性研究的效度，Richards 提出几种检验的方法。持续比较法是一种为了寻求新的范畴而不断重新审视以前的范畴，并在必要时进行修改的方法。在使用这种检验效度的方法时，研究者不断比较编码和分类，寻求新的关系和特征。负面证据法是寻找负面证据或者案例，并评估负面证据或案例同结论之间的关系的方法。研究对象验证法是通过研究对象的观点检验数据收集、数据描述和数据分析的正确性的方法。

Nunan（2002）总结了提高人类学研究设计信度和效度应该注意的问题，虽然他的观点是有关人类学研究的设计，但是对其他研究设计也有借鉴作用。

关于外在信度，即复制一项研究的可能性，Nunan（2002）提出应注意以下五个问题：研究者身份，注意到研究者的身份有利于提醒研究者在研究对象中应该以何种身份出现；研究对象的选择；研究社会环境和条件；构建和前提；数据收集和分析方法。只有通过对研究对象、研究环境、构建、数据收集和分析方法的详细描述，才能够提高研究的外在信度。

关于内在信度，可以通过使用低参照范畴、多位研究者参与、参与性观察、同行评价和机械记载数据等方法避免威胁因素。低参照范畴是指不同的研究者容易对其达成共识的范畴，例如"句子""教师语言"等。高参照范畴则需要研究者对观察到的行为进行推断，例如"高动机"等。

关于外在效度，研究者长时间的融入有利于连续的数据分析和比较，可以精练构建，保证科学的范畴同现实的一致性。其次，研究者可以使用不抽象的方式，对研究对象进行关于相关范畴的访谈。再次，研究者的参与性观察保证了在自然环境中收集反映研究对象生活经历现实的数据。最后，研究者应该从始至终保持对研究活动的质疑和评估。

参考文献

[1] 许洁静，秦丽莉，杨钟祺. 动态系统理论下二语习得研究综述 [J]. 语言教育，2018，6(04):6-10.

[2] 邢强，刘凯. 二语习得研究的新领域：语音类别学习 [J]. 广州大学学报（社会科学版），2018，17(09):37-43.

[3] 张维. 国内基于社会文化理论的二语习得研究综述 [J]. 传播力研究，2018，2(26):185-187.

[4] 李孟君. 儿童二语习得国内外研究简述 [J]. 新西部，2018(24):165-166.

[5] 张涛，吴光亭，杨连瑞，陈士法. 国内二语习得研究新思路：跨界与融合——"第七届中国第二语言习得研究国际学术研讨会"述评 [J]. 外语教学理论与实践，2018(03):52-55.

[6] 李海霞，何高大. 二语习得研究热点可视化分析及其启示 [J]. 天津外国语大学学报，2018，25(04):66-81.

[7] 李池利，刘钰. 国内 DST 视域下的应用语言学研究可视化分析 [J]. 湖北工业大学学报，2018，33(03):75-79.

[8] 宋靖武，张剑平. 近十年国内构式二语习得研究的可视化分析 [J]. 湖北工业大学学报，2018，33(03):80-84.

[9] 张娜娜. 生成语法框架下有关中介语研究的综述 [J]. 安阳师范学院学报，2018(03):73-78.

[10] 董晨峰. 认知语言学视角下二语习得的创新范式 [J]. 长春师范大学学报，2018，37(05):177-180.

[11] 吴光亭，杨连瑞，张涛. 复制性研究在二语习得研究中的应用 [J]. 语言教学与研究，2018(03):39-47.

[12] 本刊记者. 第八届中国第二语言习得研究国际学术研讨会征文 [J]. 语言科学，2018，17(03):327.

[13] 欧静波，徐学平. 社会文化理论在国内二语习得领域的研究综述——2008—2017 年 10 种国内外语类核心期刊相关文献分析 [J]. 岭南师范学院

学报，2018，39(02):156-161.

[14] 周华杰，王志 . 眼动技术在国内二语习得研究中的应用 [J]. 教育教学论坛，2018(13):63-64.

[15] 王郑平 . 语言类型学与二语习得研究 [J]. 课程教育研究，2018(11):5.

[16] 吴思聪 . 论二语习得研究的术语翻译问题与对策 [J]. 云南师范大学学报（对外汉语教学与研究版），2018，16(02):18-25.

[17] 胡增宁 . 后现代视角下的二语习得研究——认知派和社会派论战与对话 [J]. 外语教学理论与实践，2018(01):57-63.

[18] 徐婷婷，郝瑜鑫，邢红兵 . 汉语作为第二语言习得研究现状与展望 (2007-2016)[J]. 云南师范大学学报（对外汉语教学与研究版），2018，16(01):7-16.

[19] 张巍，刘富华 . 实践与反思：二语习得研究视域下的最近发展区理论解读 [J]. 中国海洋大学学报（社会科学版），2018(01):111-116.

[20] 黄玲珊 . 功能磁共振成像技术在二语习得研究中的新进展 [J]. 兰州文理学院学报（社会科学版），2018，34(01):109-113.

[21] 齐彬 .《从二语习得研究层面探究语言教学实践》述评 [J]. 英语教师，2017，17(24):146-152.

[22] 田靖 . 二语习得中教学与学习者个体差异研究视野下的日语教学——评《二语习得研究与日语教育》[J]. 高等教育研究学报，2017，40(04):119-120.

[23] 徐锦芬，陈聪 . 二语习得研究与教学之间的桥梁——评《课堂二语习得导论》[J]. 西安外国语大学学报，2017，25(04):126-128.

[24] 杨学宝 . 二语能力与三语习得相关性及其对少数民族地区第三语言教学的启示 [J]. 红河学院学报，2015，13(05):122-125.

[25] 张娜娜 . 工作记忆与二语习得研究——《第二语言习得和加工过程中的工作记忆》评介 [J]. 当代外语研究，2017(06):102-104+107.

[26] 孙晓霞 . 神经科学发展背景下的音乐能力与二语习得研究述评 [J]. 外语教学，2017，38(06):64-69.

[27] 江桂英，李成陈 . 积极心理学视角下的二语习得研究述评与展望 [J]. 外语界，2017(05):32-39.

[28] 陈莹莹，唐建敏 .《动态系统理论视角下的英语学习者个体差异研究》述评 [J]. 英语教师，2017，17(19):150-153.

[29] 赵东阳 . 语料库方法与二语习得界面研究综述 [J]. 海外英语，2017(19):26-28.

[30] 文蓉 . 二语习得研究理论建设的核心问题探讨 [J]. 科技资讯，2017，
     15(28):147+150.

[31] 杨林伟 . 二语习得与语料库研究的计量分析 [J]. 北京化工大学学报 (社会
     科学版), 2017(03):60-64.

[32] 施春宏，邱莹，蔡淑美 . 汉语构式二语习得研究的理论思考 [J]. 语言教学
     与研究，2017(05):34-48.

[33] 袁琳艳 . 二语习得研究对日语助词教学的启示 [J]. 文教资料，
     2017(25):239-240.

[34] 刘芳，李胜 . 从动态的观点对二语习得研究的反思 [J]. 文学教育 (上)，
     2017(09):184-186.

[35] 王玲 . 二语习得研究与语言教学的界面研究——评《二语习得视角下的语
     言教学探索》[J]. 教育发展研究，2017，37(Z2):128.

[36] 朱丽 . 论动态系统理论在二语习得研究中的可应用性 [J]. 黑龙江生态工程
     职业学院学报，2017，30(04):142-144.

[37] 石锋 .《汉语语音习得研究》序言 [J]. 南开语言学刊，2016(02):156-157.

[38] 廖百秋，周保国 .《二语的初始接触 : 学习者初始输入加工》评介 [J]. 外
     语教学与研究，2017，49(03):469-473.

[39] 练丽娟，战菊 . 语言习得中的文化认同研究综述 [J]. 新疆社会科学，
     2017(02):152-157.

[40] 段成钢，张怡 . 语项的加工投入、结构特征、使用频率和交际效
     果——基于 CASP 模型的二语习得研究介绍 [J]. 外国语言文学，2017，
     34(01):29-40.

[41] 叶砾 . 国内二语习得研究的计量分析 (1992-2016)[J]. 浙江外国语学院学报，
     2017(02):58-63.

[42] 刘宪，蒲志鸿 . 三语迁移研究述评 [J]. 黑龙江社会科学，2017(02):128-
     132.

[43] 王金巴 . 二语习得研究理论对英语教师的影响 [J]. 外语教学，2017，
     38(02):75-80.

[44] 姜孟 . 二语习得研究的后现代哲学审视 [J]. 外语学刊，2017(02):13-18.

[45] 徐锦芬，雷鹏飞 . 基于动态系统理论的课堂二语习得研究 : 理论框架与研
     究方法 [J]. 外语教学理论与实践，2017(01):22-29+9.

[46] 陈琰 . 浅论误用分析研究的发展与意义 [J]. 外国语文研究，2017，3(01):2-
     8-16.

[47] 高越 . 外语教学中的一语与二语使用之辩——评《二语习得与双语教学中

的创新研究与实践》[J]. 戏剧之家，2017(03):207+209.

[48] 刘磊. 社会文化理论视角下的二语习得研究述评 [J]. 教学研究，2017，40(01):6-11.

[49] 王正胜. 国外聋人二语习得研究：回顾与展望 [J]. 语言学研究，2017(01):187-198.

[50] 胡敏燕. 微变化研究法在二语习得研究领域的运用 [J]. 长春教育学院学报，2017，33(01):46-49.

[51] 马思洁. 自然主义二语习得与指导性二语习得的对比研究 [J]. 内蒙古教育，2017(02):118-119.

[52] 杨莉芳. 儿童二语学习的核心问题：优势、规律、途径 [J]. 外语学刊，2017(01):97-103.

[53] 张晓宇. 二语习得研究现状分析——以 1991 年 -2014 年核心期刊文献为例 [J]. 内蒙古师范大学学报 (哲学社会科学版)，2015，44(05):141-144.

[54] 饶春. 近十年国外显性学习与隐性学习研究述评 [J]. 海外华文教育，2017(05):713-720.

[55] 段成钢，张怡. 语项的加工投入、结构特征、使用频率和交际效果——基于 CASP 模型的二语习得研究介绍 [J]. 外国语言文学，2017，34(01):29-40.

[56] 叶砾. 国内二语习得研究的计量分析 (1992-2016)[J]. 浙江外国语学院学报，2017(02):58-63.

[57] 申云化，马毅.《改进和拓展二语研究的定量推理》评介 [J]. 当代外语研究，2016(06):105-107.

[58] 王纯磊. 后现代二语习得研究范式及其新走向探究 [J]. 广西民族大学学报 (哲学社会科学版)，2016，38(06):177-180.

[59] 丁云霞. 二语习得涌现论综述 [J]. 海外英语，2016(17):15-16.

[60] 华雨. 多语法理论与二语习得研究 [J]. 人文丛刊，2015(00):354-365.

[61] 张婷. 动态系统理论视角下二语习得研究进展 [J]. 山东农业大学学报 (社会科学版)，2016，18(03):119-125.

[62] 吴菲. 涉及多重接口的不完全习得研究 [J]. 外国语 (上海外国语大学学报)，2016，39(05):83-94.

[63] 徐锦芬，范玉梅.《借鉴二语习得研究探索语言教学》述评 [J]. 外语教学与研究，2016，48(05):794-798.

[64] 路华. 构式语法理论下的二语习得研究 [J]. 淮北师范大学学报 (哲学社会科学版)，2016，37(04):132-136.

[65] 颜志敏 . 二语习得研究中动态系统理论、涌现主义模式研究综述 [J]. 海外英语，2016(12):223-224.

[66] 邹慧民 . 二语形态问题研究综述 [J]. 韩山师范学院学报，2016，37(04):67-74.

[67] 马建俊，黄宏 . 从动态系统理论看语言能力综合性研究趋势 [J]. 现代外语，2016，39(04):561-569+585.

[68] 戴曼纯，毛眺源 . 二语习得的内在因素、外在因素、中介语属性及发展模式——从《剑桥二语习得手册》(2013) 谈起 [J]. 外国语 (上海外国语大学学报)，2016，39(04):58-64.

[69] 任敏 .《世界汉语教学》2005-2015 年二语习得研究综述 [J]. 现代语文 (教学研究版)，2016(07):20-22.

[70] 仲清，徐子亮 . 基于复杂系统理论的二语习得研究新思路 [J]. 江淮论坛，2016(04):183-187+192-193.

[71] 本刊记者 ." 第七届中国第二语言习得研究国际研讨会 " 征文 [J]. 语言科学，2016，15(04):400.

[72] 戴运财，周琳 . 动态系统理论视域下的二语习得研究 : 不足与对策 [J]. 外语界，2016(03):57-63+96.

[73] 郭海燕 . 最近发展区理论在大学生二语习得研究中的应用 [J]. 吕梁教育学院学报，2016，33(02):69-70.

[74] 黄慧，邵今是 . 社会语言学理论对二语习得研究的贡献 [J]. 外语电化教学，2016(03):23-27+33.

[75] 陈晖 . 国内二语习得方法论研究文章质量评估 :2005-2015[J]. 山东农业工程学院学报，2016，33(06):76-77.

[76] 龙桃先 . 少数民族学生三语习得中语际影响研究述评 [J]. 教育观察 (下半月)，2017，6(07):14-15+18.

[77] 彭程，鲍珍 . 二语水平、迁移及即时性对二语搭配习得的影响——基于心理词汇理论的一项实证研究 [J]. 天津外国语大学学报，2017，24(04):55-60+81.

[78] 第一届当代外语研究 " 二语习得行为及认知研究 : 方法、实验和思想 " 研讨会 [J]. 当代外语研究，2016(03):44.

[79] 桑紫林 .《教学二语习得简介》述评 [J]. 外语教学理论与实践，2016(02):95-97.

[80] 彭红英 . 二语习得研究新视角 :UG 和 UBL 动态链接 [J]. 齐齐哈尔师范高等专科学校学报，2016(03):57-59.

[81] 专家视点 : 语言习得研究前沿 [J]. 外语教学与研究，2016，48(03):421-431.

[82] 吴继峰 . 基于对外汉语教师视角的二语习得研究和语言教学关系考察 [J]. 华文教学与研究，2016(03):27-35.

[83] 赵珺 . 有关二语习得研究中接口假说的探讨 [J]. 语言教育，2016，4(02):59-64.

[84] 郭明磊，周杰 . 基于社会及认知视角下的二语习得研究视角述评 [J]. 文教资料，2016(12):39-40.

[85] 陈士法，崔涛涛，罗小妹 . 国内外语界工作记忆与第二语言习得关系研究 20 年 [J]. 北京第二外国语学院学报，2016，38(02):15-27+132.

[86] 张祯 . 二语语法习得研究的类型学方法探析 [J]. 烟台大学学报 (哲学社会科学版)，2016，29(02):114-120.

[87] 徐婷婷，郝瑜鑫 . 当代二语习得研究中介语对比分析方法理论与实践 [J]. 海外华文教育，2016(02):157-164.

[88] 张宁，陈军亮，罗卫华，李扬 . 人机交互在计算机辅助二语习得中的应用研究综述 [J]. 计算机应用与软件，2016，33(03):1-5+42.

[89] 马晓雷，陈颖芳，侯俊霞，张宗波 . 基于 Cite Space 的二语习得研究可视化分析 (1970-2014)[J]. 解放军外国语学院学报，2016，39(01):121-129.

[90] 鹿士义 . 汉语作为二语习得研究发展趋势的可视化分析 [J]. 国际汉语教育 (中英文)，2016，1(01):68-78.

[91] 杨文星，孙滢 . 二十一世纪新兴的二语习得理论评析 [J]. 现代外语，2016，39(01):108-118+147.

[92] 汪美侠 . 中国二语习得研究的历史回顾和前景展望 [J]. 陕西教育 (高教)，2016(02):31-32.

[93] 韩丹 . 动态系统理论在二语习得中的应用研究 [J]. 读与写 (教育教学刊)，2016，13(01):1.

[94] 许琳，刘佳 . 动态系统理论 : 从动态的观点对二语习得研究的回顾 [J]. 高教学刊，2016(01):201-202+204.

[95] 于翠红，刘件福 . 认知语言学视角下的二语习得研究范式新进展 [J]. 现代外语，2015，38(06):833-841+874.

[96] 常辉，徐俪珑，Cook，V.，D.Singleton.《二语习得中的重要话题》评介 [J]. 当代外语研究，2015(11):74-76.

[97] 武洁，侯松山，王寰 . 二语习得的语境因素及对军校英语课堂教学的启示 [J]. 疯狂英语 (教师版)，2015(04):67-69.

[98] 张金秋 . 浅析二语习得理论对日语教学的影响 [J]. 佳木斯职业学院学报，2015(11):307.

[99] 杨梅，谢洪 . 二语习得社会认知论述评 [J]. 山东外语教学，2015，36(05):40-46.